KB271001

한민족 디아스포라

Story of Diaspora

한민족 디아스포라
Story of Diaspora

발행일 2016년 8월 10일 초판1쇄 발행
지은이 이 형 자
발행처 도서출판 선교햇불
등록번호 제54호
등록일 1999년 9월 21일
주소 서울시 송파구 삼전동 103번지
전화 02-2239-2739 **팩스** 02-2203-2738
E-mail ccm2u@gmail.com

한민족 디아스포라
Story of Diaspora

이 형 자 지음

올리브나무에서-*기도*, 163x132cm, oil on canvas, 2016, 한광숙

신교횃불

우리는 하나님의 은혜 없이는 살 수 없는 사람들입니다. 하나님의 은혜와 사랑이 우리가 살아가는 힘입니다. 하나님의 은혜와 사랑으로 살아가는 우리는 그 은혜와 사랑을 나누는 도구이자 통로가 되어야 합니다. 하나님께서 누군가를 내게 보내셔서 하나님의 은혜와 사랑을 보여주셨듯이, 우리도 누군가에게 다가가 그 사랑을 전하는 증인이 되어야 합니다.

그런데 아직 세상에는 하나님의 사랑과 복음을 듣지 못하고, 알지 못하는 이들이 너무나 많습니다. 그들에게 복음을 전하기 위해 지난 수천년 동안 수많은 기독교인들이 기도의 땀방울을 흘려왔고, 수많은 선교사와 전도자들이 뜨거운 눈물과 순교의 피를 흘려가며 희생과 헌신을 거듭해왔습니다.

특별히 1974년 제1차 로잔대회 이후 '10/40 창 운동'이라는 개념이 등장하고 '미전도종족 선교'라는 획기적인 선교 패러다임의 전환을 통해, 지난 40여 년간 세계의 복음지도자들과 선교사들은 지상에서 단 한 종족이라도 하나님의 복음을 듣지 못하는 종족이 없도록 하고자 부단한 노력을 기울여왔습니다. 그러나 지금까지도 우리는 아직 모든 부족에게 복음을 전하지 못했습니다. 우리는 아직 땅끝까지 이르지 못하였습니다. 뜨거웠던 선교의 불길은 조금씩 식어가고 기독교 선교는 인종 갈등, 종교 갈등이라는 장애에 맞닥뜨리고 있습니다.

이러한 때에 (재)기독교선교햇불재단의 이형자 이사장님을 통해 하나님은 "너는 먼저 네 민족을 위로하라"는 말씀과 함께, 우리가 잊고 있었던 우리의 한민족 디아스포라를 기억하게 하셨습니다. 새로운 비전을 보여주셨습니다. 그렇습니다. 우리는 '동양의 유대인'이라 불리는 민족입니다. 유대인이나 중국인보다 더 많이, 더 폭넓게 전 세계 181개국에 흩어져 뿌리내리고 살아가고 있는 '21세기의 디아스포라'입니다. 이제 하나님께서는 한민족 디아스포라들을 통해 땅 끝까지 복음을 전하려는 당신의 비전을 이루려고 하십니다.

저도 젊어서 미국으로 유학을 떠나 이민교회를 목회하면서 디아스포라의 삶을 경험한 사람입니다. 그래서 본의 아니게 전 세계로 흩어져 살아야 했던 한민족 디아스포라들의 삶과 아픔에 대해 누구보다 공감하고 아파하는 사람 중 하나입니다. 그리고 저는 누구보다 더 우리 디아스포라들의 저력을 믿습니다. 무한한 가능성이 있다고 확신합니다. 제 귀에는 지금 한민족 디아스포라를 향해 말씀하시는 하나님의 음성이 들리고 있습니다. 하나님은 지금 말씀하십니다. "디아스포라여, 일어나라! 주저앉아 있지 말고, 가만히 누워 있지 말고, 당당히 그 자리에서 일어서라! 그래서 하나님이 말씀하시는 땅, 네가 낳고 자라고 살아온 그 땅에서 하나님의 사랑과 은혜를 전하는 도구와 통로가 되라!"고 말씀하십니다.

저는 그동안 햇불한민족디아스포라세계선교대회에 설교자로 참여하면서 전 세계에서 모여든 우리 한민족 디아스포라들을 하나님께서 어떻게 위로하시는지 지켜보았습니다. 그들의 상처받은 마음을 어루만져 주시고, 그들의 흔들리는 정체성을 굳세게 잡아주시는 현장을 목격하였습니다. 뜨거운 눈물과 헌신의 기도 속에서 그들이 어떻게 변화하는지를 지켜보았습니다.

디아스포라 선교사로서의 소명과 비전을 품고 다시 떠나왔던 땅으로 돌아가는 그들의 뒷모습은 얼마나 당당하던지요. 복음에 대해, 하나님에 대해, 한민족에 대해 더 알고 싶고 공부하고 싶어 이 땅에 남아 기도하는 이들의 기도소리는 얼마나 뜨겁던지요.

이형자 이사장님이 쓰신 두 권의 책『한민족 디아스포라(Story of Diaspora)』와『한민족 디아스포라 행전(History of Diaspora)』은 한민족 디아스포라의 역사에 대한 탐구이자, 한민족 디아스포라가 나아가야 할 비전에 대한 이정표입니다.

이 책 속에는 나라를 잃고 뿔뿔이 흩어져야 했던 우리 한민족의 슬픈 역사가, 자의가 아니라 타의에 의해 낯선 땅 낯선 민족 속으로 강제로 끌려가야 했던 우리의 아픈 상처가 고스란히 들어 있습니다. 그러나 그 속에서 우리는 그 흩으심과 모으심의 과정을 통해 역사하시는 하나님의 섭리를 만날 수 있습니다. 이 책들을 통해 여러분들도 한민족 디아스포라 선교의 비전을 공유했으면 좋겠습니다. 이 책들을 통해 하나님을 알지 못하는 이들이 하나님을 만나게 되는 귀한 역사가 일어나기를 소망합니다.

할렐루야교회 원로목사 김상복

기독교선교햇불재단의 이형자 이사장님은 성령의 사람입니다. 그분의 매일 매일의 삶이 하나님과 교제하며 기도하는 삶이기 때문입니다. 그 매일의 기도 중에 하나님은 더욱 선명히 뜻을 보이셨습니다. 그것은 디아스포라 선교의 비전이었습니다.

이형자 이사장님은 하나님의 명령에 순종하였고 햇불한민족디아스포라세계선교대회를 성황리에 개최하였습니다. 전 세계 각국에 흩어져 있던 한민족디아스포라가 모였고 그들은 한민족임을 확인했습니다. 민족의 정체성을 회복하는 동시에 하나님 나라의 한백성임을 결속하는 자리였습니다. 성령이 넘치는 자리였습니다.

저 역시 그 선교대회에서 대표회장으로 동참하였고 햇불한민족디아스포라세계선교대회의 앞으로의 잠재력과 선교에 대한 무한한 비전을 보았습니다. 역시 한민족이라는 뿌리로 묶여 있다는 것은 대단한 이점이었습니다. 벌써 그 대회를 세 번 주최하였고 네 번째 대회를 준비중이라니 과연 하나님이 함께 하시는 일이라는 생각이 듭니다.

특히 더 반가운 것은 이번 대회를 준비하면서 햇불재단이 한민족디아스포라에 관한 책을 발간했다는 것입니다. 그동안 이형자 이사장님을 통해 하나님이 어떻게 디아스포라 대회를 준비하게 하셨는지, 또한 대회를 준비하는 과정에서 모은 자료와 체험과 대회 후일담 등 많은 궁금증이 있었습니다. 그래선지 금번에 대회와 함께 두 권의 책도 함께 내셨다니 그 열정에 박수를 보냅니다.

한민족디아스포라의 역사는 이스라엘 민족에 비하면 짧지만 우리 한민족의 역사 속엔 한이 있고 아픔이 있지만 은혜도 있습니다. 두 권의 책 속엔 하나님께서 우리 민족을 얼마나 사랑하셨고 한민족디아스포라를 어떻게 사용하시기 원하시는지, 과거에 대한 정리와 미래에 대한 비전의 제시까지 펼쳐져 있습니다.

21세기 선교의 패러다임이 바뀌고 있습니다. 보내는 선교에서 미전도종족 선교로, 이제는 현지 디아스포라 선교로 바뀌어가고 있습니다. 현지 문화와 언어에 가장 익숙한 디아스포라만큼 좋은 선교사가 없기 때문입니다.

이런 상황 가운데 횃불재단에서 발간한 두 권의 책은 한민족디아스포라를 통한 선교로의 확실한 전환점이 될 것입니다. 이 책을 통해 또한 한민족디아스포라에 대한 올바른 이해와 사랑, 우리 민족의 역사와 삶을 관통하는 하나님의 은혜가 복음과 맞닿아 있다는 것을 알 수 있기 때문입니다. 해외 선교의 새로운 길을 열어갈 비전을 찾게 되리라 믿으며 모두에게 일독을 권합니다.

온누리교회 담임목사 이재훈

지금은 한민족 디아스포라에 대한 시각전환이 필요한 때

2008년 어느 날이었다. 횃불재단의 중요한 행사 중 하나였던 2007세계여성리더선교대회(WOGA2007)를 마친 지 얼마 되지 않았을 때였다. 워낙 큰 대회를 마치기도 했고 개인적으로도 어려운 상황이 있었던 때라 몸도 마음도 지친 상태였다.

잠자리에 들기 전 기도를 드리고 잠시 앉아 있는데 음성이 들려왔다.

"네 민족을 사랑하여라."

작고 미세했지만 명징한 소리였다. 나는 어쩌면 이것이 성령님의 음성일지도 모른다는 생각이 들었다. 나는 곧 자세를 고쳐 앉고 음성에 귀를 기울였다.

짧고 간결한 말씀이었지만 성령님은 당신의 뜻을 내가 깨닫게 하셨다. 그것은 '하나님이 우리 민족을 사랑하고 계신다. 그러니 우리도 그리해야 하며 흩어져 있는 한민족을 모아 위로하라'는 말씀이셨다.

그러나 음성을 듣는 내내 나는 마음이 불편하였다. 이미 지칠대로 지친 나의 몸과 마음은 하나님의 또 다른 명령에 더 이상 따라갈 수 없을 것 같았기 때문이었다. 그래서 나는 쉽사리 순종하지 못했다. 그랬더니 성령의 음성은 사라졌고 나는 내심 안도감을 느끼며 잠이 들었다.

　다음날 다시 잠자리에 들기 전이었다. 전날과 비슷한 무렵이었다. 또다시 성령의 음성이 들려왔다. 이번엔 더 구체적이고 명확한 음성이었다.
　성령님은 전 세계에 흩어져 살고 있는 한민족을 언급하시며 하나님이 그 한민족을 사랑하고 계신다는 말씀을 하셨다. 그리곤 그들의 이야기에 귀를 열고 그들의 손을 잡아주고 그들을 한국에 데려와 지친 어깨를 안아주라는 말씀을 하셨다.
　순간 또다시 거부하는 마음과 함께, 그 일을 하지 못하는 이유가 수십 가지도 넘게 떠올랐다. '그동안 많은 일들을 해왔는데 왜 하필 나에게 또…' 나도 모르게 이런 푸념이 나왔다. 하지만 하나님은 좀 더 분명한 음성으로 말씀하셨다.
　"그런 것이 아니다. 미전도종족도 좋지만 너는 먼저 네 민족을 사랑하거라."
　그리곤 구체적으로 세 가지 명령을 내리셨다.

　첫째, 해외 동포들과 국내 연고지가 없는 네 동포들을 초청해 자매결연을 맺어주고 그들을 위로하라.
　둘째, 선교지에서 태어나 그곳의 언어에 능통하고 문화와 풍습과 습관에도 이미 익숙하여 현지 선교에 아무런 제약이 없는 한민족 후예를 불러 훈련시키고 그들로 하여금 현지 선교사로 삼으라.
　셋째, 그들에게 한민족의 자긍심을 심어주고 민족의 정체성을 깨워주어라. 이것이 반복되면 네 민족이 튼튼하여지고 그들이 자기 민족을 사랑하게 될 것이다.

그 순간 이사야 40장 1절의 "너희는 위로하라 내 백성을 위로하라"라는 말씀이 또렷이 각인되면서 성령님의 음성에 100% 설득되었다. 구체적 명령 앞에서는 더 이상 저항할 것이 아니라 무조건 순종해야 함을 알았다. 한 번도 생각해보지 못했던 일이었기에 막막했지만 한편으론 마음이 뜨거워졌다. 지금까지 그래왔듯 분명히 하나님의 뜻이니 일하시는 분도 하나님이 되실 것을 믿었기 때문이다.

명징한 음성 가운데 부르심을 받고 난 뒤 모든 관심은 한민족을 향했다. 흩어져 있는 한민족의 역사도 찾아보고 알아가던 중 나도 모르는 사이 입술에선 '디아스포라'라는 말을 하고 있었다.

디아스포라(Diaspora)! 그랬다. 이스라엘 민족이 오랜 세월 세계만방으로 흩어져 디아스포라의 삶을 살아왔던 것처럼 우리 민족의 흩어짐의 역사 역시 세계만방 곳곳에 흩어져서 뿌리를 내린 역사였다. '흩어진 자'라는 의미를 지닌 디아스포라가 유대인에게만 해당하는 것이 아닌 우리 한민족 역시 디아스포라의 삶이었음을 알게 된 것이다.

놀랍게도 우리 한민족 가운데 720만 명 이상이 세계 곳곳에 흩어져 살아가고 있다(2014년 외교부발표자료, 181개국 718만 4872명의 재외동포 거주). 단일민족 운운하며 좁은 땅 안에서 살고 있다고 생각하고 있지만 이미 오래전부터 많은 디아스포라들이 세계 각국에 흩어져 살고 있었던 것이다. 하나님께선 이러한 깨달음을 지극히 작은 사람인 나에게 각인시키며 민족을 위로하길 원하셨던 것이다. 그리고 그 이후 그 명령에 순종하여 지금까지 우리 민족들과 만

나 그들을 위로하고 하나님의 뜻과 계획을 전하는 일을 해오게 하
셨다.

하나님은 여러 민족들 중에 드라마틱한 민족을 사랑하신다. 아
니, 아마 하나님은 당신이 사랑하는 민족을 드라마틱하게 사용하신
다는 표현이 더 맞을 것이다.

하나님이 처음 선택하신 이스라엘 민족, 그들은 작고 힘없는 민
족이었다. 역사의 소용돌이 속에서 끊임없이 나뉘고 이동하며 흩어
지면서 자신의 땅을 벗어나 이방에서 거주하기도 했고, 또 그곳에
서 나와 원래의 땅으로 돌아가는 과정은 회귀의 역사요 나아가 아
픔과 상처 회복의 역사이기도 했다.

이러한 수난과 역경 가운데에서도 이스라엘 민족이 오늘에 이를
수 있었던 것은 전적인 하나님의 뜻과 섭리가 있었기 때문이다. 그
래서 이스라엘 민족의 지나온 시간을 들여다보면 생사화복, 희로애
락, 하나님의 스토리가 가득 담겨 있다.

그러나 하나님의 초점은 이스라엘 민족에만 고정되어 있지 않았
다. 세상의 많은 민족들 가운데 이스라엘 민족과 같이 작고 힘없는
동양의 우리 한민족에 대해서도 하나님은 관심을 두셨다. 나는 그
렇게 확신한다. 한반도의 휘몰아치듯 변화하는 정세 속에 놓여있던
반만년의 역사를 지닌 민족은 끊임없는 외세의 침략과, 나뉨과 분
열, 빼앗김과 회복 속에서도 잡초같은 생명력을 지닌 우리 민족이
다.

130여 년 전, 아니 그 이전부터 이 땅에 복음이 들어오게 하심으
로 황무지를 말씀으로 개간하셨고 민족의 흩어짐을 통해 복음의 증
거자가 되게 하셨을 뿐 아니라, 이제는 또 다른 선교의 도구로 사용

하시려는 하나님의 뜻은 이스라엘 민족을 사용하셨던 것과 맞닿아 있다. 어떻게 보면 이스라엘 민족이 흩어진 기간보다는 짧지만, 더욱 혹독했고 치열했던 한민족의 삶의 면면 속에 수많은 히스토리와 스토리를 남기게 하셨다. 그 역사와 이야기 속엔 디아스포라들의 고단함과 외로움, 그리움과 애환이 녹아 있다.

이러한 디아스포라들의 삶에 눈뜨게 하신 하나님은 '횃불한민족 디아스포라세계선교대회'를 2011년 처음 시작하게 하셨다. 이 대회를 시작하기에 앞서 하나님은 또 한 번 이 대회에 대해 확신할 수 있는 계기를 주셨는데, 그것은 멕시코 칸쿤에서 열린 남미선교대회에서였다. 당시 세계선교대회를 계획하고 있으면서도 내게는 과연 이 대회를 통해 흩어진 디아스포라를 모을 수 있을까 하는 두려운 마음이 있었다. 하나님은 그 마음을 아셨고 남미에 사는 한민족을 위한 선교대회를 소규모로 열게 하셨다. 그리고 그곳에서 새로운 경험을 할 수 있었다.

당시 남미 한민족 대회의 사회를 맡은 친구는 멕시코 이민 2세였다. 한민족 디아스포라다. 그런데 그 친구가 아주 유창하게 한국어와 영어, 스페인어, 포르투갈어까지 구사하며 대회를 진행하는 것이었다. 언어의 벽을 넘어 대회를 진행하는 것을 보니 놀람을 넘어 감동이었다. 이야기를 들어보니 1980년대 아버지께서 사업차 남미로 이민을 가게 되면서 한인 2세가 된 것이었다. 멕시코대학에 재학 중이라는 그 친구를 보면서 나는 확신이 들었다. 한국인이면서 자신이 태어난 현지의 언어에 능통하고 현지 문화와 습관에 익숙한 한민족이 하나님의 말씀으로 훈련받는다면 정말 훌륭한 현지 선교사로 세워질 수 있다는 확신이었다.

남미선교대회를 통해 더 이상 대회에 대한 두려움을 품지 않았다. 이 모든 일의 기획부터 진행 모두를 하나님이 하실 것이라는 기대감이 생겼다. 그리고 하나님은 횃불한민족디아스포라세계선교대회를 통해 역사를 이뤄가셨다. 여러 나라로 이주해 살면서 잊은 것 같지만 결코 잊을 수 없는 조국을 향한 애착과 한민족이라는 자긍심을 회복시키는 동시에 선교사적 사명을 깨닫게 되는 장을 만드신 것이다.

곳곳에서 모인 디아스포라와의 만남을 통해 나는 참 많이 아파했고, 사랑했고, 도전 받았다. 그들의 역사는 곧 한국의 역사와 그 궤적을 같이 하기에 아무리 시대가 지나고 살아온 환경이 다르다 하더라도 이질감이 느껴지지 않았다.

한민족으로서의 동질감을 다시금 확인시켜주셨고 새로운 사명과 나아가야 할 바를 제시해 준 하나님의 우리 민족을 향한 사랑에 무한한 감사와 은혜와 영광을 돌린다.

두 권의 책 『한민족 디아스포라(Story of Diaspora)』와 『한민족 디아스포라 행전(History of Diaspora)』은 흩어진 한민족의 삶의 이야기요, 역사다. 이 속에는 한민족의 흩어짐을 통해 겪은 애타는 사연들과 놀라운 계획, 하나님의 음성에 따라 걸어간 한민족의 발자취, 역사 속에서 끊임없이 개입하고 주관하셨던 하나님의 인도와 예비하심이 녹아 있다.

먼저 『한민족 디아스포라(Story of Diaspora)는 우리 민족의 드라마틱한 이민사 스토리를 담은 책이다. 우리 민족이 흩어지기 전 복음의 씨앗을 이 땅에 가지고 들어온 서양 선교사들의 스토리, 가난과 핍박을 피해 고국을 떠날 수밖에 없었던 이주민들의 슬픈 스토리, 질경이 같은 삶을 살아낸 인내의 스토리 등이 담겨 있다. 무엇보다 그 속에서 복음을 지켜내고 계승하여 오늘날 디아스포라 선교사로 부름받기까지 믿음을 지켜낸 스토리가 담겨 있다. 다양한 이야기들을 통해 한국을 향한 하나님의 역사하심과 인도하심이 전달될 것을 바란다.

다음으로 『한민족 디아스포라 행전(History of Diaspora)』은 역사로 읽는 디아스포라 이야기다. History는 어원적으로 His(하나님의)-Story(이야기)이다. 디아스포라의 역사 이야기인 동시에, 하나님의 역사하심에 대한 이야기이기도 하다.

두 번째 책을 통해서 나는 디아스포라의 성경적 의미를 짚어보는 동시에, 우리 민족의 흩어짐의 역사를 살펴보고, 전 세계로 흩어지게 된 경로와, 복음의 전파 과정, 나아가 21세기 선교사로 쓰임 받을 디아스포라의 새로운 비전을 알아보고자 했다.

바라기는, 이 두 권의 책을 통해 한민족 디아스포라에 대해 새로운 시각을 가졌으면 한다. 그저 역사의 한 페이지로만 지나쳤던 이주사, 과거에 머물러 있는 동포가 아닌 지금 우리와 함께 숨 쉬고 살아가며 살아가야 할 동포요 복음의 동역자로 받아들여지길 바란다. 흩어져 있는 동포들에 대한 관점이 옮겨질 때 하나님께서 우리 민족을 한없이 사랑하셨고 사랑하실 거라는 믿음이 더욱 커질 것이다.

나는 신학자도 목회자도 아니다. 오히려 평범한 신앙인에 불과하기에 디아스포라선교대회에 대한 명령을 받았을 때처럼 이 책을 준비하면서 부족함에 머리를 조아려야 했다. 하지만 이 역시 하나님의 뜻이었기에 여러 날 준비 끝에 책을 내게 되었다.

신학적 배경이나 역사적 배경이 바탕이 되는 만큼 디아스포라 분야의 저명한 인사들의 저서나 글을 많이 참고하였다. 부족하지만 한민족 디아스포라에 대해 아는 것을 최대한 나누려는 거룩한 욕심으로 받아들여 주길 바라며 양해를 구하고, 최대한 출전을 자세히 밝히는 것으로 감사한 마음을 대신한다.

이 두 권의 책을 쓰는 데는 고수정 작가와 임형욱 작가의 도움을 받았다. 내가 구술한 원고를 글로 옮기거나, 초고로 완성된 원고를 좀 더 매끄럽게 다듬는 데 많은 도움을 주었다. 감사한 마음을 전한다.

두 권의 책이 나오기까지 모든 과정에 함께 하신 하나님께 영광을 돌린다. 또한 세계 곳곳에 흩어져 있는 한민족 디아스포라, 우리 믿음의 동역자들과도 기쁨을 나누고 싶다.

오직 하나님의 영광을 위해!!

순위	국가명	2014
1	중국	2,585,993
2	미국	2,238,989
3	일본	855,725
4	캐나다	224,054
5	우즈베키스탄	186,186
6	러시아	166,956
7	호주	153,653
8	베트남	108,850
9	카자흐스탄	107,613
10	필리핀	89,037
11	브라질	50,418
12	인도네시아	40,741
13	영국	40,263
14	독일	39,047
15	뉴질랜드	30,174
16	아르헨티나	22,730
17	태국	19,700
18	싱가포르	19,450
19	키르기즈공화국	18,709
20	프랑스	15,000
21	우크라이나	13,103
22	말레이시아	12,690
23	멕시코	11,484
24	아랍에미리트	10,356
25	인도	10,178
26	캄보디아	8,445
27	사우디아라비아	5,189
28	카테말라	5,189
29	파라과이	5,090
30	대만	4,828
기타 국가 동포 수(명)		85,059
전체 재외동포 수(181개국)		7,184,872

〈재외동포 다수거주 국가현황〉, 출처 외교통상부 재외동포재단(2014년 12월 31일 기준)

| 목 차 |

제2장

디아스포라의 개척자들 : Story of Frontier

제3장
먼저 보내심을 받은 자들 : Story of Visionary

제4장
디아스포라여, 100년 후를 준비하라! : Story of Missionary

중국동포 4세가 부르는 비전의 노래

그는 외로웠다. 중국동포 4세인 그는 겉모습은 한국인이었지만 언어도, 문화도 중국인에 더 가까웠다. 중국 본토에서는 조선족으로, 한국에 들어왔을 때는 '중국동포', '조선족', '조선인' 등으로 불리며 살았고, '디아스포라'라는 말은 하나님의 아들로 거듭난 뒤 한국에서 처음 접했다.

청년 이준걸은 하나님을 모르던 사람이었다. 조부모님의 손에 의해 자란 그는 자신이 한국인의 후예라는 사실을 인식하지 못한 채 살았다. 할아버지는 그 당시 교육을 잘 받은 엔지니어였다. 할아버지 역시 증조할아버지가 중국으로 이주할 때 따라오셔서 사셨고 악착같이 공부하여 엔지니어까지 되신 것이다. 그러다가 할머니를 만나 결혼하셨다. 할머니 역시 중국으로 건너온 한국인이셨는데 어릴 때부터 중국인이 많은 지방에서 자라셨다.

아버지는 중국동포 3세. 중국에서 나고 자란 분이셨지만 아버지는 자라던 시기가 좋지 않았다. 한창 문화혁명이 진행되던 혼란스러운 시기에 태어나 자랐기에 학교를 다니다 쉬다를 반복했고 결국 학교 공부를 많이 하지 못하셨다. 어머니 역시 조선족인 분이셨는데 두 분 사이에 외동아들로 태어난 그는 과히 행복한 가정환경을 느끼지 못했다. 어린 시절 부모님이 이혼을 하셨고 재혼가정에서 외롭게 자랐는데 곁을 잘 주지 못하시는 아버지와 새어머니 밑에서

자랄 용기가 나지 않아 할아버지 슬하에서 자랐다.

　그래서 조부모님 밑에서 자라난 유년시절은 부모님과 함께 사는 친구들에 비해 세심한 손길을 기대하긴 힘들었다. 그래도 할아버지는 당신이 공부를 하신 분이라 그 중요성을 아시기에 손주의 공부에 대해서 지원해주셨고 그는 할아버지의 지원에 보답했다. 하지만 철저히 그 집안은 하나님을 몰랐다. 또한 모국에 대해서도 묻지도 알려주지도 않은 채 살았다.

　한국 동포들과 만나도 서로 한국인이라는 사실을 굳이 이야기로 나누지 않았다. 나눌 추억도 없을 뿐더러 중국 사회에서 조선족으로 살면서 마음 한편으론 소수민족의 서러움도 있지만 그래도 조선족으로 소속되어 살아가는 것에 대한 아이러니한 안도감을 느끼며 살아가고 있었기에 한국이란 공통점은 그리 달가운 것이 아니었다. 심지어 초등학교를 다녔을 때 한국에서 전학 온 친구가 있었음에도 모국에 대해 묻지도 이야기를 나누지도 않았으니 관심이 없었다는 게 맞을 것이다.

　그가 한국인 후예라는 사실, 자신의 피에 한국인의 피가 흐르고 있다는 사실을 인식하게 된 것은 대학생이 되었을 때였다. 연변과학기술대학교 경영학과에 입학하게 된 그는 그제서야 자신의 정체성을 돌아보게 되었다.

'나는 누구인가.
한국인인가 중국인인가.
나는 앞으로 어떤 사람으로 살아야 하는가.'

　누구와도 이런 대화를 나눠보지 않았던 이준걸은 자신이 어디서부터 온 존재인지 정체성에 대한 고민과 함께 자신의 앞날에 대한 생각도 하게 되었다. 고교시절 누구보다 열정적으로 가수를 꿈꾸었던 그였지만 적성과는 전혀 다르게 선택한 전공을 공부하면서 나름대로 고민의 시간이 이어졌다.

그즈음 과기대의 교수님과 만나 이야기를 나누게 되었다. 그 분은 대학 내 상담센터에서 진학 진로 상담을 해 주시던 교수님이셨는데, 선교사님이기도 했다. 물론 대학에 몸담고 계신 데다가 중국사회가 선교사를 인정해주지 않기에 처음엔 잘 몰랐다. 다만, 그분과 삶과 진로에 대해 이야기를 나누며 고민을 털어놓았을 때 자기도 모르게 치유되는 기분이 들면서 뭔가 새로운 길이 열렸다는 느낌이 들었다.

"네 이야기를 해 봐. 네가 지금 가장 하고 싶은 일이 무엇인지."

상담사로 이야기를 들어주시던 교수님은 그날 이후 청년 이준걸에게 지대한 영향력을 미치게 되었다. 전공을 바꾸는 일은 중요한 문제가 되지 않았다. 오히려 자신 안에 있던 상처덩어리, 가족과의 관계, 부모에 대한 그리움, 정체성에 대한 고민 등이 숨겨져 있었다는 것도 알게 되었다.

그렇게 세 번째 만났을 때 교수님의 입에서 예수님 이야기가 나왔다. 조심스럽게 꺼낸 복음의 메시지에 이상하게 마음이 끌렸다. 이전까지 기독교 신앙에 대해 무관심으로 일관했던 그였다. 중국에 기독교인이 있다고 해도 전혀 관심을 두지 않았고, 고교시절 가수 생활을 할 때 노래를 가르쳐준다는 말을 듣고 삼자교회에 잠깐 가긴 했어도 아무런 감흥이 없었다. 믿어지지 않았다.

그런데 부르심의 때가 이른 것이다. 무엇보다 자신에게 예수의 메시지를 전하는 교수님은 삶으로 그리스도의 모습을 증거하고 계셨기에 더욱 마음이 끌렸다. 또한 "예수님은 한 사람 한 사람을 있는 모습 그대로 사랑하시고, 그 영혼을 위로하시길 원하고 계시며, 선택해서 부르셨다"는 말씀에 상처 입었던 마음이 치유되고 있음이 느껴졌다. '이들이 믿는 예수, 기독교는 뭐가 다를까? 어떤 메시지를 가지고 있기에 사람의 마음을 이렇게 움직일까' 궁금증이 생겼다.

그날 이후 이준걸은 예수님을 영접하고 믿음의 사람이 되었다. 마음을 열고 하나님을 믿는 이들과 교제하며 완전히 바뀌었다. 주기적으로 만나 성경을 공부하고 교수님 댁에 놀러가서 차려주신 음식도 맛있게 나누며 한국인의 정을 알게 되었다. 그제야 '모국', '조국', '고국'이란 말이 가슴으로 느껴진 것이다. 주일이면 가족 같은 가정교회에 나가 찬양과 기도로 교제했다. 그렇게 함께 있는 것만으로도 좋았다.

그런데 하나님은 그에게 더 큰 세상을 경험하기를 원하셨다. 교수님의 추천으로 한국에 나와 공부하게 되면서 모국을 방문하게 된 것이다. 한국 대학에 편입해서 공부하기로 결정한 뒤 한국에 대해 공부했다. 학교에서 한국어를 잠깐 배웠기에 기본적은 것은 알고 있었다. 그러나 언어적인 문제가 가장 중요한 만큼 언어를 배우는 등 나름 준비는 했다고 했지만 막상 한국 공항에 내렸을 때 그는 완전한 이방인이었다.

생김새만 비슷할 뿐 완벽한 외국인으로 서 있는 자신의 모습이 무척 낯설었다. 한국의 문화, 한국인의 정서는 중국인으로 살아온 그와 맞지 않았다. 그래서 마음고생도 했고 기도도 많이 했다. 하지만 그 속에는 하나님의 분명한 부르심이 있었다. 시간이 지남에 따라 신앙으로 더욱 돈독해졌고, 자신을 택하신 하나님의 뜻과 섭리를 생각할 수 있는 단계에 이르렀다. 자신이 섬기는 교회에서 중국인 예배를 인도하기도 하고 중국어 통역으로 활동하는 등 하나님은 그의 마음밭을 준비시키셨다.

그렇게 그를 2011년 횃불한민족디아스포라세계선교대회에 참석하게 하신 하나님은 그에게 확실한 메시지를 주셨다. 대회에서 중국어 통역으로 참여하면서 인연을 맺게 하시며 그가 하나님의 백성이요, 선교사로서 부르심을 입은 사람이라는 마음을 갖게 하신 것이다.

'아, 하나님이 몇 세대 전부터 우리를 중국으로 가게 하신 이유가 있었구나. 하나님은 나와 같은 사람을 선교사로 사용하시길 원하신다. 땅끝까지 주님의 증인이 되기 위해 우리 같은 디아스포라를 사용하시려는 것이다.
하나님, 이제 저도 디아스포라로서 디아스포라 선교를 위해 헌신하겠습니다.'

그날 이후 그는 하나님 앞에 헌신했다. 자신이 복음의 씨앗이 되어 이민 사회를 변화시키고 나아가 중국인에게 지금은 막혀 있는 복음을 전하고 나아가 세계 열방에 증인이 되기로 결단한 것이다.
이에 하나님은 좀 더 준비하게 하심을 통해 한 번 더 깨어지게 하셨고 초교파적이고 언어 문화적으로도 자유로운 서울의 횃불트리니티신학대학원대학교 영어과정에서 신학을 공부하게 하셨다. 또한 졸업 후 (재)기독교선교횃불재단에서 전도사로 일하게 하시면서 목회자의 길, 선교사의 길 등을 다양하게 고민하게 하신 뒤 선교적 목회를 꿈꾸는 선교사로 헌신하게 하셨고 GMTC 훈련 과정으로 선교사로 훈련시키셨다.

이준걸 선교사는 지금 부르심의 명령에 따라 말씀 앞에 섰다. 이제 그는 한민족 디아스포라라는 것에 대한 확실한 정체성을 가지고 선교사의 사명을 안고 출발선에 섰다. 하나님은 그를 변화시키셨다. 당신의 증인, 당신의 사도로 삼고자 인격을 변화시키셨고, 수치심의 벽을 넘게 하셨으며, 믿음으로 담대히 이방인들 앞에 서게 하셨다.

중국의 언어와 문화에 익숙한 한민족 디아스포라 선교사로서 할 수 있는 수많은 일들 중에 어떤 일을 맡기실지 아직 모른다. 중요한 것은 하나님은 준비된 자를 사용하시고 그 한 사람을 통해 놀라운 일을 이루어가실 것이라는 사실이다.

또한 분명한 것은 한민족 디아스포라인 이준걸 한 사람을 택하시고 부르시기 위해, 그가 하나님 안에서 깨어지고 다시 일어서서 선교사의 사명을 깨닫도록 하시기 위해, 하나님은 수백 년이 넘는 시간을 걸쳐 준비하시고 계획하셨다는 사실이다. 한 사람의 디아스포라 선교사가 세워지는 과정은 하나님의 오랜 섭리와 역사를 통해 이루어진, 작지만 놀라운 기적이었다.

이제부터 한민족 디아스포라를 위해 하나님이 어떻게 준비하셨는지, 그 스토리를 살펴보려고 한다.

디아스포라의 태동

Story of Motivator

2000여 년 전 유대민족이 전 세계로 흩어져 하나님 나라의 복음을 전한 것처럼 하나님은 지금 우리 한민족을 세계 복음화를 위한 일꾼으로 삼으셨다.
이것은 우연이 아니라 하나님의 놀라운 섭리 가운데 이루어진 역사이다.
지금으로부터 200여 년 전, 하나님은 이 땅에 복음을 들고 온 이들을 만나게 하셨다.
이들은 복음의 불모지였던 이 땅에 복음의 씨앗을 뿌렸고,
이제는 그 열매에서 자란 복음의 씨앗을 들고 한민족이 세상을 향해 나아가게 하였다.
한민족의 역사 속으로 들어와 디아스포라 선교의 모델을 보여준 그들은 한민족 디아스포라 역사의 강력한 동기부여자(motivator)가 되었다.

복음의 밭을 먼저 일군 선교사들

1832년 7월, 조선은 한창 구한말 격동의 시대를 지나고 있었다. 조선은 서양문물을 배척하며 받아들이지 않았고, 서구 열강은 거의 반 협박으로 교류를 시도하려 했다. 이렇게 양쪽이 대치상태였지만 그래도 문물의 교류는 점진적으로 이뤄지고 있었다. 전 세계적으로 뱃길이 열렸고 사람들의 왕래가 이루어졌기 때문이었다. 그 덕분에 복음도 전해지고 있었다.

복음을 들고 찾아온 최초의 선교사, 귀츨라프

그 무렵, 한 명의 독일인이 서해안 몽금포에 다다랐다. 그는 중국 해안선을 따라 선교여행 중이었다. 그는 이미 중국 선교를 통해 한문에 통달했던 터라 배 안에 있는 동양인에게 필담(筆談)을 나누며 물었다.

"여기가 어딥니까? 어느 나라에 온 것입니까?"

"조선이란 나라입니다."

타고 있던 배 '암허스트호'에서 내린 그는 주위를 둘러보았다. 아시아 선교에 관심이 많아 중국을 비롯해 태국, 인도네시아, 나아가 조선에 대해서도 이미 들었던 그는 그렇게 조선 땅을 밟았다. 이미 하나님께서 자신으로 하여금 조선에 대해 상당한 지식과 정보를 갖게 하심에 감사드렸다. 그의 이름은 귀츨라프였다.

[1]27세의 독일 선교사 귀츨라프(Karl Friedrich August Gützlaff, 1803~1851)는 서해안 몽금포 앞바다에 내려 기도를 드렸다. 이 낯선 땅에 오게 하신 하나님의 계획에 자신이 작은 도구로 쓰임받기 원하며 아직 복음이 전해지지 않은 이 땅에 온전한 복음이 전파될 수 있기를 기도했다.

서해안 몽금포는 여름을 맞아 한창 뱃일에 열중이었다. 그물을 정리하고 고기 잡을 준비를 하던 중 갑작스럽게 나타난 사람 때문에 다들 기겁했다. 자신보다 머리 하나는 더 큰 데다 골격도 얼마나 컸는지…. 게다가 눈 색깔도 다른 서양사람 아닌가. 조선인들은 서양인을 보고 뒷걸음질을 쳤다. 하지만 오히려 귀츨라프 선교사는 담담했다. 이미 중국 선교를 통해 이런 반응을 여러 차례 경험했기 때문이었다.

그는 낚시를 하고 있던 어선 위에 올라탔다. 배 안에 있는 두 명의 어부에게로 다가가 필담을 시도했다.

"나는 복음을 전하는 사람입니다."

" …."

"이 책은 선물입니다."

"선물? 책이라고? 한문책이네."

이런 식의 필담을 주고받으며 귀츨라프는 책을 몇 권 건넸다. 중국에서 선교하는 동안 중국어로 번역해 놓은 성경책이었다. 한국도 한문을 썼던 나라였기에 그 책은 어부들에게 쉽게 받아들여졌다.

"그래도 뭘 받았으니 답례를 해야지. 여기 이 물고기나 두어 마리 가져가시오."

농부들은 잡은 물고기를 건넸고 그렇게 만남은 끝났다. 우리나라 땅에 최초로 하나님의 말씀이 전해지는 순간이었다.

귀츨라프 선교사를 통해 성경책을 건네받은 사람은 김대백과 조천의란 사람으로, 그들이 그 한문성경을 읽었는지 아닌지는 알 수 없다. 다만 얼마 뒤 '그들이 받은 책이 이단좌설로 밝혀져 불태워졌다'는 조선 정부의 문서 기록만 남아 있을 뿐이다.

한국에서의 첫 번째 복음전파가 그렇게 끝나고 귀츨라프 일행은 다시 남쪽으로 향했다. 한창 여름 장마철이라 계속되는 빗줄기와 안개로 인해 해안에 접근하지 못하고 충청도의 한 섬으로 가게 되었다. 충남 서천군 비인만 일대의 작은 섬들이 모여 있는 곳에 배를 정박하고 귀츨라프 선교사의 일정이 다시 시작되었다.

녹도, 불모도, 고대도, 원산도 등에 차례로 도착한 그는 본격적인 선교활동을 시작했다. 섬에 사는 조선인들 역시 서양인의 모습에 다들 깜짝 놀랐다.

이미 한차례 조선인을 경험했던 그는 두 가지 방법으로 선교활동을 벌였다. 하나는 지역 주민들에게 친근하게 다가설 수 있는 농사로 접근하는 것이었고, 또 하나는 직접 말씀을 전하는 것이었다.

'그래, 이들은 가난하다. 먹고 사는 문제가 시급하니 작물을 재배하는 방법을 알려주며 친해지는 것도 좋을 것이다.'

귀츨라프 선교사는 서양에서 이미 작물로 키워지고 있는 감자 재배법을 알려주기 시작했다. 구황(救荒)작물로 또 하나의 양식이 될 감자재배는 제법 인기를 얻었다. 그는 지역 주민들을 모아 친절하게 설명해주고 직접 시범도 보이며 인심을 얻었는데 이러한 방법은 조선인의 지지를 얻기에 충분했다.

이후 그는 말씀을 전했다. 한문성경보다는 주기도문을 전하는 방법으로, 복음을 쉽게 접할 수 있도록 했다. 한문으로 된 주기도문을 한글로 번역하여 전달했고, 만나는 이들에게 예수 그리스도를 설명했지만 쉽지 않았다.

1832년 2월부터 8월까지 한국의 서해안을 방문했던 귀츨라프는 그의 선교보고서인 「귀츨라프 행전」에서 그의 선교행적을 자세하게 보고하고 있다. 「귀츨라프 행전」에 보면 '조선인은 복음에 무관심하다'는 내용이 나와 있다. 그러한 사실에 많이 실망도 했던 것 같다. 하지만 짧은 기간 조선에 머물며 복음을 전하려 애쓴 귀츨라프는 조선을 떠나야 했다. 복음을 전하는 자에게선 향기가 나는 법, 하나님을 전하려는 그들 일행에 조선은 접촉금지령을 내렸고 결국 조선 군인들의 협박에 의해 어쩔 수 없이 떠나야했기 때문이다. 그는 그렇게 감자와 복음을 남기고 이런 글을 남긴 채 떠났다.

"나를 슬프게 한 것은, 고관들이 백성들에게 더 이상 어떤 책이나 물건도 받아서는 안 된다고 금지시킨 일이다…. 이 모든 일들은 내가 늘 기도로써 간구한 결과 하나님의 은혜로운 섭리로 이루어주신 하나님의 역사다. 조선 땅에 씨 뿌려진 하나님의 진리가 완전히 소멸될 것인가. 나는 그렇게 믿지 않는다…. 조선 땅에 씨 뿌려진 하나님의 진리는 주님께서 약속하신 때에 열매 맺을 것이다."

어찌 보면 귀츨라프 선교사야 말로 우리 민족이 처음으로 만난 복음을 들고 찾아온 흩어진 자, 디아스포라였을지도 모른다. 독일의 선교사 귀츨라프가 우리나라에 최초로 복음을 전할 수 있었던 것은 하나님의 역사에 따른 준비였다.

▶순교자의 피로 교회의 초석을 세운 토마스 선교사

귀츨라프 선교사가 말했듯이, 주님이 약속하신 때에 열매를 맺기 위해 온 또 한 명의 보내심을 받은 사람이 있었다. 귀츨라프가 떠난 지 34년 만에 배를 타고 한국에 나타난 영국의 토마스(Robert Jermain Thomas, 1839~1866) 선교사였다.

토마스 선교사는 중국 선교사로 파송되어 사역을 하다가 조선인과 필연적인 만남을 갖게 되었다. 그들은 흥선대원군의 천주교 박해를 피해 중국으로 망명한 조선의 천주교인들이었다. 그들과의 만남을 통해 조선 선교에 관심을 갖게 된 그는 한국인이 기독교를 수용할 가능성을 보고 여러 차례 입국을 시도했으나 길이 열리지 않았다. 그러다가 중국에서 만난 천주교인의 안내로 백령도에 2개월 정도 머물다가 다시 돌아가기도 했다. 그의 마음속엔 조선의 복음화에 대한 열정이 더욱 커졌다. 그러던 중 병인박해(1866~1871년), 즉 천주교인에 대한 대대적인 박해가 시작되었다.

"하나님, 조선으로 들어갈 수 있도록 문을 열어 주옵소서."

이렇게 기도하던 중 1866년 드디어 길이 열렸다. 스코틀랜드 성서공회의 파견인 자격으로 미국의 상선 제너럴셔먼호(General Sherman)에 조선어 통역관으로 들어갈 길이 열린 것이다. 그 길을 열어준 성서공회의 감독관은 한국에 와본 사람도 아니었으나 기도를 통해, 소식을 통해 조선 선교의 필요성을 이렇게 말했다고 한다.

"조선인은 동양에서 가장 우수한 민족으로 중국인, 일본인보다 훨씬 지적이며 총기가 넘치고 인품이 드높다. 뿐만 아니라 자연환경이나 지하자원도 풍부해 세계적 역할을 할 수 있는 나라다. 다만 없는 것은 기독교뿐이다."

성서공회에서도 한국 선교의 필요성을 인정했으니 공식적인 루트가 생긴 것이다. 토마스 선교사는 미지의 선교국 조선으로 향하면서 이러한 믿음의 고백을 했다.

"나는 훌륭한 교육을 받고 강력한 체질과 품격을 갖추며 외국어를 숙달할 수 있는 능력을 구비한, 그러한 인물을 선교지에서 요청한다고 확신합니다. 그리고 무엇보다 나는 자기부인의 믿음을 가지고 이 선교에 오르기로 하였습니다. 나는 이방인의 회심과 구원을 위해 하나님께서 직접 나를 임명하셨다고 확신합니다. 이제 상당한 분량의 책들과 성경을 가지고 떠납니다. 조선 사람들에게서 받을 환영을 생각하니 얼굴이 달아올라 희망에 부풉니다. 이 사람들이 성경의 교리를 전하기 위해 미지의 나라로 떠나는 나의 결정을 언젠가는 반드시 이해해 주리라고 믿으면서 나는 갑니다."[2]

토마스 선교사는 조선어 통역관으로 배에 올라 조선 땅을 향한 선교의 꿈을 꾸었다. 하나님을 모르는 이들에게 복음을 전하며 사명을 다했다.

"예수를 믿으시오. 그러면 구원을 받소."

만나는 이들에게 성경을 건넸고 복음을 전했지만 서양문물을 배척하는 환경 속에서 그의 목숨은 위태로웠다. 사정은 점점 심각해졌다. 조선 관군은 제너럴셔먼호의 무리한 요구에 반발했고 결국 갈등이 터진 것이다.

'탕 탕 탕…'

조선 관군과 제너럴셔먼호 사이에 총격이 오갔다. 결국 제너럴셔먼호는 불길에 휩싸였다. 총격전이 일어나는 상황에서도 토마스 선교사는 한 사람에게라도 더 복음을 전하겠다는 생각을 했다. 그는 자신이 가지고 있던 성경을 강가로 던지며 복음을 힘써 전했고, 자신을 체포하러 배에 오른 관군에게까지 성경을 건넸다.

배는 불타올라 전소했고, 국법을 어기고 사교를 전했다는 죄명으로 체포당한 토마스 선교사는 참수형을 명령받았다. 목이 잘리는 참수형을 앞둔 상황에서도 토마스 선교사는 자신의 목을 내리치려는 이의 손을 붙잡고 성경을 건넸다.

"이보시오, 예수를 믿으시오. 하나님은 당신을 사랑하십니다."

그렇게 첫 순교자의 피가 조선 땅에 뿌려졌다.

토마스 선교사의 순교는 놀라운 역사를 맺었다. '순교자의 피는 교회의 초석이 된다'는 말처럼, 실제로 그가 뿌린 피로 교회가 세워진 것이다. 그 시작은 대동강변에서 열두살 최치량에게 전한 성경책이었다.

한문성경을 받아든 최치량은 그 성경을 읽으며 평양 관리인 박영식에게 건넸다. 그 후 최치량은 박영식의 집을 사서 여관으로 운영했는데, 그 곳에 조선 초기 선교사로 파송된 마펫(마포삼열 馬布三悅. 본명은 Samuel Austin Moffet, 1864~1939) 선교사가 머물게 되었다. 이 기막힌 인연으로 마펫 선교사에게서 최치량이 세례를 받았고 박영식도 예수를 믿게 되었다.

세례 받은 교인이 생겨남으로 그 여관은 예배당으로 사용되었는데, 평양 널다리골교회 예배처소를 거쳐 엄청난 부흥과 함께 훗날 장대현교회의 모태가 되었다. 토마스 선교사가 전한 복음이 수십년을 흘러 열매를 맺은 것이다.

한국 기독교선교 역사의 시작은 보통 1880년대 중반으로 본다. 하지만 하나님의 계획은 그 이전부터 시작되고 있었다. 귀츨라프 선교사와 토마스 선교사가 보여준 복음을 위한 아름다운 발걸음과 흔적을 보면, 하나님께서는 우리 민족을 복음전파자로 전 세계에

흘으시기 위해 훨씬 오래 전부터 계획하셨다는 것을 알 수 있다. 한 민족에게 본격적으로 복음의 씨앗이 뿌려지기 전에 그들을 통해 복음의 씨를 위한 밭을 먼저 갈아놓으신 것이다.

귀츨라프와 토마스 선교사, 그들은 그들 조국의 또 다른 디아스포라요 하나님의 도구들이었다.

복음의 씨앗을 뿌린 한민족 디아스포라들

▶"조선에 선교사를 보내소서" 조선의 마게도니아인 이수정

일본 다다미방에 누워 잠을 청하던 이수정(李樹廷, 1842~1886)은 이상한 꿈을 꾸었다. 꿈속에 두 사람이 나타났는데 하나는 키가 크고 하나는 키가 작았다. 그런데 두 사람 모두 옆구리에 책을 한보따리씩 끼고 있었다.

"그 책이 어떤 책입니까?"

"이 책들은 당신네 나라에서 그 어떤 것들보다 가장 귀한 책이오."

"가장 귀한 책이오? 그게 뭡니까?"

"성경이오."

꿈에서 깬 이수정은 뭔가 선명해졌다. 자신이 왜 이 꿈을 꾸었는지, 과연 일본에서 어떻게 해서 세례교인과 인연을 맺게 되었는지 뭔가 분명한 뜻이 있다는 것을 깨닫게 되었다고나 할까.

그날로 이수정은 로게츠죠교회(지금의 시바교회)로 향했다. 그곳에 있는 선교사에게 다가가 말했다.

"저는 하나님을 믿습니다. 저는 이제 그리스도인이 되기로 작정했습니다."

그렇게 그는 세례를 받고 세례교인이 되었다.

하나님은 해외 선교사, 달리 말하면 외국의 디아스포라를 통해 한국의 복음화를 진행하셨을 뿐 아니라, 이 땅의 한민족도 사용하셨다. 아직 복음이 제대로 뿌려지지도, 뿌리내리지도 못한 상황에서 그런 일이 가능할까? 가능했다.

[3]1882년, 이수정은 일본으로 향했다. 그는 명성황후를 시해하려던 임오군란 당시 명성황후의 목숨을 지킨 까닭에 왕실의 신임을 받고 있었다. 그로 인해 일본으로 유학길에 올랐는데 그곳에서 하나님을 만나게 되었다. 그의 일본 유학을 돕던 사람이 세례교인이었고 그의 집에서 산상수훈을 접하게 됨으로 말씀과 만났던 것이다.

하나님은 일본에서 1883년 2월 29일 세례 받은 이수정을 성경번역자로 사용하셨다. 이미 꿈을 통해 성경에 대해 남다르게 생각했던 그는 성경의 귀함을 알았다. 조선에서 천주교가 실패한 것도 민족이 성경을 제대로 맛보지 못했기 때문이라고 생각했던 그는 자기 민족에게 성경을 전하는 것을 최대 목적으로 삼았다.

'어떻게 하면 우리 민족이 성경을 읽을 수 있을까? 그래, 한문성경을 한글로 번역하자.'

성경에 대한 열망으로 그는 1884년 한문성경에 이두 토를 단 사복음서와 사도행전을 발간 했고, 1885년엔 순한글성경인 신약전서 마가복음을 발간했다. 이 번역 성경이 나중에 언더우드와 아펜젤러 선교사의 손에 들려 조선에 전해지게 되었다.

로게츠죠교회에서 이수정은 미국교회를 향해 조선 선교를 요청하는 편지를 썼고 호소력이 강한 그의 편지는 미국의 '세계선교평론' 등에 발표되었다. 이 편지는 언더우드와 아펜젤러가 조선 선교를 결단하는 데 큰 영향을 끼쳤다. 그래서 이수정을 '조선의 마게도니아인'이라 부른다.

조선으로 들어오기 전 언더우드 선교사는 일본에 머물며 이수정에게서 성경을 전해 받았을 뿐 아니라 한국어도 배웠다. 그러니 이수정의 역할이 어떠했는지는 짐작할만하다.

　이수정은 성경 번역뿐 아니라 일본에서 활동하던 미국인 선교사를 통해 조선에 선교사를 보내달라는 편지를 쓰는 등, 일본에 머무는 동안 조선의 복음화를 위해 애쓴 디아스포라였다.

　"아직도 수천만 우리 민족은 하나님의 참된 도를 모른 채 이방인처럼 살고 있습니다. 아직도 그들은 주님의 구속하시는 은총을 받지 못하고 있습니다. 복음이 퍼져 나가는 오늘과 같은 시대에 우리나라는 불행하게도 지구 한쪽 구석에 박혀 있어 기독교가 주는 축복을 누리지 못하고 있습니다…. 저는 비록 영향력이 없는 사람이지만 여러분이 선교사들을 파송만 해 주신다면 최선을 다해 돕겠습니다."

　이렇듯 하나님은 일본에서 활동하는 디아스포라 이수정을 통해 복음을 먼저 받아들이게 하셨을 뿐 아니라 만주 서간도에 이르기까지 한민족을 통해 복음의 씨앗을 먼저 뿌려놓으셨다.

▶한글 성경을 번역해 국내로 들여온 매서인 서상륜, 백홍준

　구한말 조선의 선교를 위해 들어온 선교사들보다 더 먼저 선교의 발걸음을 옮겼던 영국의 선교사들은 조선에 들어오는 길이 여의치 않자 중국에 머물렀다. 특히 중국의 심양(瀋陽)과 우장진(牛莊津)은 조선인과 왕래가 많은 곳이었기에 로스(John Ross, 1842~1915)와 매킨타이어(John Macintyre, 1837~1905) 선교사는 그곳에서 복음을 전했다. 중국의 복음화와 함께 이곳에 오는 조선인들을 전도하여 국내 전도를 하도록 전략을 세운 것이다.

　1873년, 가을 전도여행을 떠난 로스 선교사는 고구려의 두 번째 수도인 집안의 이양자마을에서 조선인 네 명과 만났다. 당시 이양자마을엔 이미 한민족 디아스포라가 생활하고 있는 상황이었다. 그곳에서 로스 선교사는 복음을 전하다가 돌아오는 길에 고려문에서 한국인들에게 한문성경을 나누어 주었다.

그때 장사를 핑계로 하여 선진과학문명을 배우러 온 조선인 네 명(백홍준, 이응찬, 이성하, 김진기)과 만나 교제를 나누었다. 그들에게 한국어를 배우며 친분을 맺게 되었고 1876년 그들은 로스 선교사로부터 세례를 받고 세례교인이 되었다. 그들이 한국 최초의 기독교 신자가 된 셈이다. 한국에서 세례를 받지 않았지만 한국인으로서 최초로 세례를 받고 그리스도인이 되었으니 복음의 열매가 분명하다.

이렇게 중국 땅에서 복음의 첫 열매가 맺히고 얼마 뒤, 중국에서 또 한 번 만남이 이루어졌다. 1878년 우장이란 곳에 서상륜, 서상조 형제가 장사를 하며 드나들다가 그만 열병에 걸리게 되었다. 이 국땅에서 사경을 헤매던 그들은 영국선교부가 운영하는 병원에서 치료를 받고 로스와 매킨타이어 선교사를 만났다.

"저는 조선에 관심이 많습니다. 저에게 한국어를 가르쳐주시겠어요?"

두 선교사의 요청에 서 형제는 이수정에 이어 다시 한 번 선교사에게 언어를 가르쳐주는 관계로 인연을 맺게 되었다. 서 형제는 그들에게 한국어를, 그들은 서 형제에게 영어를 가르쳐주며 언어적 교류가 있었고, 자연스럽게 복음이 전해졌다. 이로 인해 이들은 한글로 성경을 번역할 능력을 갖추게 되었는데, 로스 목사에게 세례를 받은 서상륜이 성경 번역에 적극 가담했다.

"목사님, 드디어 요한복음, 누가복음, 사도행전 번역을 마쳤습니다.”

성령의 임재하심으로 한글로 성경이 번역되자 그들은 지체하지 않고 인쇄기로 성경을 찍어냈다.

이제 찍은 성경을 조선으로 가지고 들어가는 일만 남았다. [4]그 일에 앞장선 사람은 최초로 세례를 받은 네 명의 조선인 중 하나인 이성하였다. 그러나 나라에서 금하는 것을 가지고 들어가는 일은 고난의 연속이었다. 이성하는 1883년 한글성경을 등에 지고 심양을 떠나 단동에 와서 국경을 넘을 계획을 세웠다. 그런데 잠시 머무르기 위해 들어간 여관에서 문제가 생겼다. 여관 주인이 그의 짐을 이상하게 여겨 짐을 풀어보고 성경이 나오자 기겁을 했고 이성하는 눈물을 머금고 성경책을 압록강에 버리거나 불태워야 했다. 이로써 첫 번째 성경반입 작전은 실패했다.

이 일을 겪은 후 이성하가 다시 심양으로 돌아왔을 때 로스 목사는 오히려 이렇게 위로했다.

“하나님의 말씀이 던져진 그 강물을 마시고 한국 사람들은 생명수를 얻게 될 것입니다. 불에 탄 성경책의 재는 한국 교회를 자라게 할 비료가 될 것입니다.”

이성하의 실패 이후 다시 성경책 반입작전을 시도한 사람은 백홍준이었다. 그 역시 성경책을 등에 지고 우장을 출발하여 10여 일만에 한 마을에 도착한 뒤 또 한 번 치밀한 계획을 세웠다. 그것은 성경을 반입하기 위해 성경책을 한 장씩 뜯어 노끈을 만들고 그것으로 망태기를 만들어 가지고 들어가는 것이었다.

다행히 이렇게 조선 땅으로 들어온 그는 구겨진 책장을 다리미질로 다시 펴서 원상복구한 뒤 전도에 사용했다. 그러한 노력 끝에 황해도 의주 자신의 집에 평신도교회를 세웠고 그 교회는 한국 최초의 개척교회가 되었다.

백홍준은 전도에 불이 붙어 활동하다가 의주가 위태로워지자 송천으로 향했다. 그곳은 자생적으로 세워진 한국 최초의(1883년 5월 16일) 교회인 소래교회가 되었다. 그러나 2년간의 뜨거운 열정으로 전도활동을 펼치던 백홍준은 배교를 강요당하다가 옥고를 치르고 끝내 순교했다. 토마스 선교사뿐만 아니라 한국인 최초의 순교자의 피도 함께 뿌려지며 한국의 복음화의 텃밭이 다져졌다.

한민족 디아스포라들의 복음을 향한 열정과, 뒤이어 들어온 초기의 선교사들의 활약, 끊임없이 맺어지는 복음의 열매들이 합쳐져 하나님은 이 땅을 향한 복음의 문을 여셨다.

빛이 들어오기 전 가장 암흑같은 시간, 하나님은 복음 전파의 동기부여자들로 한민족 디아스포라들을 사용하셨다. 한창 어지러운 구한말, 그들이 해외로 아예 이주한 것은 아니었지만 외국과 교류하고 문화를 나누는 과정에서 복음이 전해지는 것을 제일 먼저 예비해 놓으신 것이다.

이런 이들의 결신과 순교의 피가 있었기에 뒤를 이어 들어온 선교사들에 의해 이 땅이 복음화되었다. 그 복음을 듣고 성령을 받은 이들이 또다시 디아스포라가 되어 전 세계로 흩어지는 역사, 이것이 바로 하나님의 우리 민족을 향한 뜻이었다.

위기를 기회로 만든 '한국의 벗' 알렌 선교사

아직 조선에는 공식적으로 선교의 문이 열리지 않았다. 하지만 이미 순교의 피를 흘린 토마스 선교사를 비롯해, 백홍준 등 동포들의 목숨을 건 결단이 복음의 텃밭을 다져놓고 있었다. 구한말 조선은 격동의 시기로 흘러가고 있었다.

한글성경이 들어와 전해지고 회심하는 이들이 생겨나면서 하나님은 우리나라에 준비된 일꾼들을 본격적으로 보내셨다. 서양의 선교사들이었는데 그 중에서도 한국의 기독교 역사, 나아가 구한말 한국사를 이야기할 때 빼놓을 수 없는 인물은 바로 알렌(Horace N. Allen, 1858~1932) 선교사다.

한국의 기독교가 전파된 공식적인 해에 대해서는 여러 학자들의 이견이 있으나 그런 사실을 차치하고라도, 알렌 선교사가 한국사와 한국 민족에 미친 영향력이 지대하다는 것은 모두가 인정하는 사실이다. 알렌 역시 미국에서 한국으로 건너와 20여년 넘게 디아스포라로 살아간 인물이었다.

알렌과 한국의 인연은 1884년에 시작되었다. 토마스 선교사가 이 땅에 순교자의 피를 흘린 지 34년 만에 다시 복음을 들고 온 사람이 알렌이다. 그는 의사의 신분으로 이 땅을 밟았다. 아직까지 우리나라는 기독교를 받아들이지 않은 상태였기에 복음을 전할 수 없었다. 외국인이 선교사라는 이름으로 들어올 수 없는 입장이었지만 그에겐 의사라는 좋은 직함이 있었다.

그는 의사 신분으로 중국 선교활동을 했기에 동양의 상황에 대해서는 이미 잘 알고 있었다. 특히 중국에서 청년 의사로 생활하면서 몇 번의 죽을 고비를 넘길 정도로 온갖 고생을 다했기에 지칠 대로 지친 그 당시 상황에서 조선은 또 다른 돌파구였다. 그가 속한 미국 북장로회에서도 그를 조선에 의료선교사역자로 파송했기에 이 모든 조건이 맞아 떨어졌던 것이다.

1884년 9월 20일, 제물포 항에 배가 정박했다. 유난히 키가 큰 서양 사람이 배에서 내리자 그를 향한 시선이 쏟아졌다.
"저기, 양코배기다!"
알렌 선교사는 조선과 그렇게 만났다. 한창 수확철을 향해 가고 있는 가을, 문화와 문물이 오가는 복잡한 항구에 내린 그는 감사의 기도를 올렸다. 사람들에게 자신이 종교인이라는 것이 알려져서는 안 되었기에 마음속으로 기도했다.
'하나님, 이곳으로 인도하신 뜻이 분명히 있으실 거라 믿습니다.'

알렌의 공식적인 직함은 미국 공사관의 공의였다. 의료인의 직함으로 들어왔기에 활동의 제약은 없었으며, 그의 관심사는 조선의 복음화였다. 하나님께서 자신을 이곳으로 인도하신 데에는 분명히 복음이 전해지는 도구로 쓰시고자 함을 알았기 때문이다. 그는 공사관에 거처를 잡고 공사관 사람들뿐 아니라 조선 왕실을 돌봐줄 의사로서 생활을 시작했다. 공사관에서는 그의 입국을 환영했고 이런 환영을 받고 들어온 나라에 좋은 감정을 갖게 된 것은 당연했다.
당시 조선을 이끌고 있던 고종에게도 서양인이 들어왔다는 소식이 들렸다. 의심이 많던 고종은 사람을 시켜서 미국 공사에게 선교사가 아닌지 물었고, 아니라는 대답을 듣고서야 안도했다. 그 정도로 당시 조선은 기독교에 대한 불신이 강했다.
왕실의 입장에서도 전문의료인이 있다는 것은 전혀 나쁜 일이 아니었다. 서양 의료 수준이 높은 곳까지 도달했다는 것은 이미 알고 있었기 때문이다.

공의로 활동하는 알렌이 한국에서 맞는 첫 번째 겨울의 어느 날, 한국 기독교계에 지각을 변동시켰다고 해도 과언이 아닌 사건이 벌어졌다. 한국 근현대사에 잊지 못할 사건이 벌어진 것이다.

"자객이다!"

1884년 12월 4일. 순식간에 우정국 개국 축하 연회장에 자객이 난입하며 연회장은 아수라장으로 변했다. 서양의 개화사상을 받아들이고자 하던 친일개화파 세력들이 보수 세력과 청나라 세력에게 반기를 들고 이들을 제거하기 위해 갑신정변을 일으킨 것이었다.

"무슨 일이오?"

"정변이 일어났습니다."

독일의 외교고문으로 막대한 영향력을 끼치고 있던 묄렌도르프(Paul George von Möllendorff, 1848~1901) 집에서 열린 우정국 축하연회에는 왕실의 세력들이 모였다. 보수파의 거물이라고 알려진 명성황후의 오빠 민영익(閔泳翊, 1860~1914)과 일본인, 미국 공사 등이 참석했다. 보수파인 그들은 아직도 청나라와의 예속적인 관계를 고수하려고 하며 서양문물에 대한 배척의 의지를 강하게 보이는 중이었다. 이에 대해 문화개방을 외치며 개화를 주장하는 개화파들이 들고 일어선 것이다.

"불이야~"

우정국 근처에서 불소동으로 시작된 정변은 보수파들을 다 척결한다는 계획 하에 진행됐다. 우정국 연회장은 뒤집어졌고 자객들은 보수파의 최고 권력자라고 할 수 있는 민영익을 집중적으로 공격했다. 손 쓸 틈도 없이 당한 민영익은 온 몸에 피를 흘리며 쓰러졌고,

간신히 안채로 급히 옮겨졌다.

바닥에 뉘여놓고 살펴본 민영익의 상태는 매우 위독했다. 일곱 군데나 칼을 맞고 피를 너무도 많이 흘리고 있었기에 자칫 잘못하다가는 죽을 수 있었다. 열댓 명의 한의사가 민영익을 둘러싸 피를 닦고 혈을 누르고 약초를 바르는 등 긴급 처방을 했다. 하지만 그의 상태는 약초로 다스리기에는 너무도 상처가 깊었다.

"알렌, 어서 여기로!"

깊은 밤 새벽 1시쯤 호출을 받고 알렌이 달려간 곳은 난리도 아니었다. 방 안에 뉘어 있는 민영익은 한 눈에 보기에도 상태가 심각해 보였다. 한의사들이 환자를 둘러싸고 진료를 하고 있었는데, 그것은 서양 의료인이 보기에 전혀 합당한 방법이 아니었다. 하지만 한국적인 정서에서 오히려 알렌 선교사의 등장이 더 이상한 일이었다. 서양인 의사가 도착하자 조선의 한의사들은 의심 가득한 눈초리로 그를 쳐다보았다. 칼 든 의사라는 불신감을 지울 수 없었던 것이다.

"이봐요. 알렌. 이 사람에게 왕실의 운명이 달려 있습니다. 꼭 고쳐주어야 합니다."

피를 너무도 많이 흘린 민영익을 본 알렌은 기도할 수밖에 없었다. 진퇴양난, 환자 상태로 봐선 도저히 살 가망이 없어보였고 공사관의 공의로서 고치지 못한다면 한국과 미국 양국의 관계가 틀어질 수밖에 없었던 위기였다. 또한 한의사들은 칼로 사람을 죽였다며 서양의술에 강한 불신감을 보일 게 뻔했다. 게다가 그가 가지고 있는 본래의 목적인 기독교 선교가 더 요원해질 수 있다는 생각을 하니 등줄기에서 땀이 쉬지 않고 흘러내렸다.

조선 한의사들의 반발은 만만치 않았다. 서양 의사에게 조선인의 목숨을 맡길 수 없다며 완력으로 버텼지만 이내 저지당하고 말았다.

'하나님, 제게 힘을 주옵소서. 이 땅 조선에 복음이 증거되는 그 날을 기도하고 있습니다. 이 사람이 살아나야 복음이 전해질 길이 열릴 수 있습니다.'

뜨겁고 간절하게 기도한 뒤 그는 수술 가방을 열었다. 그 순간, 복음이 전해지는 조선의 모습이 환상으로 보였다. 그는 확신을 갖고 수술 도구를 잡았다. 칼로 찔린 상처 일곱 군데를 꿰맸다. 심하게 혈관이 손상된 곳은 심을 박아 이어 붙이는 등 온 몸에 난 상처들을 봉합하고 정리를 하고 나서 붕대를 친친 감은 모습을 보니 미라가 따로 없었다.

거의 동이 터 오를 즈음 되어서야 수술을 마친 알렌의 어깨가 격하게 흔들렸다. '한국에 보내신 하나님의 뜻이 이렇게 시작되는구나' 싶어서 감사했고, 하나님께서 민영익의 목숨을 구해줌으로써 이 땅에 복음이 전파될 길이 열릴 것이란 확신에 감사했다. 또한 그 많은 불신의 눈총 앞에서 서양의술의 위대함을 보여줄 수 있단 점에 안도하기도 했다.

'하나님, 감사합니다.'

알렌의 뜨거운 눈물과 감격은 그 현장에 있던 사람들에게 고스란히 전달되었다. 그의 수술 성공은 그가 지닌 실력이 아닌, 하나님의 도우심의 손길이었다. 하나님이 함께 해 주신다는 확신으로 시작한 수술이었고, 수술 이후에 더욱 강한 확신이 들었던 알렌은 조선에 복음이 전파될 날이 머지않았음을 확신했다.

하나님의 섭리는 동시다발적으로 이어졌다. 알렌이 민영익을 치료하던 그 시각, 조선 땅 또다른 곳에서는 회심한 한 사람이 탄생했다. 그 주인공은 바로 노춘경(盧春京)이었다. 그는 알렌 선교사의 집에 고용된 어학선생 겸 집사로서 1886년 7월 세례를 받고 조선 최초의 세례교인이 되었다. 그는 알렌의 집에서 일을 도와주는 틈틈이 두꺼운 신약성서를 접하곤 했는데 갑신정변이 일어나던 그날 회심했다.

알렌은 퇴근하는 노춘경에게 두꺼운 신약성서를 주면서 가져가라고 했다. 그 신약성서를 통해 복음을 접한 노춘경이 그날 밤 말씀으로 거듭나게 된 것이다.

온 몸에 자상(刺傷)을 입은 민영익이 패혈증의 위험을 이기고 완쾌하기까지는 3개월이 걸렸다. 물론 중간에 위험에 처했을 때도 있었다. 환자의 열이 끓어 위험한 상황을 맞기도 했는데, 이는 의사의 처방 없이 개고기, 인삼 등을 끓여 먹인 측근들 때문에 생긴 위험이었다. 어쨌든 그러한 위기를 잘 견뎌낸 결과 민영익은 완쾌할 수 있었고, 이 땅에 복음 전파의 길은 조금씩 희망이 보이기 시작했다.

민영익의 치료 이후 알렌 선교사의 위상은 급상승했다. 알렌이 용한 의사라는 소문이 전국에 퍼져나갔으며 고종의 귀에까지 그 소식이 들어갔다. 한참 서양문물에 대한 개방 압력과 호기심, 서양의술에 대한 신뢰감이 생긴 고종은 알렌과 만나 여러 의논을 하며 급격히 가까워지게 되었다. 민영익 역시 알렌과 의형제를 맺을 정도로 돈독한 관계가 되었고, 왕실 또한 알렌과 돈독한 관계가 되었다. 알렌 역시 미국 공사관 공의로서 뿐만 아니라 미국의 입장을 전달하고 미국에 한국의 상황을 알려주는 중간자의 역할을 톡톡히 했다.

이 부분에 대해서는 진단학회에서 편찬한 『한국사 총서』에서도 이렇게 언급하고 있다.

"우정국 문턱에서 저격당한 민영익의 생명을 구해주게 된 것은 한미 양국의 우호관계를 가장 밀접하게 만든 이상한 인연이 되었다. 이때부터 미국에서 보낸 선교사라면 왕실부터 호의를 갖고 특별히 돌봐주었다. 이때부터 미국에서 전래된 기독교는 단시일에 장족의 발전을 보이게 됐고, 나아가 그들의 부대사업으로 시작한 교육, 의료, 학술의 모든 시설은 진실로 이 나라의 근대문화를 소개하는 영광을 차지할 수 있었다. 우리 겨레가 자유와 민주를 알고 평등과 사랑을 알게 된 것도 이때부터였으니 한국 근대화에 미국적인 요소가 뿌리 깊게 박힌 것은 결코 심상한 인연에서 이루어진 것도 아니었다."

알렌 선교사의 역할이 얼마나 컸는지, 하나님이 그를 통해 한국의 복음화를 위해 얼마나 섭리하셨는지 알 수 있는 대목이다. 실제로 알렌 선교사는 왕실과의 돈독한 관계를 맺기 시작하면서 본격적인 선교의 활동을 이어갔다.

5)'하나님이 왕실과 가깝게 하신 데에는 이유가 있다. 이 기회를 선교의 좋은 기회로 삼아야 한다. 그러려면 선교에 유용한 자료들을 만들어야 한다. 또 기독교의 실체를 세워야 한다.' 알렌은 이렇게 생각했고, 그 생각을 실천에 옮겼다.

초기 선교사들이 빛도 이름도 없이 사라졌던 것에 비해 그는 기록으로 선교의 흔적을 남기기 시작했다. 왕실과 고위급 인사들에 대한 역할 공적 등을 수집하여 체계화했고 한국의 상황에 대한 기록을 남겼고, 훗날 알렌 선교사의 기록은 한국 초기선교사역을 돌아볼 귀중한 자료로 남게 되었다.

기독교의 실체를 세워야 한다고 생각했던 그는 그 당시 한미수호 조약을 맺을 때 '불립교당' 즉 교회당을 세우지 않는다는 조항이 들어갔다는 것을 기억했다. 이런 조항을 넣으려고 했던 것은 언젠가 조선에 예배당이 세워질 것을 예감했다는 반증일 수 있다. 알렌은 이 조항을 떠올리며 비록 예배당은 아니지만 기독교의 실체를 지닌 병원을 짓기로 결심했다.

"조선에도 서양의료를 펼칠 병원이 필요합니다. 의료를 연구하고 의술을 펼쳐야 합니다."

그의 주장은 전혀 문제될 게 없었다. 오히려 민영익의 치료를 통해 서양의술에 대한 신뢰가 급격히 상승한 상태였기에 1885년 한국 최초의 근대식 병원 '광혜원'(같은 해 '제중원'으로 이름이 바뀜)이 세워질 수 있었다. 알렌 선교사의 역할은 병원뿐 아니라 YMCA, 명동성당 등이 세워지는 것으로 이어졌다.

한국에 초기 선교사역의 포문을 열어준 알렌 선교사. 그는 누구보다 한국을 사랑하고 아꼈던 하나님의 사자였다. 물론 근대 기독교 사역에서 초기 선교사들의 활동에 대해서는 여러 가지 다른 평가들도 있지만, 알렌이 초기 선교사로서 기독교의 실체를 세우는 데 지대한 공헌을 했다는 데는 이견이 없다.

알렌은 훗날 미국 공사가 되어 한국에 머물면서 고종과 돈독한 관계를 유지하며 한미간의 다리 역할을 하기도 했다. 그가 미국을 향해 한국의 대변인으로 역할을 해 준 것은 한국에 대한 사랑, 미국의 디아스포라로서의 역할을 아름답게 해낸 결과다. 그의 이런 역할은 지금도 우리 기독교 역사와, 한국 근현대사 가운데 빛나고 있기에 알렌을 한국의 벗이라고 말하는 데 이견이 없게 만들었다.

한민족을 진심으로 사랑한 언더우드와 아펜젤러

1885년, 하나님의 부르심을 받은 두 사람이 있었다. 두 사람 모두 미국의 신학생으로서, 한 사람은 장로교, 또 한사람은 감리교 교단에서 선교의 부르심을 받았다. 알렌과 함께 초기 한국 근현대사, 기독교 선교사에서 빼놓을 없는 아펜젤러(Henry Gerhart Appenzeller, 1858~1902)와 언더우드(Horace Grant Underwood, 한국명 원두우, 1859~1916)다.

비슷한 시기에 부르심의 사명을 입은 두 사람을 향한 하나님의 뜻은 머나먼 땅 조선에 있었다.

미국 뉴욕대학교를 졸업하고 뉴브론스윅신학교를 마친 뒤 1년간 의학공부를 한 언더우드는 어느 날 부흥회에 참석하게 되면서 "아비가 자식을 불쌍히 여김과 같이"라는 시편 103편 말씀을 듣던 중 회심을 하게 되었다.

그에겐 아직 복음을 전해 듣지 못한 영혼들에 대한 뜨거운 연민의 마음이 생겨났고 "이 죄인을 불쌍히 여기소서" 라는 회개와 함께 언더우드는 깊은 기도에 몰입했다. 기도를 통해 훈련과정을 거치며 '복음을 전하지 않으면 화가 임할 것'이란 하나님의 음성은 레마(rhema)가 되었고 갈라디아서 3장 28절 말씀이 선교의 길잡이가 되었다.

'너희는 유대인이나 헬라인이나 종이나 자유인이나 남자나 여자나 다 그리스도 예수 안에서 하나이니라'(갈라디아서 3:28)

이 말씀은 언더우드로 하여금 백인 우월 사상에서 벗어나게 했고, 훗날 인종차별의식을 벗어나 활동하는 기반을 마련해 주었다. 모두가 연합해야 한다는 것은 선교사들의 연합에도 기조가 되었다.

비슷한 시기, 감리교인이 되기로 결단한 아펜젤러 역시 선교의 비전을 품고 있었다. 기도와 묵상 끝에 개혁교회에서 감리교인으로 변한 그는 감리교신자가 된 후 하나님의 영광을 위해 신학을 공부했다.

신학생 시절 그는 선교의 열정을 품게 되었는데, 아펜젤러를 비롯한 워즈워스 등 신학생들의 관심은 조선을 향했다. 특히 아펜젤러는 조선이란 나라에 완전히 몰두해 새롭게 얻은 지식을 다른 사람들에게 알리는 것을 즐겼다고 한다. 물론 조선이 아직 문호가 개방되지 않아 어려운 상황이었지만 하나님의 계획은 놀라웠다.

그들이 만난 장소는 일본이었다. 당시 언더우드는 인도 선교에 꿈이 있었지만 조선으로 갈 선교사가 아무도 나오지 않자, '네가 가는 게 어떻겠느냐'는 음성을 듣고 조선으로 발걸음을 옮겼다. 언더우드와 아펜젤러는 일본에 머물며 조선으로 갈 기회를 찾으며 선교를 위한 준비를 이어갔다.

교단은 달랐지만 두 사람은 이전에 선교 모임에서 만난 바 있었다. 신학생 시절 미국 코네티컷주 하트퍼드에서 열린 '신학교 간 선교사 연맹' 총회에 각 학교 대표로 참석했을 때였다. 이 모임은 초교파적 선교운동의 선두에 선 모임이었는데, 그때 인연을 맺은 그들은 우연히 일본에서 조선으로 가는 한 배에 오르게 되었다. 이는 교단을 초월한 두 사람의 선교활동을 위해, 하나님이 미리 계획하신 것이었다.

그들은 배에 올라 복음이 전해지지 않은 땅, 조선의 복음화를 위해 기도했다. 언더우드는 일본에서 조선 선교를 위해 한글로 번역된 쪽복음서를 들고 들어왔고 선교방향을 교육을 통한 선교로 정했다. 일방적으로 복음을 전하는 것보다 한국에 필요한 것을 제공해 주는 식의 선교방식을 선택한 것이다. 그 부분은 아펜젤러 선교사역시 마찬가지였다.

프랑스 신부가 피살된 병인박해 사건으로 서양에 대한 배척이 극에 달했을 때를 피해 그들이 조선에 들어갔던 날은 1885년 4월 5일, 부활절이었다. 조선 땅을 밟은 그들은 제일 먼저 기도를 드렸다.

6)"우리는 부활절에 이곳에 도착했습니다. 오늘 무덤의 빗장을 산산이 부수고 부활한 주께서 이 나라 백성들의 얽매인 굴레를 끊고 하나님의 자녀가 누리는 빛과 자유를 허락해 주옵소서!"

그들의 기도는 이 땅에 이루어지도록 남은 생애를 바치는 실천으로 바뀌었다. 두 사람은 교단이 달랐으나 초교파적 선교운동의 선두에 서서 서로 협력하며 선교활동을 이어갔다. 제물포항을 통해 들어왔기에 한강 이남에서 주로 활동하던 그들은 북한 지방을 다니며 전도활동을 함께 하는 등 활발한 활동을 해 나갔다.

지금도 한국 기독교 역사를 이야기할 때 개화기 한국 최초의 선교활동이 훌륭한 선례가 되는 것은 아펜젤러와 언더우드 선교사의 서로 협력하여 학교와 병원을 세우고 함께 전도하는 에큐메니컬(Ecumenical:교회일치주의. 교파를 초월하여 모든 기독교의 보편적 일치 결속을 도모하는 신학적 운동) 정신을 보여주었기 때문이다.

그들은 선교사로서의 직무를 부지런히 다했다. 직접적으로 복음을 전하는 일은 금지되어 있기에 언더우드와 아펜젤러는 교육과 의료봉사 등을 통해 우회적으로 복음을 전하며 조선에서의 사역을 시작했다. 당연히 조정에서도 그들의 활동을 궁금해 했다.

　어느 날 언더우드와 아펜젤러를 발견하게 된 고종이 물었다.
　"저 사람들은 누구인고?"
　"예. 서양에서 건너온 교육자라고 합니다."
　"그래? 무슨 교육을 하는 사람들인고. 이름은 뭐고?"
　"한 사람은 언더우드라고 하고 또 한사람은 아펜젤러라고 한답니다."
　"종교를 전하는 사람은 아니겠지?"
　"서양의술도 가르치고 또 학교에서 학문을 가르치는 사람이랍니다."
　의심 많던 고종에게도 서양 인재들은 이제 익숙한 사람들이 되어가고 있었다. 언더우드와 아펜젤러는 서로의 입장에서 전도와 선교를 감당해 나갔다. 또한 한강 이북 지역의 복음화를 위해 전도여행을 함께 떠나는 등 각자의 사명을 감당해 나갔다.

　언더우드 선교사는 현재 연세대학교의 전신인 연희전문학교를 세웠다. 병원 사업도 적극 지원해 그 자신이 제중원의 약제사로 일하며 물리 화학을 가르쳤고, 토론토의대 교수였던 에비슨(Oliver R. Avison, 1860~1956)을 조선으로 불러들여 에비슨이 세브란스병원과 의학교를 세우는 일을 도왔다. 두 사람은 평생토록 단짝이었다. 특히 그는 언어 쪽에 관심을 두어 영한사전, 한영사전, 영어로 된 조선어 문법책도 만들어 교육에 공헌했다. 한국어를 배우는 데에도 무척 열심이었는데, 국어를 배우던 중에는 웃지 못 할 일들도 있었다. 보이는 것이 모두 생소했던 그는 가는 곳마다 단어를 익히기 위해 많이 물었다.

하루는 물건을 파는 곳에서 남자들이 쓰고 다니는 갓을 보고 물었다.

"이보시오. 이게 뭐요?"

"뭐요? 이거요? 갓이오!"

한국 사람이 퉁명스럽게 얘기하자 깜짝 놀란 언더우드 선교사는 서둘러 그 집을 나왔다고 한다. '갓이오'라는 말을 '가시오' 라는 말로 알아들었던 것이다. 그가 이해하기 어려웠던 것은 한국 말 중에 "있는 것도 아니고 없는 것도 아니다"라는 말이었다고 하니, 아무리 언어에 능통했던 그도 우리말을 배우는 데는 여간 애로사항이 있었던 게 아니었다.

아펜젤러도 마찬가지였다. 그는 자신에게 닥친 일을 거절하는 일이 없었다. 동료 선교사들이 그를 두고 '자기 몸을 아끼지 않는다'고 표현할 정도로 하나님 일이라는 생각으로 선교에 삶을 바쳤다.

그가 사람들에게 설교하는 일 다음으로 중요하게 여기는 것이 교육이었기에 배재학당을 세울 때도 무척 신경을 썼다. 비록 방 두 칸짜리에서 시작한 중고등교육기관일지언정 배제학당을 세우고 진정한 복음이 녹아있는 교육으로 이끌었다.

배제학당은 지금의 배재고등학교와 배재대학교로 발전했고 신문화를 주도하는 앞서가는 교육 현장이 되었다. 고종도 이들의 활동을 알고 있었고 고마워했기에 친히 '배재학당'이라는 이름을 지어주었다.

언더우드와 아펜젤러의 교육으로 시작된 활동은 교회를 세우는 일로 발전했다. 포교활동이 금지되어 있다고는 하나 길거리에 앉아 설교를 하기도 하고 간단한 소책자를 건네며 질문을 주고받는 가두 대화를 통해 복음을 전하기도 했기에 복음을 전하러 가는 일은 당연한 과정이었다.

특히 알렌 선교사의 집사로 일하던 노춘경은 알렌이 전해준 성경을 읽고 회심한 뒤 완전히 그리스도인이 될 것을 결심하고 언더우드에게 세례를 받기도 했다.

"언더우드, 나의 어학선생이며 집사인 노춘경이 세례교인이 되겠다고 합니다. 세례를 해주셨으면 합니다."

언더우드와 아펜젤러는 그 이후 북한지역 전도여행길에 올랐다. 선교금지령 속에서도 세례를 받겠다는 이들이 증가했고, 황해도 소래에 갔을 때는 언더우드에게 세례를 청하러 오면서 "국왕이 우리를 처형해도 하나님께서 우리를 구원해주셨으니 괜찮습니다"라며 목숨을 건 신자들도 생겨났다. 복음의 불길이 피어나고 있었다.

그들의 기도가 계속 이어지는 가운데 조선 땅엔 기독교의 기틀을 잡아줄 학교를 비롯한 병원, 교회가 세워져 갔다. 알렌에 의해 세워진 제중원을 시작으로, 언더우드는 에비슨을 불러들여 세브란스 병원을 세웠고, 구세학당(경신학교와 연희전문의 전신)을 세워 교육기관으로 키워나갔다. 특히 국내에서 첫 번째로 세례를 베푼 목회자로서 국내 최초 조직교회인 새문안교회를 세워 예배를 드리도록 하였다.

　언더우드와 함께 복음을 전한 아펜젤러 역시 배재학당을 세우는 한편 벧엘예배당(정동제일감리교회)을 세워 교회를 시작했다. 조선으로 들어온 해외 선교사, 즉 해외의 디아스포라들의 사역이 꽃을 피우기 시작한 것이다.

　조선에 대한 그들의 뜨거운 사랑과 복음의 열정은 학교와 교회, 병원 등을 세우는 일 뿐 아니라 직접 사람들과 만나 복음을 전하고 길거리에서 전도하는 등 직접적인 방법으로도 퍼져 나갔고 회심하여 세례받는 이들이 날로 늘어갔다. 그들은 서양의 문물을 배우고 익힌 실력있는 사람들이었을 뿐 아니라 한국인들에겐 새롭고 미지의 존재임이 분명했다. 뿐만 아니라 예수님의 사랑과 희생을 온 몸으로 실천하는 사명자라는 사실을 이 땅에서 증명했다.

　7)한창 조선에서의 선교사역에 박차를 가하고 있을 1902년 어느 날이었다. 여름을 향해 가고 있을 6월, 아펜젤러 선교사는 성경번역모임에 참석하고자 목포에 가는 배에 올랐다. 하루가 멀다 하고 남으로 북으로 다니며 선교활동을 하던 중이었는데 그날따라 배가 늦은 시간에 출발한 상태였다. 주변이 시커먼 바다뿐이었고 시간은 점점 밤으로 향해 가고 있었다. 그렇게 군산쯤 가게 되었을 때, 갑자기 쿵 하는 소리와 함께 순식간에 배가 기울었다.

　"배가 충돌했다! 배가 뒤집힌다!"

　다급한 소리와 함께 배가 기울기 시작했다. 뭔가에 부딪혔는지 배가 침몰하기 시작했다. 아펜젤러 선교사는 깜짝 놀라 뛰어나왔는데, 함께 간 두 명의 조선인이 버둥거리는 모습이 눈에 들어왔다. 아펜젤러는 분주하게 뛰어다녔다. 이미 한쪽이 침수되어 물에 빠진 이들을 구하기 위해서였다.

"어서 손을, 손을…. 어어어~"

손을 내밀어 그들을 구하려 했지만 아펜젤러 역시 물에 휩쓸려 바닷물에 잠겼다. 살려고 마음 먹으면 그는 혼자서 충분히 살아나올 수 있었지만 여학생을 구하기 위해 애쓰다가 그만 바닷물에 휩쓸려 순교하고야 말았던 것이다.

1902년, 그의 나이 44세에 아까운 생을 마쳤다. '조선에 있어서 유능한 인재는 구원받은 사람'이라는 소명으로 선교와 교육의 선봉에 섰던 선교사, 아펜젤러의 순교는 너무나 안타까운 일이었지만, 언더우드를 비롯한 다른 선교사들에게 아름다운 순교자의 향기와 흔적을 남겼다. 아펜젤러의 삶은 차디찬 물속에서 마감했지만 시대적 사명을 수행하고 하나님께로 돌아간 순교자적 삶이기도 하다.

아펜젤러의 죽음은 언더우드를 비롯한 다른 선교사들에게 큰 충격이었다. 하지만 그의 죽음은 멈출 수 없는 사도행전을 쓰게 만든 도화선이기도 했다.

한민족과 한국의 교회를 진심으로 사랑한 아펜젤러와 언더우드 등 조선 복음화의 여명기에 활동한 선교사들의 발걸음은 한민족을 전 세계에 흩으시기 위한 토대를 마련하신 하나님의 놀라운 계획이었다.

그들이 전한 복음의 씨앗은 이 땅에서 싹을 틔우고 풍성한 복음의 열매를 맺었고, 그들이 세운 근대식 교육기관과 그들이 전한 교육을 통해 새로운 민족의식을 깨우친 이 땅의 수많은 디아스포라들이 세상을 향해 복음을 들고 나아가는 발판이 되었기 때문이다.

사람을 변화시키는 복음의 능력

"우리는 '누구든지 나를 따르려면 자기 십자가를 지고 나를 따르라'는 예수님의 말씀대로 살아야 합니다."

서양 선교사가 전하는 설교 말씀에 한복 입은 조선의 사람들이 귀를 쫑긋 세우며 경청하고 있었다. 이 말씀을 듣던 어떤 이는 '아~' 탄식을 토해내기도 하고 또 어떤 사람은 고개를 끄덕였다. 물론 그 중에 한 사람은 그 다음 주일이 되었을 때 진짜 작은 나무 십자가를 만들어 등에 매고 온 사람도 있었다. 말씀을 문자대로 해석했기 때문이다.

웃지 못할 일들이 계속되는 가운데에서 하나님은 은혜를 더해주셨다. 고종은 선교사들이 선교 활동하는 것은 금지했으나 교사, 의사 등의 직업인으로 활동하는 것은 오히려 다행스럽게 여기는 분위기였다. 알렌을 시작으로 언더우드, 아펜젤러, 스크랜턴, 헤론 등 서양 선교사들이 계속해 들어오면서 서양문물이 전해지고, 무엇보다 개화기 사상이 필요했던 조선의 사람들에게 신식교육을 시키고 신문물을 접할 수 있도록 했기 때문이다.

▶열아홉 청상과부에서 최초의 려교사가 된 이경숙

그즈음 서울에 살던 열아홉 살 이경숙이 있었다. [8]그녀는 가난한 선비의 딸로 태어나 교육도 제대로 받지 못한 채 일찌감치 결혼을 했으나 결혼한 지 3일 만에 청상과부가 된 상태였다. 호기심도 많고 하고 싶은 일도 많았지만 청상과부인 그녀에겐 허락되지 않았다. 그러던 중 1886년, 이화학당 소식을 듣게 되었다. 2년 전부터 서양인들이 들어와 책도 전해주고 학교도 병원도 세운다는 소식을 들고 그런가보다 했는데, 이번엔 기분이 달랐다.

"여자들을 위한 학교라고?"

알고 보니 이화학당은 조선 최초로 들어온 여성선교사 스크랜턴 여사에 의해 시작된 학교였다. 53세의 적지 않은 나이에 선교사로 파견된 스크랜턴 여사는 의사인 아들 부부와 함께 들어왔는데, 어느 날 전염병이 창궐한 서울 거리에서 죽어가는 엄마 품에 안긴 어린 소녀를 발견한 뒤 학교를 시작하게 되었다. 그녀가 본 조선 여성들의 모습은 존재감이 없었다. 그것을 바꾸려면 교육의 길 밖에 없다고 여겼기에 조선 여성을 보다 나은 조선 여성으로 만들겠다는 의지로 고아와 과부를 모아 가르치기 시작했던 것이다.

명성황후가 이 학교에 '이화'라는 교명을 내려준 것은 '배꽃같이 순결하고 배맛같이 시원하고 향기로운 열매를 맺으라'는 의미가 있었다. 가난하고 불쌍한 여인을 위한 학교로 시작했지만 한국 여성들, 특히 억눌려있던 여성들의 배움에 대한 열정은 날이 갈수록 커져갔다. 그만큼 한국 땅은 여성들의 근대화를 원하고 있었고, 그것이 기독교를 통해 시작되도록 했던 것도 하나님의 뜻이었다. 여성을 쓰시려는 하나님의 뜻 말이다. 이화학당에 대한 깊은 뜻을 알게 된 뒤 이경숙은 학교가 있는 정동으로 향했다. 그러나 이경숙은 입학을 거절당했다.

"이곳은 당신처럼 나이가 많은 사람이 공부할만한 곳이 못됩니다. 저희는 고아 아이들을 데려다가 교육하는 곳입니다. 게다가 결혼까지 한 여성은 좀 힘들 것 같습니다."

그녀는 두 번이나 입학을 거절을 당했지만 배우고 싶은 열망이 정말로 컸고 이화학당을 직접 보고 난 뒤엔 더욱 마음이 커져갔다. 그녀는 삼세판이란 생각으로 다시 교장을 찾아갔다.

마침 저녁때가 되었기에 하인이 등불을 들고 서 있었다. 그녀는 이때다 싶은 마음에 등불을 훅하고 꺼뜨렸다.

"무슨 일인가요?"

"선생님. 우리의 캄캄하기가 이 등불 꺼진 것과 같습니다. 우리에게 학문의 밝은 빛을 비쳐줄 수 없겠습니까? 정말 배우고 싶습니다."

배움에 대한 열정에 교장도 감복했다. 결국 그녀는 이화학당의 학생이 되어 학문의 길로 들어섰다. 이화학당에서의 교육은 여성에게 자신의 정체성을 발견할 수 있는 것으로 시작했다. 이화학당은 이경숙에게 성경에 나오는 여성 중 사무엘의 어머니인 한나의 이름을 따서 이한나라는 새로운 이름을 지어주었다. 김헬렌, 박에스터, 하란사 등 이화학당에 다니는 여성들에게 붙여진 이름은 대부분 세례명이나 서구식 이름이 붙여졌다. 이러한 이름이 붙여졌다는 것은 신교육을 받은 여성을 의미하는 것이기도 했다.

이경숙은 이화학당의 학생이 되어 신교육을 받았다. 지금껏 여자는 배울 수 없다는 틀을 깨고 배움의 길로 들어선 그녀는 그 어느 때보다 행복했다. 세상일에 호기심이 많았지만 그것을 해소시킬 기회가 없었는데 학교 내에서는 그것이 가능했다. 무엇보다 자신이 서 있는 자리가 세상의 전부가 아니라는 것을 깨달았을 때 신선한 충격으로 다가왔다. 지금까지 세상을 향해 어떤 항변도 하지 못했던 그녀가 변했다.

"여성 교육의 목적은 슬기로운 어머니, 나라를 위해 훌륭한 자식을 키울 수 있는 어머니, 능력 있는 여성을 배출하는 데 있다고 생각합니다. 물론 가정과 일에 대한 불평이 타당하다고 인정할지라도 다음 사실은 알아두어야 할 것입니다. 미국이나 유럽에서는 정규 고등학교 졸업생이 그저 요리나 바느질하는 법을 알게 되기를 바라지는 않고 있다는 사실입니다. 또 한 가지 알아야 할 사실은 그 학교들의 목적과 방향은 슬기로운 어머니, 충실한 아내 및 개화된 가정주부가 될 수 있는 신여성을 배출하는 것이지 요리사나 간호원, 침모를 배출하는 것이 아니라는 점입니다."

이런 가르침을 받고 신교육을 받은 이경숙은 이화학당을 졸업한 뒤, 한국인 최초의 여교사가 되었다.

복음의 전파와 함께 교육을 제공받은 여성들은 점점 변화되어 가고 있었다. 더 이상 누구의 딸, 누구의 아내로 살아가는 것이 아닌 각각의 존재가 얼마나 소중하고 가치가 있는지 성경적인 관점에서 이해하게 되었고 그것은 곧 민족의식의 변화까지 나아가 귀한 독립을 위한 일꾼이 되었다.

▶백정의 아들에서 최초의 의사이자 독립운동가가 된 박서양

이같은 변화는 이경숙에게만 일어난 게 아니었다. [9]청년 박서양은 천대받는 백정의 아들로 태어나 교육을 통해 거듭난 인물이 되었다. 그는 어지러운 세상을 살아가야 했다. 당시는 아무리 신분제가 철폐됐다고 하지만 출신을 무시하지 못 하던 때라 천한 계급인 백정의 아들로서 고민이 많았다.

'도대체 나는 누구인가. 이 나라에서 나는 누구인가. 또 이 나라는 어떻게 될 것인가.'

박서양의 가슴 속은 복잡했다. 세상은 구한말인지라 어지럽게 흘러가고 있었다. 사람들 사이에서는 나라를 뺏길 지도 모른다는 소문도 흉흉하게 돌았고 간간이 서양 선교사들에 대한 이야기도 들려왔다. 청년의 마음을 혹하게 만든 것은 그 선교사들이 학교를 세우고 병원을 세우는데 출신 신분에 상관없이 기회를 준다는 것이다.

'그렇다면 내게도 기회가 있지 않을까.'

그의 관심은 교육으로 향했고 세브란스병원 의학교(당시 제중원 의학교) 소식을 듣게 된다. 미국 선교사인 언더우드와 에비슨 선교사가 있는 병원과 의학교는 딴세상이었다. 다행히 박서양의 아버지와 에비슨 선교사와는 친분이 있었는데 청년의 마음을 알게 된 선교사가 여러 가지 허드렛일을 시켜보고는 늘 최선을 다하는 그를 보고 의학교에 입학시켰던 것이다. 다행인 것은 아직까지 서양의술에 대한 곱지 않은 시선 때문에 양반집 자제들이 의학교에서 공부하는 것을 꺼려했다는 점이다. 그 덕분에 1900년 의학교 1기에 입학한 뒤 내로라하는 집안의 자제들과 함께 공부할 수 있었다. 그가 경험한 서양의술은 놀라웠다.

박서양은 배우려는 의지와 생명을 소중하게 여기는 기본적인 마인드로 환자들을 대하며 공부와 진료를 이어갔다. 그러던 어느 날 한 환자가 병원으로 실려왔다. 그녀는 난산의 고통을 겪고 있었는데 자칫 생명이 위험할 수도 있는 상황이었다. 담당 의사인 허스터가 박서양을 불렀다.

"이보게. 내 일 좀 도와주게"

허스터는 자신을 도와줄 사람이 필요했고 그 둘은 힘을 합해 난산의 고통을 겪고 있는 산모의 출산을 도왔다. 얼마나 지났을까. 두 사람은 의학적 지식과 노력을 총동원하여 오랜 시간 진통으로 녹초가 된 산모를 소생시키는 데 성공했다.

"응애 응애"

드디어 아이의 힘찬 울음소리가 울렸고 모두 안도했다. 그날 청년 박서양의 활약은 대한매일신보에도 실렸다.

1908년 세브란스병원 의학과로 바뀐 학교에서 졸업생이 된 그는 국내 최초로 의사면허인 의술개업인허장을 받은 사람이 되었다. 그 후엔 승동교회에서 선교를 했고 한일합방이 된 뒤엔 중국으로 건너가 구세(救世)병원을 세우고 숭신(崇信)학교를 지어 조선인을 위한 진료와 교육 활동을 했다. 또한 만주 지역의 독립무장투쟁단체인 대한국민회 군사령부의 군의(軍醫)로 활동하며 독립운동을 할 정도로, 전혀 다른 인물이 되었다. 백정의 아들로 의사가 된 박서양이 신분차별철폐의 상징이 된 것이다.

이렇듯 1900년대를 즈음해서 조선의 상황과 민초들은 변화하고 있었다. 보내심을 받은 이들이 복음의 텃밭을 가꾼 덕분이고 한민족을 향한 하나님의 계획에 따라 사람들이 변화하고 있었기 때문이다.

하나님은 우리 민족의 가장 중심에 있는 왕실에 선교사의 도움을 받게 하심으로 마음을 열게 하시는 동시에, 억압과 차별로 눌려있던 사람들을 복음의 마인드로 열게 하셨고, 나라 안팎의 상황을 급박하게 돌아가게 하심으로 우리 민족을 흩으실 준비를 하고 계셨던 것이다.

명성황후에게 전해진 복음

크리스마스 날이 되었다. 조선 땅에는 크리스마스라는 것이 무엇인지 아는 사람이 거의 없었다. 복음을 받아들인 몇몇만이 예수님이 이 땅에 오신 날을 알 정도로 기독교에 무지했다. 그것은 왕실도 마찬가지였지만, 조선 왕실은 공식적으로 기독교를 인정하지 않았어도 비공식적으로는 매우 친화적이었다.

조선의 국모인 명성황후는 풍전등화 같은 조선의 현실에 마음이 착잡했다. 내부적으로는 자신을 경계하는 세력과 맞서야 했으며 외부적으로는 외세의 침략 위협 속에 곤고했다. 그녀는 강단 있었지만 환경이 따라주질 않았다.

하루하루 가시방석 같은 날이 계속되다보니 누구 한 사람 믿을 구석 없이 궁궐의 시간은 멈춰버린 듯했다.

"마마, 언더우드 부인이 들었습니다."

"어서 들이라."

언더우드 부인이 왔다는 이야기에 명성황후는 반갑게 맞아들였다. 명성황후는 강단 있는 여성이었다. 특히 다른 나라의 사정과 환경에 관심이 많았고, 개방의 바람이 불고 있는 것을 순리로 받아들이고 있었다. 이미 자신의 오라비 민영익이 알렌으로부터 치료를 받아 목숨을 구한 적이 있기 때문에 서양 의사들과 좋은 관계를 유지하고 있었고 선교사들에 대한 거부감도 없었다.

"어서 오세요. 듣기로 오늘이 무슨 좋은 날이라고요."

"네 마마. 오늘은 크리스마스라고 합니다."

명성황후의 물음에 언더우드 부인이 대답했다.

"그 날은 무슨 날인가요?"

"…"

언더우드의 부인은 잠시 머뭇거렸다. 한 나라의 국모에게 금지되어 있는 종교에 대해 전하는 것에 대한 염려 때문이었다. 이미 많은 선교사들이 들어와 점진적으로 복음을 전하고 있는 가운데 괜한 꼬투리라도 잡히면 어쩌나 걱정도 되었지만, 이내 마음을 다잡았다. 하나님께서 열어주신 기회란 생각이 들었던 것이다.

"마마, 크리스마스란 예수님이 이 땅에 오신 날을 의미합니다. 예수란 이 땅의 구원을 위해 하늘에서 보내심을 받은 분입니다. 가장 낮고 천한 인간의 몸으로 오셔서 우리의 죄를 구원해 주시려고 십자가에 못 박혀 죽으셨다가 부활하셨답니다. 그 부활로 인해 우리가 죄에서 놓여남을 받았지요. 예수님은 우리 인류를 그토록 사랑하십니다."

언더우드 부인은 천사들의 합창과 별들에 대해, 말구유 안에 누운 어린 아기 예수에 대해 설명하며 조심스럽게 복음을 전했다. 여선교사들 사이에서 인기가 많은 명성황후는 다른 사람의 말을 경청했고 매우 지혜롭고 총명했다. 그는 부인의 말을 끝까지 들으며 눈빛을 빛냈다.

"사람을 구하려고 이 땅에 오셨다? 그래서 그를 믿으면 구원을 받는다?"

"네. 맞습니다. 예수를 믿기만 하면 구원을 받습니다."

왕비는 복음의 메시지에 무척 흥미를 느꼈다. 뜻을 이해하지 못할 때는 다시 되묻기도 하며 주변에 있는 이들에게 설명을 해주기도 했다.

"당신네 나라는 그를 믿어서 그렇게 발전하고 잘 사는가 봅니다."

"한국도 앞으로 그렇게 될 것입니다."

“아…. 조선도 미국처럼 그렇게 행복하고 자유스럽고 힘이 있다면!”

명성황후는 본심을 드러내듯 안타까움을 토해냈다. 그녀는 조선이 서방세력에 이리저리 휘둘리고 있는 상황을 한탄하고 있었다. 어떻게 하면 나라가 힘을 기를 수 있을지 고민하고 또 고민하고 서글퍼하고 있었던 것이다.

며칠 뒤 언더우드 선교사 부인이 다시 왕비를 찾았다. 그러는 동안 부인은 하나님께 감사하며 기도했다. 그동안 왕비와 만나 조심스럽지만 끈끈한 관계를 유지하면서도 복음을 전하는 것에는 소극적이었는데, 선교회 사람들에게 중보를 요청하고 기도한 결과 복음을 전할 기회를 주신 하나님께 대한 감사였다. 명성황후와 만난 부인은 좀 더 가까워졌음을 피부로 느꼈다.

“부인, 당신네 나라는 또 어떤 자유가 있는지 알고 싶어요.”

왕비는 서강열국이 가진 힘과 그들의 변화, 어떤 문화적인 특징이 있는지 궁금해 하며 이야기를 듣기 원했다. 언더우드 부인은 자신이 알고 있는 대로 이야기해주었다. 그녀는 다른 나라의 이야기를 들을 때면 처음엔 놀라워하다가 나중엔 부러워하는 것으로 끝났다. 하지만 그날은 달랐다.

“아…. 정말 좋을 것 같습니다. 우리나라도 미국처럼 힘을 키울 수 있지 않겠어요?”

그 어느 때보다 단호한 명성황후의 표정이었다. 이에 언더우드 부인은 다시 복음을 전했다.

“마마, 미국이 힘이 있는 건 사실이지만 천국은 그에 비할 바 없이 좋은 세상입니다. 그곳은 눈물도 슬픔도 아픔도 없는 완전한 곳입니다. 하나님이 계신 곳입니다.”

“그곳에 전하와 나, 세자가 갔으면 좋겠네요. 거긴 어떻게 가나요?”

"우리 죄를 회개하고 하나님을 믿으면 됩니다."

"죄인은 안. 된. 다?"

갑자기 명성황후의 표정이 급격히 어두워졌다. 자신이 권위를 가지고 있기는 해도 죄인이라는 것을 알고 있었기 때문이다. 복음은 자신을 먼저 돌아보게 하는 법이다.

그날, 언더우드 부인은 명성황후를 만나고 돌아오면서 희망을 가졌다. 한 나라의 국모가 복음을 받아들이면 상황이 달라질 수 있다. 자신이 만난 조선의 왕비는 대영제국의 여왕보다 어쩌면 더 슬기로운 여인이란 생각도 들었다. [10]부인은 그날의 선교기록을 남기며 기도를 올렸다.

그러나 언더우드 선교사 부인은 얼마 뒤 충격적인 소식을 접했다. 1895년, 10월 8일 그동안 숱하게 위협을 받던 명성황후가 결국 시해되는 사건이 발생한 것이다. 일본의 해군 중장 미우라 고로(三浦梧樓. 1846년~1926년)가 한국 주재 일본 공사로 부임하면서 명성황후만 제거하면 한국 정복은 손쉬울 것이라는 판단으로 저지른 사건이었다. 일본 자객들에 의해 처참하게 시해당한 명성황후는 죽음을 맞이했고 조선의 상황은 더욱 나빠졌다. 고종의 입지는 점점 작아졌고, 고립됐으며, 조선은 흔들렸다.

그러나 한 가지는 분명했다. 이 사건으로 하나님의 부르심을 입고 한국을 찾은 선교사들의 조선을 향한 마음이 더욱 커졌다는 것이다. 서구열방 틈에 시달리는 나라의 상황을 지켜보고, 을미사변과 같은 말도 안 되는 사건으로 나라를 정복하려는 부당함 앞에서 조선을 위해 기도하고 복음만이 유일한 길이라는 사실을 깨닫고 더욱 사명을 다하게 되었다는 사실이다.

한국과 운명을 함께한 선교사들과 비운의 황제 고종

1895년 10월 8일 새벽. 한 나라의 왕이 용상에 앉아 부들부들 떨고 있었다. 자신의 아내이자 한 나라의 국모가 처참하게 살해되고 시신이 불타는 현장을 지켜본 고종. 중전의 처소에 자객이 들고 스무 명의 자객이 왕비를 찾아내 칼로 찌르고 시신을 우물에 넣었다가 다시 꺼내어 불태우고 있다는 충격적인 소식에 어떠한 것도 할 수 없었다. 용상에 앉아 사시나무 떨듯 떨면서 미동도 하지 않은 고종이 한참 만에 내뱉은 말은 이것이다.

"밖에 미국 교사들은 없느냐?"

이야기를 전해 듣고 달려온 이들은 알렌과 언더우드, 헐버트 등의 네 명의 선교사들이었다. 군주가 기대고 싶은 기둥이 외국 선교사들이었다니 슬프고 안타깝지만 하나님의 섭리도 느끼게 되는 순간이었다.

고종은 그로부터 몇 달 동안 이들 외국 선교사들의 호위를 받으며 지냈다. 자신을 시종하는 이들을 비롯한 신하는 물론이거니와, 일본인은 더더욱 믿지 못했지만 외국 선교사들만은 믿었던 것이다.

알렌을 비롯한 선교사들은 총을 지닌 채 임금을 지켰다. 고종은 먹는 것조차도 제대로 먹지 못했다. 언제든 독살의 위협에 노출되어 있었기 때문인데 당시 미국 공사였던 알렌 선교사가 매 끼니마다 식사를 미리 체크하여 왕에게 바쳤다. 선교사와 한 나라의 왕이 더욱 돈독해지는 순간이었다.

고종 황제가 안정을 찾기까지는 수개월의 시간이 필요했는데, 그 동안 선교사들이 돌아가며 왕을 호위했다. 어느 정도 안정을 찾은 뒤 그는 자신을 지키던 선교사들을 불러 일일이 악수를 하며 고마움을 표현했다.

　명성황후 시해사건 이후 고종은 외국 선교사들에 대해 완전한 신뢰로 돌아섰다. 이전까지 고종은 선교사들과 불가근불가원(不可近不可遠) 관계를 유지하고 있었다. 일정한 거리를 두면서 불가피한 것은 묵인하고 대신 조선에 필요한 것을 얻는다는 생각으로 기독교의 전파는 견제하는 정책을 취했던 것이다. 하지만 청나라와 일본의 전쟁 이후 일본이 승리하고 청 세력을 몰아내고 조선까지 넘보며 명성황후를 시해하는 사건까지 겪으며 고종은 달라졌다. 왕권이 크게 위협받는 상황에서 선교사들의 도움을 받게 되고 그로 인해 신뢰관계를 쌓게 되었다.

　특히 을미사변(1985년)을 통해 고종은 선교사들과 두터운 관계를 유지했다. 그는 선교사들을 '교사'라 불렀는데, 얼마나 그들을 신뢰했으면 대궐 주위에 살도록 했고 미국인에게 궁궐 내 수비를 맡길 정도였다.

　명성황후의 죽음 이후 고종은 달라졌다. 나라가 자주독립국이 되어야 한다고 여긴 그는 러시아 공사관에 머물다가 1년 만에 경운궁으로 돌아와 개혁을 선언했다. 나라의 이름도 대한제국(大韓帝國)으로 바꾸고, 왕에 대한 호칭도 황제로 바꾸었다. 늦었지만 명성황후의 장례식도 치렀다. 또한 국제조약인 제네바 협약(1864년~1949년)에 서명하여 국제적으로 우리나라의 위상을 알리기도 하면서 나라 안으로는 '광무개혁'이라 불리는 개혁정책을 단행했다. 대한적십자사를 창립한 것도 그때였다.

　'구본신참'(舊本新參, 옛것을 근본으로 새것을 첨가한다)

고종은 일본군에게 왕궁이 점령당하는 수모를 막기 위해 국방력을 강화하는 동시에 토지조사사업으로 토지 소유권을 확립하는 등의 재정개혁, 상공업개혁 등의 방향에서 개혁을 일으키려 했다. 이미 선교사를 통해 해외선진문물에 대해 알고 있었기에 근대적 회사 설립을 하도록 하는 것과 동시에 선진문물을 받아들이기 위해 유학생도 파견하는 등 나름 정책을 펼쳤다. 실제 이 개혁을 통해 적지 않은 성과를 거두기도 했지만 국제적인 정세를 제대로 파악하지 못한 제도적인 한계와 함께, 국민들의 의지부족으로 사실상 개혁은 실패로 돌아갔다.

고종은 나라를 빼앗기지 않기 위해 끝까지 투쟁했는데, 특히 1905년 일본의 강압에 의해 을사늑약으로 나라의 외교권이 빼앗길 때도 끝까지 항거했다.

"서울에 있는 각 나라의 공사들을 불러 오거라."

고종의 부름에 따라 공사들을 모았다. 미국 정부로부터 해임되어 고국으로 돌아간 알렌 공사가 없으니 한쪽 팔이 떨어져 나간 허전함이 있었다. 그래도 고종은 각 나라 공사들이 각 나라의 대사로서 조선의 대변인이 되어줄 것을 바랐다. 그 바람으로 조선의 상황과, 이 부당한 조약에 대해 알렸다.

"을사조약은 무기로 위협하여 체결한 것이므로 완전히 무효요. 이 내용을 각 나라에 전해주시오."

하지만 이미 세계정세는 일본으로 향하고 있었다. 작은 나라 조선이 안고 있는 어려움을 도와줄 열강은 없었던 것이다. 고종은 외로웠다. 후회도 되었다. 곳곳에서 의적이 일어나 항거했으나 너무도 힘이 없었다.

고종은 마지막까지 사력을 다할 요량으로 헐버트 선교사(Homer Hulbert. 1863~1949)를 불렀다.

"이보시오 헐버트. 이번에 네덜란드 헤이그에서 열리는 만국평화회의에 당신이 우리 특사들과 함께 가 주어야겠소."

"제가 할 일은 무엇입니까?"

"나는 세 명의 특사를 파견해서 이 조약의 부당성을 세계에 알리고 다른 나라의 협조를 얻어 국권을 회복하고자 하오. 당신은 외국인이니 상황을 더 잘 알 것이고 타국 사람들에게도 접근하기에 쉬울 것이고. 무엇보다 당신이 우리 조선을 아끼고 있다는 것을 알고 있소."

이른바 헤이그 밀사 사건이 시작되었다. [11]1907년 고종은 이준, 이상설, 이위종 등 세 명의 밀사를 파견하여 일본의 만행을 전 세계에 알리려 했다. 이때 헐버트 선교사를 함께 보내기로 했다. 고종의 신임을 얻은 선교사 중에 하나인 헐버트는 정부가 세운 학교인 육영공원에 파견된 신학생으로, 교사의 역할을 해내며 조정과도 좋은 관계를 맺는 동시에 복음 증거에도 앞장선 선교사였다. 그는 "자신의 고국보다 조선을 더 사랑한다"는 말을 남긴 인물로, 헤이그 밀사의 네 번째 특사였다.

그러나 안타깝게도 고종의 마지막 투쟁이었던 헤이그 밀사는 실패로 돌아갔다. 특사들의 활약은 빛났으나 서구 열강이 입을 닫고 있었기에 이 일에 참여한 세 명의 특사는 모두 죽거나 종신형을 받고 사라졌다. 이 일을 주도한 고종 역시 일본 세력에 의해 강제 퇴위되고 12년 뒤 쓸쓸한 죽음을 맞았다.

외세와 끝까지 맞서며 척화정책을 폈던 아버지 흥선대원군과 총명하고 강단 있는 아내 명성황후 사이에서 제대로 권력을 펼쳐보지 못한 고종, 역사는 그를 비운의 황제로 표현하지만 그는 그렇게 나약한 군주는 아니었다. 특히 선교사들과 좋은 관계를 맺음으로 시대의 변화를 읽으려 노력했고, 나라의 주권을 찾기 위해 나름대로 힘을 쓴 사람이었다. 뒤늦게 그가 독립을 위한 비자금을 마련해 놓았다는 흔적이 발견되고, 또 선교기록에도 긍정적인 평가가 내려지고 있기도 하다.

 물론 선교사들의 숫자가 늘어나면서 적극적인 포교가 이루어지는 것을 우려하여 기독교 포교금지령을 내렸지만 겉으로만 내렸을 뿐, 어떤 제재도 가하지 않았고 제재한다고 해서 금지될 것이라 생각하지 않았다. 소극적이나마 기독교를 인정하고 수용했다고 볼 수 있다.

[12]1905년 어느 봄날, 조선의 의료선교사로 시작하여 미국 공사가 되어 20여 년 간 한 나라의 정세를 의논하고 군주의 친구가 되어준 알렌이 퇴임을 앞두고 고종 황제를 찾아왔다. 그들은 이미 막역하고 허물없는 사이였다. 서구선진문명의 수용이 얼마나 필요한지 함께 이야기 나누며 개혁을 말했던 그들, 외로웠던 군주를 지켜주고 평안을 위해 기도해 준 알렌이었기에 그날의 만남은 더욱 애잔했다.

"언제 돌아가시오?"

고종의 오랜 친구로 지낸 알렌 선교사는 일본의 무력과 부당함을 미국에 끝까지 알리고 일본에 저항한 데에 미움을 사서 미국 정부로부터 해임된 상태였다. 들리는 말로는 일본의 횡포와 만행에 대해 미국에 들어가 알리면서 루스벨트 대통령과 고성을 주고받았다

고 하나 이미 돌아선 국가정세에서 그는 더 이상 힘을 쓸 수 없었
다.

"이제 곧 들어갑니다. 폐하를 끝까지 지켜드리지 못해 미안합니
다."

"우리가 이렇게 만난 게 얼마나 됐소?"

"1884년에 들어와서 지금이 1905년이니 21년 됐습니다."

"참으로 오랜 시간이 지났소. 내 그대의 도움을 참 많이 받았는
데…."

"…."

그리고 침묵이 흘렀다. 말하지 않아도 서로의 마음을 잘 알았기
에 고종의 눈가에는 눈물이 맺혔고 알렌 선교사 역시 뜨거운 눈물
이 흘렀다. 고종은 알렌 선교사의 소맷자락을 놓지 않았다고 한다.

한참을 그렇게 궁전 뜰에 서서 이별의식을 마친 뒤 알렌은 본국
으로 돌아갔다. 돌아가서도 한국에 대한 관심과 사랑을 놓지 않았
고 무엇보다 기도로 중보했다.

그 뒤 한국은 바람 앞의 촛불처럼 거센 바람에 휩싸였다. 한국 내
미국 공사관은 철수했고, 한국은 일본과 불평등조약을 맺어 사실상
국권을 빼앗겼다. 무엇보다 알렌을 지구상에서 가장 극진히 대접해
주던 고종 황제가 사실상 강제로 퇴위 당했다. 사실상 그들의 인연
은 그렇게 끝났지만 하나님은 그렇게 인연을 끝내지 않았다.

1909년 발간된 미국 국무성의 문서에는 '한국은 세계 기독교의
기수국가'라고 한 표현이 기록되어 있었다. 한국이 세계 기독교의
대표이자 상징이란 의미였다. 본국으로 돌아간 알렌 선교사가 계속
해서 미국 국무성에 보낸 서신을 근거로 나온 표현이었다.

척박한 우리 땅에 복음만 들고 들어온 선교사들은 구한말 한국의 운명과 함께 했다. 함께 아파했고 기도로 중보했다. 그 마음을 고종도 알았기에 그들을 전적으로 신뢰하고 좋아했을 것이다. 아쉬운 것은 한 나라의 군주가 20여 년 동안 선교사들과 가까이 했으나 복음을 적극적으로 받아들이지 못했다는 점이다. 역사에는 만약이라는 가정이 불필요하다지만, 만약 그가 복음을 적극적으로 받아들여 한국이 복음화가 되었다면 어땠을까?

13)"미국 사람들이 선교사를 보내준 것에 대해 감사하며 더 많이 보내주도록 요청해 주시오."

1895년 선교지 개척을 위해 한국에 온 미국 남감리교회의 감독 헨드릭스에게 이렇게 말했던 고종 황제였다. 하지만 그런 고종이 완전히 복음을 받아들이지 않았던 것은 하나님께서는 아직 한민족을 전 세계로 흩어 하나님의 뜻을 위해 사용하기에는 시기상조라고 여기셨기 때문일 것이다.

머무름도 흩어짐도 모두가 하나님의 뜻

"슬프도다.

저 개 돼지만도 못한 소위 우리 정부의 대신이란 자들이 부귀영화를 바라보고

위협에 눌려 물러서거나 벌벌 떨며 나라를 팔아먹는 역적이 되기를 달게 받아들여,

4천 년 강토와 5백년 종사를 남에게 바치고, 2천만 국민을 남의 노예가 되게 하였으니,

저 개 돼지보다 못한 외무대신 박제순과 각 대신들이야 깊이 꾸짖을 것도 없으나

명색이 참정대신이란 자는 정부의 수석임에도 단지 부(否)자로써 책임을 면하여

이름거리나 장만하려 했더란 말이냐!

아아, 분하도다!

우리 2천만 타국인의 노예가 된 동포여! 살았는가! 죽었는가!

4천년 국민정신이 하룻밤 사이에 홀연히 멸망하고 말 것인가!

원통하고 원통하다!

동포여, 동포여!"

〈시일야방성대곡〉 즉 "오늘 목 놓아 크게 통곡하노라"라는 장지영의 논설이 1905년 11월 20일 황성신문에 실리고 국민들은 함께 울었다. 나라를 빼앗긴 설움에 국민 모두가 분노했다. 이제 어쩌나 싶은 마음에 초조해하는 이들도 늘어났다. 어쩔 수 없이 총칼로 위협당하며 조약을 맺었으므로 을사늑약의 부당함을 전 세계에 알리려 황실에서도 노력하였으나 이미 모든 정세는 일본의 손을 들어주

는 형세였다.

1905년 을사늑약이 맺어짐에 따라 대한제국은 일본의 지배하에 놓이게 되었다. 서구 열강은 팔짱 낀 채 이 상황을 지켜보고 있었고, 국민만이 아픔과 설움을 견뎌내야 했다.

"나라를 빼앗긴 것도 서러운데 이 땅에서 판치는 일본인들에게 굽히며 사는 건 더욱 못할 일이다."

의식 있는 지식인들은 잃어버린 주권을 회복하는 사명을 품고 움직이기 시작했다. 이미 한국에는 일본이 판을 치고 있었기에 어떻게 해볼 도리가 없었고, 다른 곳으로 아지트를 옮겨 행동하려 했다. 의식 있는 지식인들이 독립에 대한 의지를 품고 해외로 이주하기도 했으며, 일반 국민들 사이에서도 한국 땅을 벗어나려는 움직임이 조금씩 시작되었다.

물론 이런 움직임은 이미 오래 전부터 시작되었다. 하나님께서 한국 땅에 선교사들을 부르시고 복음을 심게 하셨을 때부터다.

복음은 떠남을 전제로 한다. 부르심을 입은 사도들은 땅 끝까지 복음을 전해야 하는 사명이 있기 때문이다. 서 있는 땅에서 전하지 않는다면 나가서 전해야 한다.

한국을 향한 하나님의 뜻도 그러했다. 선교사들이 본격적으로 들어오기 전 이미 성경번역에 참여하거나 번역된 성경을 어렵게 국내로 들여온 디아스포라들의 활약이 있었다. 이들의 움직임을 바탕으로 이제 복음을 싣고 나라 밖으로 나가는 이들도 생겨나기 시작한 것이다.

외국 선교사들은 교사라는 직함으로 들어와 교육으로 우리 민족의 정신을 깨우쳤다. 그 속에는 복음의 진리가 있었기에 자연히 그들의 시선은 세상으로 향했다. 연희전문학교를 세워 가르친 언더우드가 그랬고, 스크랜턴 여사가 가르친 이화학당 학생들이 그랬다. 또한 베어드 선교사를 통해 숭실학당의 학생들과, 북한지역 선교에 앞장섰던 마포삼열 선교사에 의해 세워진 평양신학생들이 결단했다. 이때 배출된 한국 신학생들이 목회자가 되어 제주도로, 중국과 미국 등으로 흩어져 초기 복음 사역을 감당했던 것이다. 얼마 전까지만 해도 복음을 전해 받던 이들이 변화 받아 선교사로 활동하게 되는 순환을 하나님께서 이루신 것이다.

하나님은 우리 민족을 향한 흩어짐의 계획을 오래 전부터 세워두시고, 그 기반을 닦아놓으시는 동시에, 민족의 고난을 이용하셔서 흩으시기도 하셨다.

그 흩으심에 사용하신 이들은 복음을 아는 이들, 주권회복을 위해 독립의지를 품은 이들만이 아니었다. 하나님이 이스라엘 민족을 움직이셨던 것처럼 평범한 한민족을 사용하셨다. 그들은 그저 사는 게 팍팍해서 이 땅을 벗어나는 것을 선택했다.

민초들의 삶은 가난했다. 일본이 나라를 빼앗으려 하는 상황에서 민초들의 삶은 더욱 피폐해졌다. 한때 가난을 숙명처럼 여기기도 했지만, 이제는 나라도 빼앗기고 희망조차 사라진 땅에서의 가난은 절망이라고 생각했던 이들은 정말로 어려운 결단을 하기에 이르렀다. 이 땅을 떠나기로 결심한 것이다.

"우리 중국으로 갑시다."

"그 넓은 땅 어디로 간답니까?"

"간도에 가면 고려인들이 모여 사는 곳이 있다고 합니다. 적어도 청나라는 일본처럼 횡포를 부리지 않을 거 아니오. 거기서 삽시다. 여기보다 못한 삶이 있겠소?"

"그렇다면 고국으로 돌아올 수 있습니까?"

"그건 모르겠소. 나라가 잘 살게 되면 오겠지만 고국으로 다시 오는 게 아예 안 될 수도 있소."

그도 그럴 것이 우리에게는 아픈 과거가 있었다. 병자호란(1636년) 때 청나라에 노비로 끌려간 이들이 있었다. 어찌 보면 그들이 한민족 디아스포라의 시작일 수도 있다. 자발적인 이주가 아니라 어쩔 수 없는 타의적 이주였다. 그들이 노비로 끌려가게 된 것은 순전히 국가가 힘이 없었기 때문이다. 태어나 자란 땅밖에 모르던 이들이 다른 나라의 노비로 사는 삶은 애굽의 종으로 살던 이스라엘 민족의 삶과 같았다.

실제 17세기에 있었던 일이다. 1675년 봄의 일이다. [14]조선 땅에 들어오겠다고 소란을 피운 한 노인이 있었다. 그는 40년 만에 청나라에서 탈출한 '안단'이라는 이름의 조선인이었다. 그는 병자호란 때 노비로 끌려간 사람으로, 외지에서 노비로 고생고생하며 살다가 겨우 탈출에 성공했다. 베이징을 거쳐 산해관, 선양을 지나 의주에 다다른 뒤 국경을 넘기만 하면 그리운 조국으로 올 수 있었다.

"이보시오. 나는 조선인이오. 청나라에서 탈출해 나왔는데 나 좀 들어가게 해 주시오."

"……"

국경에서 만난 조선인 관리들은 이 상황에 당황스러웠다. 그들 마음대로 들여보낼 수 없는 일이었던 것이다. 40년 만에 청나라를 탈출했다는 이 노인은 온갖 고생을 다한 듯 주름마다 골이 깊이 패어 있었다. 그래도 조선말을 잊지 않으려고 노력했다는 노인을 앞에 두고 조선인 관리들은 커다란 실수를 저질렀다. 청나라의 눈치를 보느라 노인에게 문을 열어주지 않았던 것이다. 오히려 그를 의주에 와 있는 청나라 관리들에게 넘겨주었다. 청국의 국민이니 알아서 하란 식이었을 것이다.

죽을 고생 끝에 국경을 넘으려 한 노인 안단은 다시 포승줄에 포박되어 가면서 이렇게 한탄했다.

"고국을 그리는 정이 날이 갈수록 간절한데, 왜 나라는 나를 죽을 곳으로 내몬단 말인가!"

모르긴 해도 그 노인은 청나라에 끌려가 죽임을 당했을 것이다. 안단 노인의 이야기는 한민족의 이주 앞에서 다시금 생각해볼 대목이기도 하다. 나라를 떠난다는 것은 다시 돌아오지 못하는 길이 될 수도 있었기 때문이다.

그럼에도 중국의 간도로, 연해주로 한민족은 나아가기 시작했다. 비슷한 시기에 국가적으로 이주정책을 펼치면서 한민족의 공식적인 이주의 길이 열렸고, 빠른 시간 내에 전 세계적으로 민족이 흩어졌다.

구한말, 한국은 머무름과 떠남의 역사를 반복하며 변화의 소용돌이 속으로 들어갔다. 흩어짐의 가운데에 있던 이들은 자발적인 의지에 의해 살 곳을 찾아 떠나기도 했고, 또 어떤 이는 누군가의 소개를 받아 떠나기도 했다. 또 어떤 이들은 당장 먹고 살 끼니가 없어 할 수 없이 가기도 했으며, 돈을 벌 요량으로 떠나기도 했다. 강요에 의해 간 이들도 있었고 금방 돌아올 생각으로 떠났으나 그러지 못한 다양한 스토리가 있다.

하나님은 이렇듯 다양한 모습으로 흩으심을 통해 하나님의 섭리를 시작하셨다.

복음을 들고 찾아온 디아스포라들

한국에 복음이 전해지던 시기, 인천 제물포항에는 서양인의 모습을 자주 볼 수 있었다. 이곳은 문물이 움직이는 곳이었고 복음이 전달되는 첫 번째 통로였다.

서양 선교사들의 모습은 쉽게 눈에 띄었다. 한국인에 비해 훨씬 큰 키에 양장의 옷차림, 말투부터 매너에 이르기까지 많은 것이 달랐기 때문이다. 하지만 민족의 다름은 문제될 게 없었다. 그들은 예수님의 사랑을 전하기 원했고 그 사랑을 아직 알지 못하는 우리 민족을 향한 애틋함이 있었다. 조선이 본격적으로 개항을 하면서 청국이나 일본, 서방으로 금과 호피를 들고 나갈 때, 그들은 성경과 청진기, 책을 들고 들어왔다.

한국 땅에 뿌리를 내리고 선교사역을 시작하면서 그들은 한국에 빠르게 동화되었다. 생김새는 어쩔 수 없었지만 우리말과 글을 배워 번역한 성경을 배포했고, 복음을 가르쳤으며, 신문물과 신문화를 전했다. 최선을 다해 한국을 사랑했고 아꼈던 선교사들의 모습은 조금씩 우리 민족에게 공감대를 불러 일으켰다.

칼에 찔려 죽어가는 민영익을 치료하면서 하나님께 기도하며 생명을 구했던 알렌 선교사를 보았고, 말을 타고 다니며 복음을 전하는 동시에 학교를 세워 배움이 필요한 민족의 의식 개혁을 돕는 언더우드와 아펜젤러 선교사를 만났다. "배움을 통해 세상을 바꿀 수 있으며 옛것을 취하되 새것을 첨가하여 발전적인 방향으로 가야 한다."는 그들의 말에 가슴이 뜨거워지기도 했다.

선교사들은 자신이 있는 곳뿐만 아니라 말을 타고 전국 각지를 다니며 복음이 얼마나 중요한 것인지 몸소 보여주었다. 특히 뿌리 깊이 박혀있는 신분의식을 타파하고 사람 자체를 소중하게 여기는 인간 중심의 교육, 인간 존중의 삶을 가르쳤다.

▶불꽃같은 삶을 살며 한국에 목숨을 바친 헤론 선교사

알렌의 후임으로 제중원 의사로 들어온 헤론 선교사(John W. Heron, 1856~1890)는 5년이란 짧은 사역을 마치고 천국으로 돌아가며 불꽃같은 인생을 보여주었다. 의료 선교의 본을 보였던 그는 복음 전파와 의료 사역의 적절한 조화를 고민했고, 청교도적인 삶을 실천했다. 젊은 나이에 부부가 헌신하였지만 풍토병을 이기지 못하고 짧은 생을 마칠 때까지 온 힘을 다 쏟아 제중원 의료사업을 본 궤도에 올려놓았다.

초기 선교사들의 선교 방향에 대해서는 이견도 있지만, 헤론 선교사는 협력하여 수용하는 모습을 통해 화합의 본을 보이며 이런 말을 남겼다.

[15]"한국인을 그리스도에게 인도할 소망을 품지 않았다면 바로 일을 그만둘 것입니다. 나는 내 생명을 선교에 바쳤습니다."

그의 말처럼, 헤론 선교사는 정말 한국인을 위해 자신의 생명을 바쳤다.

▶교육사업과 선교사역을 동시에 실천한 베어드 선교사

부산 지역과 평양 지역의 교육활동과 선교사역을 실천한 베어드 선교사(William M. Baird, 1862~1931. 한국명: 배위량)와 마펫 (Samuel Austin Moffett, 1864~1939. 한국명: 마포삼열) 선교사 역시 한국을 향한 지극한 사랑과 애정이 넘쳤던 분들이다. 1890년에 한국으로 파송되어 들어온 마펫(마포삼열) 선교사와, 1891년 들어온 베어드(배위량) 선교사는 복음을 전하고 조선의 문명개화를 위해 헌신했다. 각각 평양지역과 부산을 비롯한 경남지역의 선교를 담당하며 교회를 세우고, 학교를 세워 교육을 시키며 신학자들을 배출했다.

베어드 선교사는 사랑방전도라는 형태를 통해 한강이남 최초 교회인 초량교회의 시작을 알렸는데, 이곳에서 예배와 세례, 기독교 서적 번역, 학문 교육을 하는 등 사람들과 대화를 나누고 복음을 전했다. 특히 베어드 선교사는 숭실학당을 만들어 근대고등교육의 효시가 되는 등 교육에 앞장섰다.

이들 뿐만 아니라 본격적인 선교 활동이 시작되면서 성경을 들고 조선 땅을 밟은 사람은 무척 많다. 다들 이름 없이 빛도 없이 사도 바울처럼 복음 전하는 일에만 열중했다. 복음의 미개척지에 대한 이들의 사랑을 엿볼 수 있다. 게다가 그들 대부분 선교사역 정해진 기간이 없었다. 복음의 불모지인 이 땅에 모든 것을 바치겠다는 각오로 들어왔기 때문에 떠날 기약이 없이 온 셈이다.

안타까운 것은 조선이 너무 낙후했고 개화가 덜 되어 있던 터라 환경이 열악했기에 선교사들 중에 전염병이나 사고로 일찍 순교한 이들도 많았다. 그럼에도 그들은 하나님이 가라 하신 땅에 온 것을 후회하지 않았고 조선인들보다 조선을 더 아끼고 사랑했다.

▶ "나를 한국 땅에 묻어주시오" 유언한 마포삼열 선교사

마포삼열 선교사는 우리나라 복음의 집산지라 일컬어지는 평양의 영적 대각성운동이 일어날 때 특별한 기여를 하기도 했는데, 이전

부터 평양을 중심으로 복음의 텃밭을 다지고 신학생들을 교육시킨 덕분이었다. 평양장로회신학교를 시작한 것도 그였다.

16)마포삼열 선교사는 조선을 단지 선교지라는 개념을 뛰어넘는 것으로 생각했기에 민족애적인 차원에서 독립운동을 격려했고 함께 기도했다. 또 105인 사건과 같은 억울한 일이 벌어졌을 때는 투옥된 애국지사들의 구명을 위해 조선총독에 항의를 하기도 하고 일본의 만행을 본국에 보고해 국제여론을 환기시키기도 했다.

"나를 한국 땅에 묻어 주시오."

마포삼열 선교사는 일제의 거센 압력으로 잠시 본국으로 피했다가 끝내 돌아오지 못하고 숨을 거두었지만, 그의 유언대로 그의 유해는 한국으로 옮겨졌다.

그 정도로 초기 선교사들의 삶은 철저히 조선인에 동화된 삶이었다. 그러고 보면 그들은 복음을 든 디아스포라들이었다. 선교사를 옷 입은 디아스포라였던 것이다. 하나님 나라의 흩어진 자들로서, 우리 한민족을 흩으시기 위해 보낸 하나님의 전령사였다.

디아스포라의 의미가 무엇인지도 모르는 우리 민족에게 하나님은 흩어진 자들의 삶이 어떤 것인지 보여주셨다. 미국, 영국, 독일 등 다양한 나라에서 살던 그들이 한국으로 이주해 살아야 했을 때는 결코 쉬운 일은 아니었다. 우리와 똑같이 환경에 적응해야 했고 언어와 문화적 갈등도 있었다. 하지만 그들은 철저히 자신이 머문 곳의 문화와 언어를 익혔고 무엇보다 복음으로 하나 되었다. 그렇다 보니 조선을 사랑했고 대를 이어 한국에 머무는 모습도 보여줄 수 있었던 것이다.

► **대를 이어 이 땅에 뼈를 묻은 언더우드와 아펜젤러 선교사 가문**

개척 선교사였던 언더우드 선교사와 아펜젤러 선교사는 대를 이은 디아스포라적 삶의 본을 보였다. 그리스도의 사랑을 실천하고 일찍 세상을 떠난 아펜젤러 선교사의 자녀는 일제의 강한 탄압에도 배재학당 교장을 맡아 교육선교를 이어갔다.

언더우드 선교사의 삶은 어떠한가. 조선 사람보다 조선을 더 사랑한 선교사, 미지의 땅으로 들어오기까지 약혼녀에게 파혼을 당하는 일도 불사하고 한국을 향한 부르심에 임했다.

"조선에 가면 뭘 먹고살죠?"

조선으로 가겠다는 그에게 약혼녀가 물었다.

"모르겠소."

언더우드는 대답했다.

"병원은 있겠죠?"

"모르겠소."

"그럼 당신은 조선에 대해 아는 게 뭐예요?"

"……"

하나님은 사명감으로 가득 찬 이 청년 선교사에게 조선을 사랑하는 마음을 주셨고, 디아스포라로서 빛나는 역할을 할 수 있도록 하셨다. 언더우드는 이 땅의 병든 사람을 치료하고 학교를 세워 복음을 전파하다가 생을 마쳤다. 자신이 거둔 고아를 키우고 죽음을 앞두었을 때 자신의 유언장에 한국의 청년을 위해 재산을 나눠줄 정도로 한국을 사랑했던 사람이었다.

디아스포라 1세대로서 훌륭한 삶을 살아온 언더우드 1세에 이어 한국에서 태어난 언더우드 2세 역시 아버지가 세운 연희전문대학

(현재의 연세대)에서 교육사역을 하다가 일제의 만행을 세계에 알리며 고초를 당하기도 했다. 그리고 3세, 4세 역시 한국전쟁에 자발적으로 참여하여 민족공동체로서 함께해왔다.

이렇듯, 이 땅을 밟은 개척 선교사들의 삶은 우리 민족의 험난했던 고난의 시기를 함께했으며 그 세월 동안 한국 기독교사에 빛나는 값진 열매와 흔적을 남겼다. 아마도 하나님께서는 한민족을 흩으시기에 앞서 당신의 종들을 통해 흩어짐의 본을 보여주신 것이리라. 우리 민족은 잘 몰랐지만, 하나님의 계획은 이미 오래전부터 시작되고 있었고, 이제 때가 차매 우리 민족을 세계만방으로 흩으시며 복음을 전하는 위대한 일을 시작하신 것이다.

제2장

디아스포라의 개척자들

Story of Frontier

흩어진 이들은 낯선 땅의 개척자가 되었다.

황무지를 개간하고, 복음의 깃발을 세우고,

개척자 정신으로 개척의 스토리를 만들어갔다.

그래서 한민족 개척자들의 이야기에는 한(恨)과 땀(汗)과

전율(慄)과 아련함이 배어 있다.

한민족 최초의 디아스포라 개척자, 고선지 장군

서기 747년, 중국의 원정대가 사막 한가운데에 섰다. 대원정에 나선 군대는 기마병과 보병을 합쳐 만 명에 이르렀다. 그들이 가는 곳은 험하기로 소문난 산악지대. 하지만 그들은 나라를 정복하기 위해 어쩔 수 없이 물러날 수 없는 선택을 했고, 끝까지 가야 했다.

[17]원정대를 이끌고 있는 인물은 고선지 장군이었다. 그와 함께한 1만 명의 원정대원들은 토번(지금의 티베트)을 정벌하기 위해 카슈카르를 지나 험준한 파미르 산악지대에 이르렀다. 그들이 도착한 곳은 해발 5천 미터 가까운 다섯 개의 험준한 산맥과 연결된, '세계의 지붕'이라고 불리는 파미르 고원이었다.

고선지 군대는 4,600미터에 이르는 다르코트 산을 넘기 시작했다. 워낙 가파르고 험준하기로 소문이 났기에 문명의 침입을 허락하지 않은 땅을 딛기 시작한 것이다. 한니발과 나폴레옹이 넘었던 2,500미터의 알프스산맥에 비하면 그 두 배가 넘는 산이었다.

"장군. 95일 동안 쉬지 않고 행군했습니다."

강행군에 지친 부하들은 쉬었다 가기를 요청했다. 그러나 고선지는 허락지 않았다.

"쉬지 않고 목적지로 향한다."

고선지 장군은 군을 세 갈래로 나누어 연운보(와칸 계곡. 지금의 아프가니스탄 지역)로 향했다. 특히 야간행군을 선택했는데, 그것은 산과 계곡으로 둘러싸인 토번의 요새를 공격하기 위함이었다. 밤에 급류를 타고 강을 건너기도 했다. 덕분에 그들은 그 험한 곳을 야밤에 넘어갔고, 전혀 예상하지 못하고 있던 토번군은 그 자리에서 기습을 당하고 말았다. 고선지의 기습전은 성공이었다. 파미르 고원을 넘는 3,000리 행군이 이뤄낸 승리였다.

이 연운보 전투에서의 승리를 두고 고선지는 이후의 역사학자들로부터 '한니발이나 나폴레옹보다 더 위대한 원정'이라는 찬사를 받았다. 한니발이나 나폴레옹은 알프스산맥을 한 번만 넘었지만, 고선지는 그 두 배가 넘는 고산지대를 왕복으로 넘었기 때문이다. 고선지는 그 후 정복하기 어렵다는 소발률국(지금의 파키스탄)을 정복하여 세계사에 획을 긋는 신화를 만들었다. 이른바 '동양의 나폴레옹'이라는 찬사를 받게 된 것이다.

당나라의 세계 정복사에 없어서는 안 될 인물로 한 시대를 풍미했던 고선지 장군. 그는 무려 서역의 72개국이 당나라에 조공을 바치도록 만든 정복전쟁의 승리자였다. 당나라의 세계적 입지를 확실히 하기까지 장수로서 용감하게 싸웠던 것이다. 나중에 탈라스 전투에서 부하의 모함으로 인해 억울한 죽음을 맞을 때도 의연하고 떳떳하게 죽음을 맞은 장수였다. 중국에서도 그의 공을 인정하며 지금까지 존중해주고 있다.

여기서 당나라 장수인 고선지 장군의 이야기를 하는 데는 이유가 있다. 중국 당나라 역사에서 큰 획을 긋기도 한 고선지 장군은, 실은 고구려 사람이었기 때문이다.

고선지는 기록상으로 남아있는 한민족 최초의 디아스포라이다. 그렇다면 어떻게 고구려인이 당나라 장수가 되었을까? 어떻게 최초의 한민족 디아스포라가 되었던 것일까?

한때 중국의 땅을 차지하며 승승장구 하던 고구려는 수나라 백만 대군 침입부터 당 고종 때 전투에 이르기까지 많은 전쟁에서 패배했다. 동북아시아의 신흥강자로 떠오르던 고구려는 연이어 전쟁에서 패하며 역사 속으로 사라졌다. 그때 중국 장수가 보장왕 등 고구려인 20만 명을 당으로 끌고 갔다는 기록이 남아 있다. 굉장히 엄청난 숫자의 고구려인을 데려갔던 것이다. 말하자면 강제적 이주가 이루어진 셈이다.

평양에서 끌려온 유민들은 뿔뿔이 분산배치 되었는데 당에 끝까지 대항하는 고구려인들을 완전히 고립시키려는 이유였다. 하지만 우리 민족의 풀뿌리 정신은 이어졌다. 망국의 한을 품고 끌려온 고구려인들은 실크로드의 대상이 지나다니던 낯선 환경에 적응하여 새로운 삶을 개척해 나갔다.

고선지는 강제로 이주된 고구려인 아버지에게서 태어난 한민족의 뿌리로, 노예 신분에서 벗어나고자 몸부림 쳤는데, 그 확실한 길이 장수가 되는 것임을 알게 되었다. 나라를 잃었으니 자신이 할 수 있는 것은 자신이 있는 그곳에서 최선을 다하여 입신하는 길이었고, 그 길로 매진하여 실크로드의 총아요 세계를 정복한 3대 장군으로 꼽히는 장수로 성공할 수 있었던 것이다.

오랜 시간이 흘러 지금 고선지 장군을 주목하는 이유는 그가 한민족 뿌리로 성공신화를 썼기 때문이다. 그러나 복음의 눈으로 볼 때는 조금 다르다. 이미 오래 전부터 시작된 한민족을 향한 하나님의 흩으심의 역사에 선례가 되었기 때문이다. 한민족 최초의 디아스포라로서 이주한 곳에서 최적의 적응을 해 낸 개척자가 되어 후손으로부터 선대 받는 인물이 되는 것, 그것이 곧 흩어진 자들이 나아갈 바였던 것이다.

하나님은 우리 민족이 세계 곳곳에 흩어지길 원하셨다. 이미 오래 전부터 역사를 통해 일을 시작하셨지만 구한말, 세계정세의 변화 속에서 본격적으로 일을 시작하셨다. 세계적으로 이주의 역사를 지닌 민족이 있지만, 한민족만큼 폭넓은 스펙트럼의 이주와 정착을 하고 있는 민족은 없다. 디아스포라의 역사라 할 수 있는 유대인과 비교했을 때도 한민족의 흩으심은 기간은 그리 길지 않지만 그 영향력만큼은 유대인 못지않게 강력하다.

구한말, 한창 살기 어려운 형편을 개선해보고자 러시아와 미국 지역으로 이주한 첫 번째 시기부터, 일제에 나라를 빼앗긴 채 어쩔 수 없이 흩어져야 했던 두 번째 시기, 6.25 한국전쟁 이후 삶의 개선과 돈을 벌기 위해 흩어진 세 번째 시기, 정착을 목적으로 이주한 네 번째 시기에 이르기까지, 한민족 이주의 역사는 2016년 현재 약 115년으로 볼 수 있겠다.

물론 그 이전의 역사적 사료나 근거로 본다면 더 오래 전부터 시작되었을 것이지만, 1902년 고종황제에 의해 공식이민으로 인정받은 하와이 이민을 그 기준으로 볼 때의 기간이다. 현재 우리 민족은 전 세계 181개 국으로 흩어졌고 그 수는 720만 명에 달한다.

　하나님의 우리 민족을 향한 흩으심의 계획은 방대했다. 그리고 그것은 다양한 스토리를 남겼다. 그 스토리들이 한민족의 역사가 되었고, 복음의 증거가 되었다. 그 어떤 민족보다 강력한 스토리와 배경을 지닌 디아스포라들의 삶은 간증이 되었고, 오늘날 선교의 아름다운 열매이자 수단이 되고 있다.
　이것이 바로 이야기의 힘이다.

꿈을 안고 두만강을 건넌 북간도의 개척자들

1860년대, 조선의 정세는 매우 불안했다. 나라에서는 척화비까지 세워가면서 서양문물이 들어오는 것을 막았지만 이미 일본과 청국, 서양의 나라들까지 조선에 눈독을 들이고 있는 시점이었다.

게다가 정부는 어떤가. 임금은 힘이 없고 정부 대신은 삼삼오오 당리당략을 위해 모이고 흩어지는 가운데, 애타는 것은 민초들뿐이었다. 관리들은 떼 지어 민중들을 수탈하기에 바빴고, 설상가상으로 기근까지 겹쳐 팍팍한 삶에 민초들은 지쳐만 갔다.

시간이 흘러 겨울이 다가왔다. 먹을 것, 입을 것 걱정이 태산인데 추위까지 겹치니 나이 많은 부모님 모시고 어린 자식들까지 건사하고 있는 가장들은 진퇴양난이었다. 그렇다보니 모이기만 하면 어떻게 먹고 살 것인가 의논하기에 바빴다.

하지만 정암촌 김씨 아제는 어쩐 일인지 싱글벙글이었다.

"어, 아제는 뭔 좋은 일 있어요?"

"이제 우리 살았네, 살았어."

"왜요, 어쩐 일인데요?"

"얼마 전에 내가 저 아랫동네에서 장사치를 하나 만나지 않았겠어? 그 사람은 만주로 일본으로 장사 다니는 사람인데, 내가 하도 답답해서 물어봤지. 그쪽 나라는 살기가 좀 어떠냐고. 그랬더니 말해주더라고. 사잇섬에서 그렇게 쌀이 많이 난다네. 그런데다 물고기가 지천이라는구만."

"네에? 사잇섬이라면 어디… 저 윗지방, 간도를 말하는 거 아녀유?"

"응. 두만강 건너 있는 곳. 좀 멀긴 하지."

"에이 그래도 설마…. 여기랑 거기랑 그렇게 다른가요?"

"여기서 사는 게 어디 사는 거야? 농사 지어봤자 다 빼앗기지, 또 올해 농사는 망쳤잖아. 어쨌든 난 좀 더 알아보고 그짝 동네로 아예 가볼까 생각중이여."

소문은 걷잡을 수 없이 퍼졌다. 누군가에 의해 퍼뜨려진 사잇섬, 즉 두만강 북쪽으로 위치한 북간도 지방의 이야기는 점점 보태져갔다. 북간도를 갔다 왔다는 어떤 사람은 옥수수 하나가 어른 팔뚝만 하다는 이야기가 들리는가 하면, 호박이 얼마나 큰지 지게에 이고 다닐 정도라는 등 소문이 나기 시작했다.

충청도 정암촌 사람뿐만 아니라 곳곳에 소문이 돌았다. 물론 대대로 이 땅에 터를 잡고 살아가던 이들이 이런 소문에 선뜻 떠나는 일은 쉽지 않았다. 하지만 19세기 말 한반도 전체를 뒤덮은 기근이 몰려오면서 더 이상 사람들은 자신의 터전을 지킬 자신이 없어졌다.

아제의 이야기를 들은 정암촌 김씨의 고민이 시작되었다.

'어쩌나. 우리 조국을 떠나 물설고 땅 설은 곳에서 뭘 먹고 산단 말인가? 아니 아니지. 그래도 여기보다는 낫다고 하니 떠나볼까?'

충청도 정암촌 뿐만 아니라 평안도 목넘이 마을에 사는 이씨네도 마찬가지로 고민에 빠져 있었다. 그래도 고향땅에서 일가를 이루어 잘 살아 왔건만 얼마 전 불어 닥친 기근 때문에 먹고 사는 일이 가장 시급한 문제가 되었던 것이다. 그들이 사는 곳에서도 북간도에 대한 소문은 돌고 있었다. 누구보다 땅 없는 설움을 계속 겪어왔던 그들에게 북간도의 소문은 달콤했다.

"북간도에서 3년만 일하면 땅도 사고 지주도 된다더라."

　3년만 바짝 일하면 땅을 준다니 이 어찌 달콤한 유혹이 아닐 수 있을까. 다만 걱정되는 것은 연로하신 부모님이 정든 땅을 떠나 그곳에서 무슨 낙으로 살 수 있을까 생각하니 가슴이 답답하기만 했다.

　'그래도 굶어죽는 것보단 가는 게 낫다. 또 살다보면 금세 적응할 수 있을 거야. 아니 아니지. 땅 좀 사고 돈 좀 만지면 고향으로 다시 돌아오면 된다. 그래 떠나자.'

　1860년대 불어온 북간도 바람은 조용하지만 강하게 불어 닥쳤다. 무엇보다 사는 게 팍팍하고 땅을 가질 수 있다는 지주의 꿈을 가진 이들이 하나 둘 자리를 털고 일어선 것이다.

　"아버지, 어머니. 너무 걱정 마세요. 북간도에 가면 잘 살 수 있대요. 먹을 것도 많대요. 굶지 않고 사는 게 중요하잖아요. 또 그러다 보면 다시 고향으로 돌아올 수 있을 거예요."

　충청도에서도, 경상도에서도, 함경도에서도 하나 둘 짐을 싸들고 이주길에 나섰다. 떠나는 이들의 차림은 간단했다. 워낙 가진 게 없는 사람들이다보니 챙길 돈도 양식도 없이 식솔들만 이끌고 간도로 가는 뒷모습에는 고향을 떠나는 쓸쓸함은 있었지만, 그래도 그들에게는 한줄기 희망이 있었다.

　두만강을 앞에 둔 사람들은 한참 강을 바라보았다. 시퍼런 물이 거세게도 흘러가는 모습을 보면서 저 강을 건너면 다시 돌아올 수 있을지 걱정도 되었다. 그러나 이내 마음을 잡았다. 이미 사잇섬을 개간하러 강을 건넌 이들도 있었고, 나라에서도 이주를 권유하고 있으니 잘 살 수 있을 거란 희망이 생겼던 것이다.

　김씨네는 강을 건넜다. 하지만 강을 건너 어렵게 그곳에 도착했을 때 김씨는 망연자실했다. 팔뚝만한 옥수수가 달려 있고 지게에

이고 다닐 정도로 튼실한 호박이 주렁주렁 열렸다는 말은 대체 누가 한 말이었는지, 황량한 벌판만 펼쳐져 있었다.

"아니, 이곳에만 오면 배곯지 않고 살 수 있다더니…."

듣자하니 이곳에 온 이들 대부분 김씨와 같은 사연이었다. 하지만 멀리까지 식솔들을 데리고 왔으니 넋 놓고 있을 수만은 없었다. 김씨는 자신보다 먼저 이주하여 촌락을 이룬 곳으로 가서 살 곳을 마련하고 바로 땅을 개간하는 데 집중했다. 한민족 특유의 개척 DNA가 발동했다. 보아하니 물줄기도 있고 제법 너른 평야가 펼쳐져 있는 데다 토양 상태도 그런대로 괜찮았다.

"음. 이 정도면 벼농사를 시작해도 되겠군."

해란강 이남 일대, 곧 두만강변에서 멀지 않은 곳에 땅을 개간하고 볍씨를 뿌리고 수확을 했다. 모두가 인내의 시간들이었다.

북간도의 개척자가 된 그들은 날마다 땀이 마를 날이 없었다. 북쪽의 매서운 추위 앞에서는 고향에서의 따뜻했던 기억을 떠올렸고, 조선에서 가져간 사과나무와 중국의 돌배나무를 접목시켜 수확한 사과배를 먹으며 눈물짓기도 했다. 부락촌에 뒤늦게 합류한 경남 합천에서 왔다는 박가네는 고향에서만 자란다는 방아풀을 심어 그것을 넣어 음식도 해먹는 등 일상생활에서 고향을 떠올렸다.

북간도의 겨울, 구한말 가난과 기근을 피해 강을 건넌 한민족 디아스포라는 그렇게 또 한 번 개척자가 되어 새로운 땅을 개간했다. 어디서든 습기만 있으면 뿌리를 내려 자란다는 방아풀처럼, 조선과 중국의 문화가 하나 된 사과배처럼 디아스포라의 삶은 바람꽃과도 같았다.

[18]'바람이 불어왔던 곳과 바람이 자는 그곳. 두 세계 중에 어느 한 곳에 머무르거나 또 다른 한 곳에 머무르지도 못한 채 두 곳을 끊임

없이 우왕좌왕하였다.'

　중국으로 이주한 한민족 소설가의 이 표현처럼 흩어진 한민족 디아스포라의 삶은 정체성의 흔들림과, 고국을 향한 그리움과 희망으로 점철된 삶이었다.

연해주 최초의 한인 정착촌, 지신허 마을

최재형은 노비 아버지와 기생 어머니의 아들로 태어났다. 명목상으로는 신분철폐가 되었다고 하지만 아직까지 여전히 남아있는 신분의 벽은 그들 가정을 온전한 삶으로 이끌지 못했다. 게다가 나라 전체에 몰려든 기근과 가난으로 고국의 땅을 저버리는 이들이 하나둘 생겨나던 시기였다.

"우리도 두만강을 건넙시다. 북쪽으로 가면 살 방법이 있다니 갑시다."

두만강을 건너 러시아의 지배하에 있던 연해주로 가게 된 최재형의 부모는 지신허 마을에 정착했다. 지신허 마을은 1863년쯤 생겨나 1937년 전후에 사라진 러시아 연해주 남쪽 지역에 위치한 최초의 한인마을이다.

최재형은 자신이 아홉 살 되던 1869년에 부모를 따라 지신허 마을로 향했다. 가난과 차별을 피해 더 나은 삶을 찾아 간 지신허 마을에는 이미 꽤 많은 가구가 정착해 마을을 이루고 살고 있었다.

"어서 오시라우. 우리 모두 함경도에서 왔습네다. 먼저 와보니 굶어죽기 직전인 고향보다 나은 것 같습네. 목숨 걸고 두만강을 건넌 보람이 있지비."

환대를 받은 최재형의 부모는 물었다.

"그런데 언제 오셨습니까?"

"아마 우리가 처음 왔을 거우다. 1863년쯤 목숨 걸고 강을 건넜으니 꽤 됐지비. 기런데 여기 얘길 어떻게 알았는지, 하루가 다르게 사람들이 건너오고 있잖소."

맨 처음 지신허 마을에 정착한 이들은 무조건 지역의 관리하는 사람을 찾아 정착할 수 있게 해 달라고 호소를 했다. 한국에서 건너간 이들은 대단한 교육을 받은 이들도 아니었다. 그저 살기 위해 건너간 평범한 사람들이었기에 언어적인 소통이 되었을 리도 없었다. 하지만 삶은 극적인 순간에 방법을 내 보인다. 당시 그 지역을 관리하던 사람과 손짓 발짓을 해가며 소통한 결과 정착할 수 있게 된 것이다.

이주한 한민족의 생활력은 강인했다. 다시 고국으로 돌아갈 생각이 없다는 것을 보여줘야 했기에 대여섯 채 집을 엉성하게나마 지어놓았고 자신들을 보호해 달라는 요구까지 했다. 당시 새롭게 지역을 관리해야 하는 러시아의 입장에서도 땅을 개간하고 살겠다는 말을 들어주지 않을 이유가 없었다. 그렇다보니 이주 초기에 러시아 관리들과 이주민들은 그럭저럭 공생관계를 유지해 나갈 수 있었다.

[19]한인들은 새로 지은 집에서 생활하며 주변의 땅을 개간해서 채소밭, 농토를 가꾸며 농사를 시작했다. 지신허 마을은 비교적 좋은 분지에 위치해 있었다. 특히 활모양으로 굽이치며 빠르게 흘러가는 지신허 강이 분지 한가운데를 가로지르고 있었기에 농토가 비옥한 편이었다. 한인들 특유의 부지런함과 농사민족의 유전자가 발휘되어 지신허 마을에 정착하고 난 뒤의 삶은 빠르게 안정될 수 있었다.

마을들의 집은 100보에서 300보 정도의 거리를 두고 있었는데, 대부분 흙벽과 문종이를 발라서 막은 창문과 아궁이 난로, 판자로 만든 침상, 초가지붕 등으로 엮어 만들어 다른 중국인들의 집과 비슷하게 만들었다.

집과 집 사이에는 한국에 있을 때처럼 마당을 가꾸었고, 들판에는 암소와 황소를 부려 농사를 지었고, 그 지역에서 사용하는 쟁기도 사용했다.

"여기는 어떤 작물이 잘 됩니까?"

"수수가 잘 됩니다. 이게 수확량도 많아서 먹기에도 좋고 또 중국 사람들한테 팔 수도 있습니다."

그들은 다양한 작물 농사를 시도해가며 가난에서 벗어나고자 노력했다. 주식으로 사용되는 작물은 콩과 강낭콩, 보리, 옥수수와 감자 등을 심고 각종 야채도 심었다. 아홉 살이 된 최재형은 부모님과 함께 마을에 정착하여 농사를 지었다.

땅을 개간하고 옥토로 바꾸는 과정이 이어졌다. 땅은 거짓말을 하지 않는다는 진리를 믿어서인지 그들은 한인 특유의 성실성을 발휘했다. 그러나 고국 땅을 벗어난 지 적게는 몇 개월부터 수년에 이르기까지 시간의 차이는 있지만 땅을 일구는 과정에서도 고국은 늘 가고 싶은 곳이었다.

"지금쯤이면 우리 고향에 메밀꽃이 한창 필 텐데…."

"휴…. 고향에서 해 먹던 지지미가 생각나네."

"그러지 말고 우리 노래나 부르면서 일합시다."

고국에 비해 훨씬 추위가 빨리 찾아오는 연해주, 한인 이주민들은 함께 모여 농사일을 할 때면 구성진 가락을 뽑았다. 그것은 고국 땅을 향한 그리움의 표현이기도 했고, 사모곡이기도 했다.

[20]이 넓은 논판에 씨 뿌려

풍년의 가을이 돌아오면

누렇게 누렇게 버이삭

우거 우거져 파도치지

에헤라 뿌려라 씨를 활활 뿌려라
땅의 젖을 짜먹고 왓싹 왓싹 자라나게

누군가 한곡조라도 뽑을라치면 다들 노래를 따라 부르곤 했다. 어느새 지신허 마을 전체가 고려 노동요로 풍성해졌다. 힘껏 잡초를 뽑고 김을 매는 손길에 힘이 들어갔다. 어떤 사람은 고향이 그리워 눈시울이 붉어지기도 했고 감정에 못 이겨 울음을 터트리기도 했다.

"울지 마시오. 우리도 언젠가 고향으로 갈 날이 올 거요."
"그럽시다. 이 땅을 잘 살려봅시다."

최재형의 가정은 조금 늦게 지신허 마을에 들어온 만큼 더 많은 노력을 해야 할 처지였다. 사실 그들은 살기가 팍팍했다. 이미 이곳에 정착하고 있는 한인이 2천 명에 육박하고 있었기 때문이다. 수

년 전 13가구가 시작한 마을에 해가 거듭될수록 30가구, 65가구, 100가구로 늘어나는 이주민 때문에 서로가 부담스러워진 상황이었던 것이다.

"아버지, 어젯밤에 또 사람들이 왔대요."

"그러게 말이다. 경작할 땅은 한정됐는데 자꾸만 넘어오면 어쩌나."

걱정이 깊어갔다. 간헐적인 이주와 달리 폭발적인 규모의 이주가 시작된 것도 그즈음이었다. 조선의 육진지방에 대흉년이 몰아닥치면서다. 얼마나 흉년이 들었으면 정든 고향을 등지고 살 곳을 찾아 떠나는 일이 이어지고 있었을까.

우려는 현실이 되었다. 지신허 마을에도 한 달 사이에 4,500명이 몰려든 것이다. 이주민들이 일군 마을도 덩달아 어려움에 처했다.

"이러다가 다 같이 죽겠소."

"그러게 말입니다. 다른 곳으로 흩어져야 합니다."

그들은 필요에 의해 인근지역으로 한인마을을 조성해 떠나는 등 살아갈 길을 마련해갔다. 지신허 마을을 시작으로 다른 마을이 조성되어 흩어졌다. 그러나 가난을 피해 연해주로 온 최재형의 삶은 별반 나아지지 못했다. 신천지로만 알려졌던 땅은 낯설기만 했고 이주한 시기도 좋지 않았던 탓이다.

그러다가 12살이 되던 해, 배가 너무 고파 집을 나왔다. 배를 채우기 위해서 나온 그는 더 넓은 세상으로 향했다. 그러나 그는 생각이 깨어 있었기에 마음씨 좋은 러시아 부부를 만났고, 러시아 상선을 타는 선장 부부와 함께 배에 오르게 되었다. 그렇게 이주민으로서의 조금 다른 길을 걷게 된 그는 이주민 최초로 러시아 학교를 다닌 인텔리 청년이 되었고, 재력가로서도 성공하는 동시에 연해주

독립운동에 커다란 영향력을 발휘한 사람이 되었다. 이주민의 행로가 이렇게 갈리기도 했던 것이다.

그러는 동안 지신허 마을은 점점 포화 상태가 되었다. 처음에는 호의적이었던 러시아의 입장에서도 한민족의 이주가 부담이 되기 시작했다.

"더 이상 한민족의 이주를 허용할 수 없소. 앞으로는 통제를 강화할 것이오."

이주 초기 연해주 땅은 미개척지여서 이주민들이 그곳을 개발해 주고 농사를 지어 식량을 조달해 주었기 때문에 러시아에서도 우호적이었지만, 이제는 상황이 달라졌다. 이주민들의 위협적인 숫자와 그들의 근성이 러시아를 긴장하게 만들었던 것이다.

국경 곳곳에 초소를 세워 이주하는 사람들을 감시했다. 정식으로 허가를 받지 않은 이주민들이 국경을 넘을 때면 가차 없이 총을 쏘았다. 상황이 이렇게 바뀌게 되니 함경도 주민들 사이에 이런 말이 유행하기도 했다.

"가지 마오. 가지 마오. 가면 썩어지오(죽소)."

러시아 토착민들과의 관계도 악화되었다. 견제대상이 되었기에 생활은 점점 힘들어졌다. 그렇지만 기근과 가난, 조선의 관리들의 수탈과 탈취에 목숨 걸고 국경을 넘는 한민족의 행렬이 이어졌다. 러시아에서 사회주의 혁명이 일어난 1917년까지 10만 명, 강제이주 조치가 단행된 1937년에는 17만 2천명이 연해주로 떠난 이주 스토리는 계속되었다. 그들의 이주는 살기 위한 흩어짐이었고 개척자의 삶이었다.

눈물로 부르는 하와이 아리랑

1902년, 고종 황제에게 알렌 선교사가 찾아왔다. 둘은 이미 오랜 친분관계로 신뢰가 쌓여 있었다. 처음에는 의료선교사로 들어왔지만 나중에는 미국 공사로 활동하며 선교를 지원하는 방향을 선택한 알렌은 안식년을 맞아 미국을 다녀온 뒤 고종을 만났다.

"그래, 미국은 요즘 살기가 좀 어떻소?"

세계정세에 관심이 많았던 고종은 외국 선교사들을 통해 사정을 듣곤 했다. 특히 일본의 힘이 점점 강해지는 가운데, 미국을 친구의 나라로 생각하고 있던 고종에게 알렌은 귀한 소식통이었다. 알렌은 조선을 사랑하는 선교사였고, 나라의 미래를 걱정하는 관리이기도 했다. 일본의 조선을 향한 야욕이 날로 커지는 가운데, 조선의 미래는 풍전등화와도 같았고, 미국이 그 세력을 견제할 수 있도록 역할을 해주었으면 하는 바람이 있던 때였다.

때마침 안식년을 맞은 알렌은 미국에 들어갔다가 하와이의 소식을 듣게 되었다. 1900년 하와이가 미국령이 된 후, 하와이는 개척 인력이 필요한 상황이었다. 당시 하와이에는 사탕수수 농장이 조성되어 있었는데, 알렌을 만난 농장주들이 노동이민에 대한 제안을 했다.

"지금 하와이는 노동자들이 필요합니다. 코리아는 무척 가난한 나라라고 들었습니다. 당장 일손이 부족한 우리와, 일자리가 필요한 그들의 형편이 잘 맞을 테니, 당신이 교량 역할을 해주었으면 합니다."

알렌은 조선으로 돌아오면서 생각에 잠겼다. 이미 연해주와 간도로 이주하는 조선인들이 늘어나고 있다는 것을 알고 있던 터였다.

왕실에서도 그것을 알았지만 법으로 이주는 허용하지 않는 실정이었다. 하지만 이주를 적극적으로 막지 않았던 것은 그만큼 그들의 형편의 어려움을 잘 알고 있기 때문이었다.

황실에 들어간 알렌은 이러한 사실을 알렸다. 실제로 농장주들로부터 노동이민을 부탁받은 만큼 설득하여 일자리를 찾아 떠나는 것도 나쁘지 않다고 생각했던 것이다.

"정말로 미국에 들어가서 일하면 백성들이 먹고 살 수 있단 말이오?"

고종 황제가 물었다.

"그렇습니다. 지금 미국은 개척의 시기를 맞고 있습니다. 이미 일찌감치 미국과 수호통상조약을 맺은 상태이기 때문에 미국으로 가는 길이 열려 있지 않습니까? 이것 역시 좋은 기회입니다. 중국인들도 들어가지 못하는 미국입니다. 이 민족도 가난에서 벗어나야지 않겠습니까?"

알렌 선교사의 말에 고종과 황실 역시 마음이 흔들렸다. 한 번도 동포들의 이민을 허락하지 않은 상태에서 그것도 머나먼 미국 이주라니 선뜻 내키지 않을 터였다. 하지만 백성들이 억압과 가난 속에서 살아가는 것을 보고 있는 것도 괴로운 일이었다.

"좋소. 미국으로 갈 사람들을 모아보시오."

마침내 고종 황제의 허락이 떨어지고 1902년, 전국에 모집 광고가 붙었다. 이민의 절차를 위한 이민원이 설치되고 하와이로 이주할 사람들을 모았다. 아무래도 이민자를 모으는 일이다보니 과장된 모집 광고가 이어졌다.

"미국에 가면 돈을 긁어모을 수 있다."

“아니다. 미국 가면 돈 열리는 나무에 돈이 주렁주렁 달린다더라.”

미국 이민에 대해 의견이 분분했다. 돈을 많이 벌 수 있다는 광고, 그것도 나라의 임금님이 허락한 이민이란 점이 가장 큰 장점이었지만, 유교 전통이 뿌리 깊게 남아있는 한민족에게 조상의 제사 등을 뒤로 하고 태평양을 건너 미국으로 간다는 것은 큰 모험이요 결심이 필요한 일이었다.

“돈을 많이 번다니 좋긴 한데, 그래도 장손이 어떻게 집을 떠날 수 있겠는가.”

대부분 이런 이유로 떠나길 꺼려했다.

이때 알렌 공사는 이미 복음이 전파된 교인들을 떠올렸다. 선교사들의 유입과 함께 복음이 전해지면서 교회가 자연스럽게 생겨난 시기였다. 알렌은 인천 내리감리교회의 존스 목사(George H. Jones,. 1867~1919, 한국명:조원시)를 찾았다. 같은 미국인인 데다 어떤 의도로 이주가 진행되는지 이해했기에 존스 목사는 협조해 주었다. 이민자 모집은 교회를 중심으로 시작되었다.

미국인 존스 목사는 교회에 모인 교인들에게 이주를 설득하기 시작했다. 교인들은 현재의 삶에 희망이 없다는 생각을 가지고 있었다. 무엇보다 복음을 들고 온 선교사들의 나라, 미국을 중심으로 선교가 시작되고 있었기에 그에 따른 선망도 있었을 것이다.

“정말로 미국에 가면 잘 살 수 있나요?”

“노동이민자로 가는 것인 만큼 일한만큼 대가를 받을 수 있을 겁니다. 그곳에서 새로운 인생을 살아보는 것도 나쁘지 않습니다. 게다가 마음껏 신앙생활 할 수도 있습니다.”

불안함과 기대를 품고 마침내 121명의 사람들이 미국으로의 이민을 결단했다. 삶의 뿌리를 통째로 들어 옮기는 일에 굳은 결심을 한 것이다. 그들의 모토는 인생을 바꿔보자는 것이었다.

1902년 12월 22일. 왜 그렇게 날은 추운지, 삭풍한설이 부는 차가운 제물포 부두에 121명의 동포들이 모였다. 부두에 차일이 쳐 있었고 그 아래에 모인 이들이 예배를 위해 준비 중이었다. 모두 미국으로의 공식이민을 허가받은 한민족 최초의 디아스포라들이었다. 일행 중에는 부인과 아이들도 포함되어 있었다.

제물포항 차일 밑에 모인 그들을 미국으로 데려다 줄 상선 갤릭호가 정박되어 있었다. 한눈에 보기에도 서구 문물을 담고 있는 거대한 증기 기관선 갤릭호를 바라보는 이들은 놀라움과 안도감이 들었다.

존스 목사는 그곳에 모인 이주민들을 축복하는 말씀을 선포했고 그들은 배에 올랐다. 내리교회 교인들과 성공회 교인을 포함해 강화와 서울, 부평, 하주, 광주, 목포 등 전국 각지에서 지원한 기독교인 50명이 포함된 이주민단을 태운 배가 선교사들의 나라로 출발했다. 그들은 불안한 눈빛을 거둘 수 없었지만 예배 후에 임하신 하나님의 평안이 있었다.

갤릭호는 물살을 가르며 미국으로의 항해를 이어갔다. 배에 오를 때부터 내릴 때까지, 아니 내려서도 예배의 연장이었다. 하와이 호놀룰루에 도착할 때까지 매일 기도회가 열렸던 것은 하나님이 미국을 향한 흩으심에 함께 하셨다는 믿음을 강하게 했다.

[21]1903년 1월 13일, 드디어 호놀룰루 항구에 배가 멈추었다. 지금으로부터 115년 전 미국 하와이의 푸른 바다를 앞에 둔 한민족 디아스포라가 드디어 하와이 땅을 밟았다. 처음 탑승한 인원 121명 중

신체검사에서 탈락한 19명을 제외한 102명이었다.

"어서 오십시오. 미국에 오신 것을 환영합니다."

호놀룰루 항에는 감리교 선교부의 피어슨이 나와서 이주민들을 맞았다. 감리사는 일행을 데리고 일할 장소로 향했다. 가게 된 곳은 오아후(Oahu) 섬 북쪽에 있는 와이알루아(Waialua) 농장의 모쿨레이사(Mokuleisa) 캠프였다.

"이곳이 여러분이 일할 곳입니다. 오늘은 여장을 푸시고 내일부터 일에 들어가도록 하겠습니다."

고향 땅에서 불던 바람과는 전혀 다른 바람이 불었다. 삭풍한설 한국 땅을 떠나왔던 탓일까, 하와이의 뜨거운 햇살은 완전히 대조적이었다. 잔뜩 주눅 들었던 마음이 좀 가라앉자 한 아이가 부모에게 물었다.

"아버지, 여기가 미국이어요?"

"오냐. 그렇다는구나."

"그런데 아부지, 여그는 바나나를 배터지게 먹을 수 있다던데, 진짜 그래요?"

"그야 모르지. 내 눈엔 바나나는커녕 사탕수수만 잔뜩 보인다야."

실제 그랬다. 그들이 간 곳은 사탕수수 농장이었다. 당시 하와이는 설탕산업에 치중하고 있었기에 사탕수수 농장만 65여 개가 넘게 운영되고 있었다.

미국으로 처음으로 간 조선인 한민족 이민자들은 그 중 한 농장으로 가서 노동을 시작했다. 다행히 국가에서 보내준 이주인만큼 타지에서 가장 문제가 되는 언어 문제를 해결해줄 통역관이 있었다. 그로 인해 언어소통은 그나마 가능했다.

사실 102명의 최초의 한인이주민들은 하와이에 도착했을 때 실망이 이만저만이 아니었다. 아니, 속았다는 생각까지 들었다. 돈다발이 열리는 나무를 바랐다는 건 그만큼 순진했다는 것을 의미했지만, 순수함은 가난에 익숙한 우리 동포들에게 어떻게든 주어진 환경에 적응하며 살아야 한다는 것을 알려주기도 했다. 더 이상 절망감에 주저앉을 수는 없었다. 누가 설명해주지 않아도 그들이 해야 할 일이 사탕수수밭에서의 노동이라는 것을 알 수 있었다.

다음날 노동자로 나서게 된 사탕수수 농장을 보고는, 우리 동포들은 희한한 환경에 잔뜩 주눅이 들었다. 한 농장에서 일하는 이들은 작은 지구촌이라 할 정도로 여러 민족의 노동자들이 모여 있었다. 일본인을 비롯하여 과거에 들어와 있던 중국인, 하와이 원주민에 푸에르토리코와 포르투갈, 스페인 노동자들까지 언어도 문화도 생김새도 다른 이들이 오로지 사탕수수 재배를 위해 모인 것이다. 찌는 듯한 더위에 키보다 크게 자라는 사탕수수를 재배하는 일은 손이 많이 가는 작업이었다.

"이제 당신들은 이곳에 고용된 노동자들이오. 이곳의 규칙을 잘 따라야 하오."

그때부터 노동이 시작되었다. 돈다발에 돈이 주렁주렁 열린다는 소식에 깜빡 속아 들어온 나이든 총각도, 가난을 벗어나 새 삶을 살아보고자 들어온 가장도, 어떻게든 공부를 해보겠다고 미국으로 건너온 청년도 힘든 노동을 해야 했다. 사탕수수 농장은 하루 종일 뙤약볕에 노출되어 있어야 했다. 농장일은 허리를 펼 틈 없이 고되고 힘들었다.

한 달 26일 기준으로 짜여 있던 노동일과는 하루 10시간씩의 노

 하나님은 하와이 사탕수수 농장의 노동자들과 함께 하셨기에 그 고된 노동에도 그들이 버티는 힘이 되었다는 것은 자명하다.

매일 매일 농장의 하루는 단순했다. 새벽 4시 30분, 귀가 찢어질 듯한 기상 사이렌이 울리면 노동자들이 기거하는 곳의 불이 켜지고 농장도 깨어난다. 아침식사를 하고 6시부터 시작되는 노동, 한인 노동자들은 평평한 기동차를 타고 일터로 갔으며 자전거나 말이 있는 사람은 이를 타고 오고 갔다. 쉬는 시간도 없이 점심시간까지 일하고 난 뒤 짧은 30분의 점심시간을 마치고 오후 4시 30분까지 계속 일을 했다.

실제 그때 미국으로 간 노동자들 중에는 젊은 청년이나 군인, 공무원들이 많았다. 그러나 새 삶을 꿈꾸며 온 이들은 힘겨운 노동 앞에 한없이 작아져만 갔다.

뜨거운 아열대 기후 아래에서 10시간씩 일하다보면 자기도 모르는 사이에 앞이 핑 돌고 손은 모두 할퀴어졌다. 청년 어른 할 것 없이 노동을 해야 했던 터라 하얀 손이 남아나지를 않았다. 농장 감독들은 친절한 사람도 간간이 있었지만 대체로 대부분 수확량을 채우는 책임을 맡고 있었으니 불친절했다. 나아가 부당한 대우를 할 때도 있었다.

"저, 아저씨. 이 사탕수수 잎은 어떻게 쳐내야 하는 건가요?"

"그렇게 손으로 잡다가는 손 다 부르터서 못써. 아휴. 이런 노동도 해보지 못한 사람들이 이런 중노동을 하려니 얼마나 힘들까? 농사짓다가 온 나도 이렇게 힘든데."

사탕수수 농장 일을 처음 해본 김군 역시 고달픈 삶에 하루하루가 곤혹스러웠다. 신학문을 공부해볼 생각과 새 삶을 꿈꾸며 왔건만 노동에 시달려야 하는 일상은 벗어나고 싶어도 벗어날 수 없었다. 감독이라 불리는 사람에게 항의를 해보려고 해도 그들은 넘볼 수 없는 입장이었다. 그들은 노동자들의 노동을 감시하는 일을 맡고 있었기에 조금이라도 앉거나 쉬려고 하면 호통이 이어졌다.

"hurry up!"

어떤 땐 매타작이 있기도 했다. 그런 날이면 김군은 깊은 사탕수수밭으로 달려가 그곳에서 울었다. 사탕수수의 거친 잎 때문에 얼굴과 팔, 온 몸이 할퀸 자국에다 끊이지 않는 눈물자국이 더해졌다.

'하나님, 이곳에서 우리는 소나 돼지만도 못합니다. 저희들은 이름도 불리지 않습니다. 번호로 불립니다. 이것이 당신의 뜻입니까?'

다른 민족에 비해 적은 인원이었지만 그나마 모이는 곳에서 눈물의 기도를 드린 덕분에 어려움을 이겨낼 수 있었다.

동양의 민족이 서양의 문화에 적응하는 것도 커다란 난관이었다. 조선에서 넘어간 사람 중에서 간혹 고집스럽게 상투를 튼 사람은 상투를 잘라내야 하기도 했고, 전혀 생소한 고깃덩어리인 햄버그를 보고 기겁하는 동시에, 생야채를 씹어 먹는 샐러드라는 음식을 전혀 이해할 수 없기도 했다. 또한 남녀의 접촉이 자연스러운 서양의 문화에 질색해야만 했다. 한편 직접 밭을 일궈 작물을 재배하기도 하는 등 한민족 특유의 적응력을 발휘해 살아갈 방법을 찾기도 했다.

또 일부 사탕수수 농장의 고된 노동과 학대로 인해 하와이 내 농장에서 데모가 일어나기도 했다. 우리 동포의 요구는 절절했고 적절했다. 한 달 일을 마치고 받는 품삯이 평균 16달러였는데(한국이민사박물관 자료에 근거), 이 돈은 미국 사회에서 살아가는 데 터

무니없이 부족한 금액이었다. 그들보다 먼저 와서 일하는 포르투갈인에게만 2% 인상한다는 통보를 했다가 반발을 샀다. 우리 동포들도 참지 않았고 데모를 통해 월급을 인상하는 적극적인 모습을 보이기도 했다.

"우리 가족 모두가 열심히 일하여 수입을 함께 모아 보아도 1년에 겨우 50달러에 지나지 않아요. 이 돈으로는 우리 다섯 가족 겨우 먹이고 입힐 수 있는 정도라구요. 배삯이라도 마련해야 다시 한국으로 돌아갈 텐데 그마저도 안 됩니다. 월급이 더 많이 필요합니다!"

이런 데모를 하며 한민족 동포들의 고된 농장계약노동자 생활은 4년이나 이어졌다. 계약노동자로서 4년이란 긴 시간을 사탕수수밭에 쏟았지만 안타깝게도 풍요로운 삶은 보장받지 못했다. 대신 그 개척의 정신을 바탕으로 더 넓은 미국 본토의 땅으로 퍼져나갈 수 있었다.

하와이에 주렁주렁 달려 있다는 바나나 한 다발이 5센트, 그들이 받은 월급이라면 한번쯤 사먹을 수도 있었을 것이다. 하지만 그들이 하와이에 도착했을 때 가진 거라고는 입은 옷과 이부자리일 뿐이었다. 짚으로 지붕을 인 숙소에서 살았고 땅바닥에서 잤으며 가구 하나하나를 장만하려 밑바닥에서 절약하며 살았다. 게다가 조국이 사라진 현실 속에 주머닛돈을 독립자금으로 내놓을 정도의 민족적 저력도 발휘했다.

사탕수수 농장 노동자로 일하면서 사진결혼도 현지결혼도 하지 못하고 후손조차 남기지 못하여 자신의 세대를 마감하게 된 김군은 다시 고국으로 돌아가지 못한 채 미국에서 삶을 마감하면서 날마다 태평양 바다를 향해 목 놓아 외쳤던 "아부지~ 아부지~" 라는 외마

디만 비석에 남겼다.

바나나는 딸 수 없는 별이었다. 고국에 계신 아부지는 다시 만날 수 없는 그리움이었다. 바나나의 꿈도 아부지를 만날 꿈도 그렇게 사라졌지만 그들은 미국 하와이의 설탕산업 개척에 한 몫을 당당히 담당했다. 그런 점에서 개척자의 정신과 맞닿아 있다. 또한 그 개척자 정신 속에는 고국을 끝없이 그리워하던 사탕수수 농장의 한인의 눈물이 흐르고 있다.

22)아리랑 아리랑 '알라이' 아리랑

김 창 순

흰 옷 입은 조선사람
태평양 건너와서
낯선 땅 하와이에
푸른 꿈을 심었었네
앞서간 선조들의 뜻
백년 두고 새로워

사탕수수 그 농사는
채찍질에 해 저물고
사진신부 고운 손엔
마디마다 거친 세월
밭고랑 배어 있는 땀
목숨 거른 이슬아

잃은 나라 되찾으려
한민족 한이 맺혀
피 끓는 가슴으로
끼니 걸러 독립자금
어둡던 그 하늘 아래
불 밝히던 사람

바람타고 구름타고
고향산천 다녀오고
눈물로 별 헤던 밤
이젠 잊고 쉬소서
목메어 부르던 아리랑
우리 불러드리리.

에네켄, 한민족의 피눈물로 얼룩진 역사

"레반타바 엘 디네로 콘 팔라(삽으로 돈을 퍼 들인다)."

무슨 말인지 알아들을 수 없었지만 표정과 어투를 보아서 나쁘지 않은 의미였다. 한민족 동포의 마음은 또 한 번 흔들렸다.

1902년 하와이 사탕수수 농장으로 이민을 가게 된 이들이 7,500여 명 가량에 이르자 이제 해외로의 이주는 이상한 것이 아니었다. 한창 산업이 발전하는 가운데 노동력은 필수였다. 이미 동포들이 연해주로, 간도로, 또 일본으로, 미국으로 간 상태였고, 해외 선교사들도 계속 들어와 복음을 전하고 있었기에, 특히 복음을 전해들은 사람들에게 더 이상 서구는 갈 수 없는 나라, 가서는 안 되는 나라가 아니었다.

1904년, 서울의 유일한 일간 신문이었던 〈황성신문〉에 이런 광고가 실렸을 때, 그래서 한인들 가슴은 또 한 번 움직였다.

'북미 멕시코국은 미합중국과 이웃한 문명 부강국이다. 그 나라에는 부자가 많아 노동자를 구하기 어렵다. 조선이 그 나라를 가서 4년만 일한다면 큰 이득을 볼 것이다.'

1904년 12월 17일자 〈황성신문〉에, '멕시코에서 4년만 일하면 큰 돈을 벌어 고국으로 돌아올 수 있을 것'이라는 내용의 광고가 실리자 사람들이 술렁거리기 시작했다.

"저기 미국 옆에 붙어 있는 나라로 가서 일하면 돈을 많이 벌 수 있다던데."

"나도 그 얘기 들었소. 묵국이라고 한다지? 그곳에 가면 삽으로 돈을 쓸어 담을 정도라고 하던데 정말 그런가?"

미합중국과 이웃해 있던 나라, 멕시코는 그 당시 노동자가 많이 필요한 상황이었다. 이미 사탕수수농장을 통해 조선 사람들의 노동력이나 관리에 대해 잘 알고 있던 멕시코인들은 그 영향으로 조선의 노동자들을 확보하고 싶어 했다. 조선인 노동자들은 미국에서 일본인이나 중국인에 비해 훨씬 근면 성실하다는 평가를 받고 있었다.

〈황성신문〉의 모집 광고를 보고 사람들이 모여들기 시작했다. 제물포 항으로 모여든 사람들은 1,033명. 모인 이들의 면면도 다양했다. 4년 동안 일한다는 모집에 일 좀 한다는 남성들이 모였는데, 모인 사람들은 농민, 노동자, 퇴역군인 등의 200여 명과 기울어져가는 국운을 지켜보며 다른 나라로 가고자 한 사람들, 일 잘하고 건강한 남성들이었다. 이 중 300명이 기독교인이었다.

저 멀리 멕시코란 나라로 간다는 광고만 보고 모여든 동포들은 또다시 새로운 환경으로의 이주에 불안함과 기대가 뒤섞여 있었다. 아무래도 지금의 상황보다는 더 낫지 않을까 기대하는 바가 더 컸던 것도 사실이다.

하지만 안타깝게도 이 멕시코 이민은 일본 대륙식민합자회사(大陸殖民合資會社)와 연계한 영국인 국제 이민 브로커 마이어스(John G. Meyers)와 일본인 다이조(大庭貫一)가 합작하여 꾸며낸, 단 한 차례로 끝나고만 대규모 불법 노동이민이었다.

"자, 이제 출항입니다!"

스페인어를 할 줄 아는 통역사가 함께 탄 영국 상선 일포드(S. S. Ilford)호는 1905년 4월 4일, 묵직한 기적 소리와 함께 멕시코 유카

타 반도로 향했다.

40일간의 항해는, 시작하자마자 동포들을 힘겹게 만들었다. 생전 처음 배를 타 본 사람에서부터 몇 번 타보긴 했어도 이렇게 오랜 항해를 처음 겪는 이들이 대부분이었기에 다들 탈이 나고 기진맥진이었다. 여객선이 아니라 화물선 짐칸을 개조한 일포드호에 실려 일본을 거쳐 남미의 끝을 돌아 마젤란 해협을 통과했다. 그러면서 대서양의 동쪽 남미 대륙의 동해안을 볼 수 있었다. 조선 땅과는 비교할 수도 없는 광활함에 입이 벌어졌다. 배는 40일의 항해 끝에 목적지인 유카탄 반도의 어느 항구에 정박했다.

머나먼 타국 땅이지만 그래도 돈 좀 벌어볼 요량으로 배에 오른 그들은 배 멀미 때문에 죽다 살아난 상황이었지만 목적지에 도착했다는 반가움을 안고 멕시코 땅을 밟았다.

그런데 발을 땅에 딛는 순간 그들을 맞이하는 건 40도가 넘는 찜통 더위였다. 쏟아지는 햇살이 어찌나 따가운지 가만히 있어도 땀이 줄줄 흘러내렸다.

여기저기서 덥다는 소리가 터져 나왔지만 안내자들은 아예 신경조차 쓰지 않았다. 인원이 다 내리자 안내자들이 "가지고 있는 물건들을 다 내놓으라." 소리쳤다. 사정도 모른 채 속옷가지며 사진 등등 주섬주섬 꺼내놓으니 갑자기 그것들을 불에 태우기 시작했다.

"어어~그건 안 되는데? 안 된단 말입니다!"

항변을 해봐도 이미 소지품은 태워졌다. 전염병균이 묻었을 지도 모른다는 이유였다. 어쨌든 한국에서의 기억이 한순간에 사라져 버렸으니 기분이 좋지 않았다. 그런데 그 불안한 예감은 틀리지 않았다.

순식간에 상체가 벗겨진 상태로 신체검사라는 것을 받는데 마치 소나 돼지를 감별하는 것처럼 사람을 훑어보고 만져보더니 급을 매겼고, 그리곤 농장으로 데려가는 게 아닌가. 그들이 의지할 데라고 는 통역하는 사람뿐이었지만 그 역시도 멕시코 인들과 의사소통만 될 뿐 대변자의 역할은 하지 못했다.

얼마 뒤 일행이 도착한 곳은 농장이었다. 사실 멕시코로 간 1,033 명은 4년간 일을 해야 한다는 것은 알고 있었어도 어떤 일을 해야 하는지 구체적으로 알지 못했다. 거의 끌려가다시피 가게 된 곳은 에네켄 농장이었다.

"저게 뭐꼬?"

사람들은 처음 본 식물 앞에서 망연자실했다. 생긴 모습이 기괴 하기도 하고 마치 손가락처럼 갈래가 나 있는데다 악마의 발톱과도 같은 가시가 삐죽삐죽 솟아나 있어 보기만 해도 무섭게 생긴 식물 이었던 것이다. 농장 주인이라는 사람이 분명하게 발음했다.

"에. 네. 켄"

그제야 사람들은 그것이 에네켄이라는 것을 알았다. 에네켄은 선 인장과 식물의 하나로, 그 껍질에는 질긴 섬유질이 매우 풍부했다 (선인장의 일종인 '에네켄'에서, 멕시코 에네켄 농장에서 일하던 우 리 동포들을 가리키는 말인 '애니깽'이 비롯되었다. '에네켄'은 식물 에 사용하는 이름이고 '애니깽'은 사람에게 사용하는 이름이다). 에 네켄에서그 섬유질을 뽑아내 선박용 밧줄을 만들었는데 그 품질이 그렇게 좋을 수가 없었다. 당시 멕시코 사회는 에네켄 농장을 많이 운영하면서 선박사업에 박차를 가했는데, 그러다보니 선박용 밧줄 이 많이 필요하게 됐고, 이 중노동을 해 줄 인력으로 우리 동포들이 가게 된 것이었다. [23)]얼마 후에 국제 이민 브로커에 의해 팔려온 사 실을 알게 된 동포들은 땅을 치며 목 놓아 울었다.

"이것이 국가의 죄냐, 사회의 죄냐, 또는 나의 죄냐, 그렇지 않으면 운명이냐."

그때부터 에네켄 농장의 비극적 스토리가 시작되었다.

"어서 일어나! 어서!"

에네켄 농장에서의 하루는 노동으로 점철된 삶이었다. 이민 노동자들에게는 누구랄 것도 없이 한 사람에게 똑같이 천 개의 에네켄을 잘라야 하는 노동량이 할당되었다. 에네켄을 잘라내는 일은 결코 쉬운 일이 아니었다. 전체에 밤송이 같은 가시가 돋쳐 있었기에 접근조차 힘든 식물을 잡고 잘라내는 것은 노동 중의 중노동이었다. 어떤 도구가 있었던 것도 아니고 그저 칼이나 낫을 들고 잘라내다 보니 가시에 찔리고 뜯기는 일은 다반사였다.

그래도 고국에 있을 때는 일깨나 한다는 사람이었지만 이곳 농장 일은 정신적인 고통까지 겹쳐져 너무 힘들었다. 일하기 시작한 첫날부터 손은 엉망이 되었다. 특히 왼손으로 에네켄을 잡고 오른손으로 낫질을 시작하기 때문에 왼손은 에네켄 가시에 찔려 하루도 피가 멎는 날이 없었다.

손뿐만이 아니었다. 큼직한 에네켄 사이를 다니며 작업을 해야 했기 때문에 발가락부터 무릎까지 온통 가시 투성이였다. 하루 천 개를 잘라야 하루 노동을 쳐주었기 때문에 아파도 멈출 수가 없었다. 하루 일당을 채우지 못하면 35전 임금을 받지 못하는 것은 물론이고 모진 채찍질이 돌아왔기 때문이다.

일을 할 때는 농장 주인이 세운 감독이 감시했는데, 회전의자를 두고 앉아서 빙빙 돌면서 노동자들을 감시했다. 너무 허리가 아파 잠시 일손을 멈추고 허리를 펴면 그 순간 에네켄 섬유로 만든 채찍질이 돌아왔다.

"오늘 할당량은 다 채웠어?"

"네, 채우긴 했습니다. 감독들이 어찌나 악랄한지 숫자를 다 세봅니다. 아이고."

동포들은 치가 떨렸다. 삐쭉 솟은 에네켄을 보는 것조차 지겹고 두려웠다.

이주 노동자들 중에 이 고역을 못견뎌하는 이들도 속출했다.

"아저씨, 저는 도저히 여기서 일 못하겠습니다. 조국으로 돌아가고 싶어요."

"아니 이봐, 40일간 배를 타고 왔는데, 어떻게 돌아간단 말인가. 계약 기간 끝나면 우리들 모두 돌아갈 거야. 그때까지만 좀 참아봐."

"도저히 여긴 사람이 살 곳이 못 돼요. 전 오늘 여기 나갈 겁니다."

노동자들 사이에서는 이렇게 탈출을 시도한 경우도 많았다. 당연히 길도 모르고 가는 방법도 모르니 금세 잡혀와 모진 매질과 감금에 시달리기도 했다. 그렇다보니 누구 하나 탈출을 생각할 수 없었다.

24)하루하루 뙤약볕과 가시와 싸워야 했던 멕시코 이주 한인들, 작업이 끝나고 거처하는 곳에 돌아오면 다친 상처를 돌보는 것이 일이었다. 가시가 엉겨 붙어 있어 가시를 빼기도 하고 상처를 매만져야 했다. 찔리고 터진 상처가 곪아 큰 상처로 번진 사람도 있었다. 독이 올라 상처가 온 팔에 번지기도 했지만 제대로 된 의료시설도 없으니 그저 하늘에 맡기는 수밖에 없었다.

에네켄 농장에서의 4년은 그야말로 피로 얼룩진 시간이었다. 불법계약 노동이민이 한번으로 끝났기에 망정이지, 처음이자 마지막 멕시코로의 노동이민을 떠난 1,033명의 한민족 디아스포라와 같은 일이 만일 계속 벌어졌다면 얼마나 더 많은 동포가 피눈물을 흘렸을까.

그래도 우리 동포들은 끝까지 버텼다. 낙오자가 생기면 그들의 공백으로 인한 수량을 나머지 인원이 채워야 했기에 더욱 이를 악물고 일했다. 아파도 참았고, 억울해도 버텼다. 물론 그들의 아픔과 상처를 보듬어준 것은 신앙의 힘이었고, 멀리서 멕시코 농장의 소식을 들은 다른 동포들의 따뜻한 마음이었다.

에네켄 농장에서 벌어진 이 기가 막힌 일은 이곳을 다녀간 사람들에 의해 고국에까지 알려졌다. 유카탄 반도에 한인들이 이민 왔다는 소식을 듣고 인삼을 팔러온 또 다른 디아스포라들에 의해서였다. 우리 동포들이 '이민' 왔다는 허울 좋은 말에 인삼이라도 팔아볼까 찾아왔던 그들은 에네켄 농장에서의 한인들의 비참한 모습을 보고는 참담한 심정을 편지에 적어 고국으로 보냈던 것이다.

[25]'이곳에 이민 온 동포들은 낮이면 뜨거운 가시밭에서 채찍을 맞아가며 일하고, 밤이면 토굴에 들어가 밤을 지새며 매일 품값으로 35전씩 받으니, 의복은 생각할 여지도 없고 겨우 죽이나 끓여서 연명할 뿐으로 그 처지가 농장의 개만도 못하다고 합니다.'

이 소식은 고종 황제의 귀에까지 들어갔다. 고종 황제는 멕시코로 이민 간 백성들의 참상을 듣고 통탄하며 "이 1,000여 명의 백성들을 가엾게 여겨 소환할 것에 대해 의정부로 하여금 충분히 토의

하고 해당 회사에 교섭하여 기어이 빨리 살아 돌아오도록 하되 날짜를 끌지 않도록 하라"(고종순종실록, 음력 을사년 7월 1일 조)는 지시를 내리기도 했다. 또 고종 황제는 하와이와 멕시코의 이민자들을 돌아보고 어려움을 해결해주도록 윤치호 외무차관을 파견했는데, 그는 여비가 모자라 고국의 도움을 애타게 기다리는 멕시코에 가보지도 못하고 귀국했다.

시간이 흘러 계약한 노동을 마친 뒤에도 동포들은 고국으로 돌아올 수 없었다. 이미 을사늑약을 통해 외교권을 박탈당한 조국은 일제 치하로 넘어가기 직전의 풍전등화와 같은 상황이었기 때문이다.

멕시코의 한인 이주민들은 이 악물고 세월을 버텨 멕시코라는 나라에서의 삶을 개척했다. 인간 이하의 취급을 받고 온갖 모진 고통을 당했지만 끈질긴 생명력과 민족성이 그들을 뿌리내리게 만든 것이다.

다행히 흩어진 동족의 힘은 타국에서 큰 위력을 발휘했다. 멕시코와는 상대적으로 가까운 곳이었던 미국 하와이 사탕수수 농장에도 멕시코 한인들의 이야기가 알려지면서 안창호 선생을 비롯한 지도자들이 항의를 하며 나서주었고, 동포들을 가엾게 여긴 이주민들이 쌈짓돈을 모아 사랑을 전하기도 했다. 그것은 에네켄 농장에서 일하는 우리 동포들에게는 큰 힘이요 위로가 되었다.

하나님은 때가 차매 우리 민족을 곳곳으로 흩으셨지만, 흩으심 가운데도 서로 연결고리가 있어 민족의식으로 시공간을 초월하게 만드셨다. 흩어진 우리 동포들의 민족의식은 복음을 바탕으로 한 사랑의 결속력을 발휘하며 한민족의 뿌리를 더욱 든든히 내리게 하였다.

시베리아 열차에 실려 중앙아시아로 끌려간 고려인

26)빠벨 할아버지는 어느 날 갑자기 열차에 실렸다. 타고 싶어서 올라탄 기차가 아니라, 강제로 실려 올라탄 기차였다.

"아니, 이보시오 어디로 가는 거요?"

물어보았으나 행선지를 아는 사람은 아무도 없었다.

"낸들 알겠소. 짐짝처럼 실려서 가는 건 마찬가지라오."

가만히 있어도 손발이 얼어붙는 추운 시베리아 벌판을 기차는 그렇게 기약 없이 달려가고 있었다.

"잠들면 안 된다. 잠들면 얼어 죽는다."

기차는 그렇게 사람들을 싣고 어디론가 하염없이 떠나갔다. 그 기차에 탄 사람들은 모두 고려인들이었다.

검은 연기를 뿜어내며 쉼 없이 달려가던 기차에서 만난 고려인들은 하루아침에 끌려나왔기에 집에서 입고 있던 옷과 신발차림이었다. 어떤 사람은 잠깐 볼일 보러 나왔다가 기차에 실리는 바람에 옷조차도 제대로 입고 있지 못했다. 어느 누구도 기차의 행선지 따위는 알려주지 않았기에 그들이 할 수 있는 것은 그저 추측과 한탄뿐이었다.

"이게 뭔 난리랍니까? 요즘 나라가 시끄럽더니 이곳도 공산당들이 정권을 잡으면서 이주민들을 다 죽이려는 거 아닙니까?"

"그런 말 말아요. 우리가 어떻게 살았습니까. 이제 좀 정 붙이고 살 만 했는데 이런 날벼락이 어디 있습니까?"

"살 만하다니요. 요즘 소련 공산당들이 얼마나 괴롭혔습니까. 저희 집단농장에 찾아와서는 얼마나 행패를 부렸는지 몰라요?"

"그래도 먹고 살 수는 있었잖아요. 그런데 이건, 어디로 가는지 알려주지도 않고 이렇게 짐짝 싣듯이 어디로 데려가려는지….”

총칼로 무장한 소련 공산당원들의 위협 속에서 한민족 동포들은 그저 숨죽이고 있을 뿐이었다.

평균 50량으로 편성된 이주열차에는 연해주 지방을 중심으로 모여든 한민족 디아스포라들이 빼곡히 들어찼다. 어린 아이부터 노인에 이르기까지 그들은 그렇게 기차 안에서 동포로 만났던 것이다. 강제로 기차에 올라탄 것이 11월 초, 기차는 쉬지 않고 달렸다.

1937년, 소비에트 정권을 장악한 스탈린은 소련을 공산화시키며 강제이주정책을 펼쳤다. 그 당시 소련은 일본을 축출하기 위해 혈안이 되었는데, 국경지대에 집단 농장을 이루며 살던 한인들의 상황을 전해 듣게 되었다. 그들의 눈에 비친 우리 동포들의 모습은 일본인과 비슷했고, 한인이 일본 스파이로 활동할 수 있다는 이유를 들어 그들을 강제 이주시키기로 결정을 내렸던 것이다.

국가 테러리즘의 극치라 불리는 강제이주는 1937년 9월부터 10월말까지 계속되었다. 소련측에서 볼 때는 원동지방에 일본의 스파이가 침투하는 것을 차단하기 위한 것인 동시에, 중앙아시아 지역의 농지 개척을 위한 포석이기도 했다. 이미 고려인은 국경지대의 농지 개척을 훌륭하게 이룬 저력을 보여주었기 때문이다.

강제이주 정책이 결정 난 후 17만 2천여 명에 달하는 고려인들을 화물열차에 태워 6천여 킬로미터 떨어진 중앙아시아 지역으로 이주시켰다. 강제이주를 전후해 고려인 사회의 지도급 인사들의 많은 이들이 숙청되는 등 공포분위기가 조성된 상태였다. 그러니 124대 열차에 강제로 태워진 고려인들은 꼼짝없이 집도 재산도 버리고 순응해야 했던 것이다.

기차는 계속 달렸다. 시베리아는 한겨울을 맞고 있었다. 기차에 조그맣게 난 창문을 열 수도 없어 그저 바깥의 상황만 짐작할 뿐이었는데, 이미 겨울로 들어선 러시아 지방의 모습은 을씨년스러웠다.

'철커덩!'

열차 속 한쪽 문이 열리며 먹을 것이 들어왔다. 어떻게 저런 걸 먹을까 싶을 정도의 음식 같지 않은 음식이었지만, 환경은 사람을 변화시키는 법이다. 열차 속에 있는 사람들이 우르르 몰려들어 먹을 것으로 향했다. 끈질긴 생명력의 유전자가 그들을 혹한과 배고픔, 불안함과 두려움으로부터 살아내게 만들었다.

"이보시오! 바깥에 누구 없소? 이보시오!"

처음 열차에 올라탄 사람들은 먹는 것도 먹는 것이지만 쉴 새 없이 달리는 열차 속에서 용변을 해결하는 것이 급선무였다. 그러나 동포들의 요구 조건을 들어줄 사람 따위는 애초에 없었다.

하루가 지나고 이틀이 지나고 점점 상황을 파악하게 된 사람들은 자신들이 정부로부터 버려졌다는 사실을 알게 되었다. 누구도 자신들을 지켜줄 사람이 없다고 생각한 그들은 어떻게든 살아야 했다.

"어차피 여기서 우리는 우리 힘으로 살아야 합니다. 소련이 우리를 버리려는 거예요. 하지만 꾸역꾸역 살아서 나갑시다. 우리가 어떤 동포입니까?"

기차 안은 금세 울음바다가 되었다. 다들 짐작했지만 차마 입 밖으로 말하지 못할 뿐, 온통 관심의 초점은 살아남는 것이 되었다. 일단 용변을 해결해야 했다. 공기도 잘 통하지 않는 기차 한쪽 구석에 용변을 해결할 곳을 만들었다. 기차 한 량에 탄 사람들이 얼마나 많았는지, 기차 안은 사람들 냄새에 각종 용변 냄새로 인한 악취에 시달려야 했다. 또 먹지도 못하고 씻지도 못하며 무엇보다 삶에 대한 희망이 사라졌고 그것은 병이 되었다.

"엄마, 몸이 너무 뜨거워."

"어머나, 얘 몸이 왜 이러지? 열이 불덩이네. 여기 우리 애 좀 봐주세요."

"쯧쯧 이런 데에서 애들이 버틸 재간이 있나?"

"저기, 이것 좀 먹여봐요."

그때 한 27)할아버지가 먹을 것을 내밀었다. 그것은 소금에 절인 고기였다. 고기라고는 보지 못했던 이들에게 그 식량은 하늘에서 내려준 만나와도 같았을 터, 먹지 못해 생사를 오고가는 이들에게 그 식량은 큰 도움이 되기도 했다. 하지만 식량을 준비해 와서 식솔들을 보살핀 경우는 극히 드물었다. 김 게오르기의 경우는 어느 정도 토지도 가졌고 농가를 이루었던 터라 내일 열차에 오른다는 사실도 알 수 있었다. 그래서 그는 "재산을 다 놓고 가면 나중에 돌려주겠다"는 말에 속아 넘어가지 않고, 가진 가축을 정리해 식량을 준비할 수 있었다. 하지만 그의 경우는 특별히 예외적인 경우였을 뿐이었다.

기차 안에는 각종 질병 환자들이 발생했다. 열이 들끓는 아이, 쉴 새 없이 기침을 해대는 노인, 해산이 임박한 여인에 이르기까지…, 기차는 병자가 하나 둘 생겨났다. 의사가 있던 것도 아니고 기껏해야 민간요법 정도였기에 열차 안은 하나 둘 죽음을 맞이하는 이들이 생겼다.

"여기, 사람이 죽었어요!!"

하루가 다르게 달리는 열차 안에서 죽음 소식이 전해지고, 50량

되는 열차 객실마다 곡소리가 끊이지 않았다. 시체를 어떻게 처리할 수 없으니 죽은 사람이 방치되어 있는 경우도 많아지면서 객차 안은 각종 악취로 시달렸다. 처음에 그들을 실었던 소련 공산당원들은 사람이 죽어가는 현장을 잠깐씩 보곤 어쩔 수 없다는 듯, 달리는 열차 바깥으로 시체를 던지기에 이르렀다.

"아이고, 아버지 아버지!.."

시베리아 열차는 울음의 열차가 되었다. 하도 객사하는 사람들이 늘어나 쉬지도 않고 달리던 열차는 밤새 잠깐 정차를 했다. 정차를 하는 시간은 죽은 시체를 바깥으로 내다 버리는 정차 시간이었다. 숱하게 많은 사람이 죽어갔다.

"이렇게 살아서 뭐하나."

"아. 고향이 그립구나. 산천초목에서 마음껏 뛰어놀던 고향이 그립다."

끝도 없이 이어지는 그 행렬 속에서 동포들은 하나 둘 고향을 떠올렸다. 일본의 손에 넘어가 사라진 조국이었고, 돌아갈 조국도 없었던 상황이었기에 더욱 서글펐다.

그때였다. 누군가 고향이 그리운 나머지 나직이 노래를 부르기 시작했다.

"고향 산천을 떠나서 낯설은 타향에~"

한 사람에게서 시작된 노래는 다른 사람들에게로 퍼졌고 어느새 합창이 되었다. 고향을 향한 그리움과 눈물로 얼룩진 노래가 한참 이어졌을 즈음이었다.

'탕탕탕!'

총소리와 함께 몇 명이 고꾸라졌다. 기차 안은 아수라장이 되었다. 소련 군인들의 총소리였다. 노래를 불렀다는 이유로 죽임을 당한 것이다. 소련 군인들은 이 노래를 고려인들의 집단 데모로 오인해서 총격을 가했고, 많은 가장들이 억울한 죽음에 합류했다. 우리 동포들은 서러웠고 한스러웠고 억울했다. 노래조차 부를 수 없는 기막힌 현실에 가슴을 쥐어짜야만 했다.

그렇게 꼭 두 달을 끌려간 어느 날, 기차가 멈춰 섰다. 다들 잔뜩 긴장한 가운데 서로의 얼굴만 쳐다보고 있을 때 육중한 철문소리와 함께 기차의 문이 열렸다.

"내리시오. 내리시오!!"

소련 군인들이 일제히 이주열차의 문을 열고 고려인들을 내려놓기 시작했다. 너무도 추운 11월의 혹독한 추위 가운데 주변을 둘러보니 허허벌판뿐이었다. 여기가 어딘지 물어볼 수도 없는 상황이었다. 한없이 몸을 웅크린 사람들의 행렬이 이어졌을 때 기차의 문이 다시 닫히며 나머지 사람들을 실은 기차는 다시 떠나갔다.

그 어떤 설명도 없이 강제이주 된 곳은 중앙아시아 지역이었다. 먹을 것도 입을 것도 살 방편도 마련되지 않은 곳에 놓여진 고려인들은 어떻게든 살아남아야 했다. 벌판에 덩그러니 남겨진 이들은 본능적으로 둥그렇게 둘러앉았다. 야속하게도 시간은 밤으로 향하고 있었고 벌판에 불어 닥친 겨울 한파는 살을 에는 듯 했다.

"자자, 흩어져 있다가는 다들 얼어 죽소. 다들 모여 보시오."

그들은 둥그렇게 원을 만들어 앉았다. 가장 가운데에는 어린 아이와 노인, 그리고 임산부를 두었다. 그리고 그 주변을 사람들이 감싸 원을 만들고 가장 바깥에는 그나마 건강한 사람들이 둘러싸며 밤을 보냈다. 누구 한 사람 숨소리조차 내지 못했다. 너무도 혹독한 추위에 말하면서 에너지를 소비하는 것도 아까웠기에 그렇게 죽은 듯이 긴 밤을 보냈다.

그렇게 다음 날이 되었다. 그 지역의 목동들이 그곳을 지나가다가 깜짝 놀랐다. 멀리서 보니 웬 사람들이 꼼짝도 하지 않은 채 둘러앉아 있으니 모두 얼어 죽었다고 생각했던 것이다. 목동은 가까이 다가가 지팡이로 쿡쿡 찔러 보았다. 그제야 사람들이 꿈틀거리며 움직이기 시작했다. 비로소 중앙아시아의 낯선 땅에서의 삶이 시작된 것이다.

"아이고. 여긴 또 어디랍니까? 신한촌에서 살 때가 그립습니다. 여긴 뭐 아무것도 없네요."

맨 몸으로 오게 된 중앙아시아에서의 삶은 처참했다. 일단 추위를 이겨내기 위해 땅을 파기 시작했다. 토굴을 만들어 일단 거처할 곳을 만들자는 생각에 누구랄 것도 없이 숟가락이나 맨 손으로 흙을 파내 토굴을 만들었다. 손톱은 문드러지고 손은 망가졌다. 하지만 살아야 한다는 생명에 대한 강한 의지가 한민족을 일어서게 만들었던 것이었다.

땅은 딱딱했고 황폐했으며 잘 개간되지도 않았다. 토굴을 파고 산다는 것은 언제 죽을지도 모르는 간당간당한 삶이었다. 살 만큼 살았다는 노인들은 어린 아이들을 얼어 죽게 하지 않으려 아이를 감싸 재웠고, 그로 인해 노인들이 동사하는 일도 잦았다. 그렇게 하루하루를 버텼다.

하나님은 한민족 고려인들의 신산한 삶을 긍휼히 여기셨다. 그들이 신앙의 힘으로 버티게 하셨다. 시간이 지나면서 고려인이 강제 이주 된 키르키즈스탄, 우즈베키스탄 등지에서 한민족은 또 다시 땅을 개간하고 뿌리를 내렸다.

기어이 황무지가 변해 옥토가 됐고, 성공적으로 집단 농장을 경영하여 러시아 정부로부터 영웅 칭호를 받은 이들도 나왔다. 그들은 자신이 서 있는 곳에서 최선을 다해 민족의 뿌리를 이어갔고, 모국어로 노래하고, 신앙을 고수하는 삶을 지속해 나갔다.

"고려인들은 정말 생명력이 강합니다. 어디에 가든 황무지를 개척하고 집단농장을 경영하는 등 소수민족 가운데에서도 잘 사는 민족으로 뿌리를 내리니 말입니다."

훗날 많은 이들이 고려인들의 삶에 대해 이렇게 평가하는 것은 아무리 흩어져도 한민족의 강인한 민족정신과, 신앙을 타고 흐르는 사랑이 어우러진 민족의 생명력 때문일 것이다.

1937년, 느닷없이 기차에 태워져 강제이주 된 고려인들은 그렇게 다시 새로운 땅의 개척자로 섰다. 하나님은 연해주로 흩어졌던 우리 한민족이 다시 한 번 험난한 역사의 소용돌이를 통과하게 하시며, 더 넓고 광활한 땅으로 흩으셨다. 그렇게 흩으심을 통해 하나님의 역사는 시간을 따라 더욱 커져가게 되었다.

강제징용으로 끌려간 재일동포

'시일야 방성대곡(오늘날 목놓아 통곡하노라)'

1905년 어느 날, 〈황성신문〉엔 이런 제목의 논설이 실렸다. 우리 동포들은 신문을 읽는 내내 울분을 감추지 못했다. 어떤 사람은 나라가 일본에 넘어갔다는 대목에 너무도 억울하고 분하여 빼앗긴 나라에 살 수 없다며 자결을 선택하기도 했다.

1905년, '을사늑약'이라 일컬어지는 한일보호조약은 실질적으로 대한제국의 국권이 상실됐음을 의미하는 것이었다. 을사늑약의 내용은, '일본 정부가 도쿄 일본 외무성을 통해 한국의 외교 사무실을 감독 지도할 것이고, 일본의 대표인 영사가 한국인을 지배할 것'이라는 내용이었다. 억압에 의해 강제로 맺어진 이 조약으로 한국은 치욕스러운 시대에 접어들었다.

"더 이상 조국에서 사는 게 무슨 의미가 있겠는가."

나라를 잃은 수치와 아픔에 국민들도 큰 시름에 빠졌다. 이전부터 의기양양한 일본의 간섭과 통제로 어려움을 겪고 있었는데, 이젠 대놓고 합법적으로 통제를 하겠다고 하니 여기저기에서 이 땅을 떠나겠다는 말이 나오기 시작했다. 오히려 이전에 조국을 벗어나 연해주로, 간도로, 미국으로, 멕시코로 떠난 이들이 더 낫다고 생각되었다.

하지만 반대로 이국땅으로 이주한 동포들은 이제 조국을 잃어버렸다는 사실에 더 큰 상실감에 빠졌다. 돌아갈 조국이 사라질지도 모른다는 불안감에, 어디로 가야 할지 몰라 갈팡질팡하는 가운데, 흩어진 자들과 흩어지려는 자들의 괴리감은 커질 수밖에 없었다.

일본이 한국을 본격적으로 지배하는 1910년 이후 한민족의 이동은 더 잦아졌다. 특히 식민지로 전락한 고국 땅보다 일본으로 건너가려는 움직임도 보였다. 그도 그럴 것이 일본이 우리 민족이 일구고 가꾼 토지에 대한 대대적인 토지조사사업을 빌미로 땅을 수탈하는 일들이 많아졌기 때문이다. 서류처리에 대한 인식이 부족했던 이들은 하루아침에 토지를 국고로 빼앗기는 일들이 생기기도 했고, 실제로 억압된 생활로 인해 일본으로 건너간 이들이 생긴 것이다.

그즈음 일본으로의 이주를 심각하게 생각하던 이 땅의 이름 없는 민초들 중에는 금주네도 있었다. 강원도 산골에서 태어난 금주와 금산이의 가족은 일제 치하에서 사는 것이 너무도 싫었다. 이미 동네를 한번 훑고 간 일본 관리는 금주 아버지가 평생 일궈온 땅을 대부분 뺏어간 상태였다. 단지 토지 신고를 안했다는 이유였다. 무지를 빌미로 토지도 빼앗긴 상태라 집안은 나날이 몰락했고, 먹고 살아갈 방법이 없었다.

동네에 살던 몇몇은 차라리 일본 본토로 들어가 사는 게 낫겠다며 이미 온 가족이 일본으로 이주하기도 했다. 일본은 싫었지만 그래도 달리 갈 곳이 없는 데다 계속되는 일본의 선전과 인력 모집에 이주를 결심한 것이었다.

1909년 한일합병을 앞두고 일본에 들어간 한인들은 790여 명에 지나지 않았다. 그들은 신문물을 배워보고자 유학의 길에 오른 지식층이 주를 이루었지만, 한일합병으로 한국이 일본의 식민지가 된 이후에는 유학의 목적보다 살기 위해, 가난을 벗어나 갈 곳 없는 이들이 선택한 땅이 되었다. 그러니 같은 동네에 살던 사람들이 일본으로 이주한 곳에 백만 명을 넘어선 한인들이 살고 있다는 소식은 위로가 되기도 했다.

"우리도 더 이상 버틸 재간이 없어요. 우리도 일본으로 갑시다. 누가 그러는데 그래도 일본에 건너간 사람들은 일자리는 있다고 합디다. 이제 우리 애들 열세 살, 열다섯 살입니다. 애들도 생각해야지요. 여기선 어차피 배움도 어렵고 일본에 가면 그래도 배울 기회도 더 있지 않겠어요?"

금주 어머니의 이야기에 금주 아버지는 깊은 고민에 빠졌다. 금주네는 복음을 일찍이 받아들인 기독교 가정이었지만 일제치하에서는 신앙을 지키는 일도 쉽지 않았다. 기본적으로 한국인에게 황국신민, 즉 일본의 다스림을 받는 시민이었기에 신앙 위에 나라가 있었다. 당연히 기독교는 눈엣가시 같은 존재였다.

"아버지, 오늘 일본 군인이 우리 학교에 와서 이야기를 하는데, 일본으로 오면 직장도 주고 돈도 벌게 해 준대요."

금주의 말에 금산이도 맞장구쳤다.

"맞아요. 아버지. 모집 광고가 많이 나고 있어요. 지금 일본에 가면 할 일이 엄청나게 많대요."

금주와 금산이의 말에 금주네 부모도 착잡한 심정이었다. 성장해 가는 자녀를 둔 부모로서 마음이 썩 좋지 않았던 것이다. 계속 차일피일 미루다가 더 좋지 않은 일을 겪을 수도 있겠다는 불안함이 몰려왔다.

그러나 결국 금주네 부모는 그냥 고향 땅에 눌러 사는 쪽을 선택했다.

그러던 중 1940년대에 들어서자, 일본은 급격한 전환의 시기를 맞았다. 일본 제국이 마침내 세계정복의 야욕을 품고 세계대전에 뛰어든 것이다. 일제는 1937년 중일전쟁을 시작으로, 각종 전쟁의 시기에 돌입했다. 그러다가 이제 마침내 태평양전쟁을 일으키며 제2차 세계대전에 뛰어들었으니 당연히 군수물자조달이 가장 시급한 문제로 대두되었던 것이다.

1941년 태평양전쟁에 뛰어든 뒤로는 일본의 태도가 확연히 달라졌다. 그 전에는 살살 꼬드기는 방법으로, 설득하여 인력을 충원하는 입장이었다면, 이제는 강제성을 띤 모집이 주를 이루었던 것이다. 관이 나서서 주선하고, 나중에는 강제징용까지 했다. 중일전쟁에 이어, 태평양 전쟁에 이르기까지 군수물자를 만들어내는 인력이 절대적으로 필요했던 것이다. 그렇다보니 전쟁에 징용할 사람에서 시작해서 일본군 '위안부'에 이르기까지, 그 많은 인력을 한민족에서 강제징용 하는 데에 이르렀다.

1944년 발령한 국민징용령에 따라 전국 곳곳에서 인력들이 강제 징용 되기 시작했다. 그 전에는 학교에 와서 선전을 하던 군인들이 이제는 갑자기 집으로 들이닥쳐 일할 만한 사람을 강제징용하기 시작했다.

"이 집에 딸 있지? 이리 나와 봐."

"어, 없습니다."

아들 금산이 강제징용 당한 후 하나 남은 딸마저 징용당할 수는 없어서 거짓말을 해보았지만 소용이 없었다.

'이럴 줄 알았으면 애들이 일본으로 이주하자고 할 때 진작 이주할 걸…'

금주의 부모는 뒤늦은 후회를 했다. 험한 꼴까지 당해가며 자식이 일본으로 강제징용 되는 모습은 말할 수 없이 끔찍한 고통이었다.

"금주야. 몸 건강하게 돌아와야 한다. 우리 집 사는 동네 이름 잊지 말고 꼭 와라. 오빠랑 연락할 수 있으면 꼭 연락하고 살아라. 꼭 다시 보자. 알았지?"

"네. 아빠."

금주의 오빠 금산 역시 이미 노동인력으로 강제징용 된 터였다. 금주는 어디로 끌려가는지 알려주지도 않았다. 그저 일본으로 간다는 사실 하나만 안 채로 끌려가야 했다.

28)중일전쟁, 태평양전쟁으로 이어지는 혼란기에서 일본은 민간 차원에서 이뤄지던 조선인에 대한 차출을 1944년부터는 국민징용령으로 바꾸어 대규모로 단행했다. 차출된 조선인들은 여러 가지 힘든 일에 동원되었는데, 전쟁터에 징용되든지, 노무자, 일본군 위안부, 근로정신대 등 다양한 임무가 주어졌다. 기업에서 일하게 되는 경우도 있었는데, 이것은 요즘 말하는 3D업종이라 할 수 있는 탄광, 조선소, 철도공사, 교량공사, 비행기 활주로, 굴 파기 등에 투입되어 말할 수 없는 고생을 거듭했다.

금주는 방직공장으로 끌려갔다. 미쓰비시중공업이란 방직공장은 열여섯 금주에게 낯설고 두려운 곳이었다. 고국 땅에서 일본 헌병들을 보아 왔지만 일본 본토에서 만난 일본인들은 훨씬 위압적이었다.

고국에서 이야기 들었던 것과는 달리 중노동이 시작되었다. 금주와 같이 끌려온 여자근로정신대원들은 기숙사에 살게 하며 군대식 조직을 만들어 일을 시켰다. 한 달에 이틀 쉬는 날을 주었고, 하루에 8시간에서 많게는 12시간까지 노동을 해야만 했다. 고국에서 일손을 돕는 것 외에는 일에 경험이 없었던 소녀들은 군수물자를 만드는 일에 동원되며 환풍기조차 없는 상태에서 숨도 제대로 쉬지 못하고 일을 했다. 각종 화학약품이 사용되는 물자를 만들다보니 유기용제에 중독되는 이들도 빈번하게 발생했다.

"여기요, 여기 친구가 쓰러졌어요."

함께 일하던 친구가 쓰러져 죽는 일도 있었지만, 죽은 친구가 어떻게 처리 되었는지는 아무도 몰랐다. 금주는 죽을 각오로 정신 똑바로 차리고 일했다. 밤마다 기숙사에서는 고국을 그리워하는 흐느낌이 끊이지 않았다. 노동을 제대로 하지 못해 감독관에게 죽을 만큼 맞고 돌아온 친구들은 밤새도록 끙끙 앓는 소리를 냈다. 하지만 어떠한 치료도 없었고 그저 악으로 버텨야만 했다.

금주는 고국에 계신 부모님이 그리워 눈물짓다가 자신보다 먼저 일본으로 끌려간 오빠가 걱정됐다. 고등학교에 다니고 있던 오빠 역시 자신과 다를 바 없이 고통당하고 있을 것을 생각하니 가슴이 저려왔다.

금주의 오빠 금산은 교토의 우토로 마을에서 노동 중이었다. 일본은 그곳에 군용비행장을 건설하여 세계정복의 야욕을 불태웠다. 일본은 자국 시민들을 동원하지 않고 한국에 징용령을 내려 인력을 동원했는데, 그 1,300명 중에 금산이 끼어 있었다. 열여덟, 한창 앞날에 대해 꿈을 꾸고 있을 나이에 끌려온 우토로 마을은 금산에게는 절망의 땅이었다. 비행장을 만들 곳이다 보니 외부와 단절된 곳인데다 추위가 이루 말할 수 없었다.

1,300명 동원인력의 면면은 다양했다. 아버지와 아들이 함께 끌려와 중노동에 시달리기도 했고, 어떤 사람은 일자리를 구하던 중 온 사람도 있었다. 하지만 대부분은 강제징용으로 끌려왔기에 자신

이 왜 이 일을 해야 하는지도 모른 채 그 힘든 일에 몰렸다.

"너, 정신 똑바로 차리고 일해야 한다. 일본 사람들 악랄한 거 너도 알 테니 스스로 살 방도를 찾아야 한다."

한민족 동포는 이곳에서 똘똘 뭉쳤다. 다들 아버지와 아들이었기에 서로에게 힘을 주며 일했다. 밤이 되어 잠자리에 들 즈음은 추운 우토로 마을의 하늘에도 아름다운 별이 떴다. 추위에 벌벌 떨고 먹을 것 제대로 먹지도 못한 날이 이어졌지만 무엇보다 견딜 수 없는 건 고향에 대한 그리움이었다. 그러다가 누군가 고향을 떠올리며 노래 한 자락이라도 부르면 나직이 노래를 따라 부르며 그리움을 달랬다.

"그래도 탄광에 끌려간 것보다는 낫지 않겠나?"

"이번에 외지에서 들어온 사람이 그러는데, 강제징용 된 사람들 대부분 탄광으로 끌려갔다는구만. 탄 캐는 일이 얼마나 어렵소. 그 사람 말이 얼마 전 조세이 탄광이란 곳에 큰 사고가 있었다는구만. 갱내로 바닷물이 들어와서 끌려와 일하고 있던 우리 동포들이 다 수장됐단 거요. 타국에 와서 개죽음 당한 거지. 이 한을 어찌 다 풀려고. 쯧쯧. 막장 들어가서 죽을 고생 하는 것보다 그래도 여기는 지하는 아니니까 위안을 삼읍시다."

우토로 마을뿐 아니라 일본 전역에 끌려와 고통당하는 한민족 동포들의 이야기는 금산의 마음을 심난하게 만들었다. 먹고 자는 일 외에는 노동에만 시달렸지만 그에 상응하는 대가는 거의 없는 시간들. 누구를 위해 무엇을 위해 일하는지도 모르는 날, 게다가 언제 이 일이 끝나게 될 지도 모를 일이었다. 언제 그리운 고향에 돌아갈 수 있을지, 이 지긋지긋한 노동을 끝낼 수 있을지, 이 일이 끝난 후엔 어떻게 살아야 하는지 뒤죽박죽이었지만 하나는 분명했다. 고국으로 돌아가겠다는 것.

그러나 금산의 꿈은 이뤄지지 못했다. 그로부터 얼마 뒤 일본은
전쟁에 패전하며 군수산업도 정지되었다. 우토로 마을의 비행장 건
설 사업도 중단되었고, 갑자기 해방이 되면서 탄광의 노동자들도
놓여났다. 이제 자유라는 생각에 다들 만세를 목이 터져라 외쳐댔
다.

금주네 공장도 떠나갈듯 환호하며 누가 뭐랄 것도 없이 고향으로
돌아갈 꿈에 부풀었다. 하지만 그렇게 대한독립만세를 외친 것이
끝이고 전부였다.

일본으로 징용되어 온 한인들은 1945년 해방과 함께 이제는 고국
으로 돌아갈 수 있다는 희망에 설랬다. 그러나 그들 대부분은 고국
으로 돌아갈 길이 막막했다. 형편이 여의치 않은 데다, 일본 정부의
규제로 한반도로 귀국할 때 고향으로 가지고 갈 수 있는 재산은 고
작해야 1천 엔과 양손의 짐 보따리뿐이었고, 그 짐마저 부산항에서
분실되기도 했기 때문이었다. 패전한 일본은 일본인이 아닌 조선인
의 문제에는 나 몰라라 하는 식이었고, 우리 동포들은 너무 순진했
다. 그래서 결국 어쩔 수 없이 눌러앉아 살아야 하는 경우가 많아졌
다. 결국 눌러 살게 된 동포들을 중심으로 재일한인사회를 형성해
가며 오늘에 이르게 되었다.

사할린으로 강제징용 되어 간 조선인들의 사정은 더욱 비참했다.
그들은 군수산업 등의 노동력으로 강제징용 되어 갔는데, 그렇게
사할린으로 간 동포가 15만 명으로 추정된다. 그러던 중 해방을 맞
이했지만 사할린이 소련의 영토가 되자 일본 정부는 자국 국민들만
본국으로 돌아오게 했다. 조선인에 대해서는 나 몰라라 했던 것이

다. 사할린이 소련의 영토가 되었다는 이유였는데, 그렇게 되자 이곳으로 끌려온 우리 동포들은 하루아침에 국적을 잃은 신세가 되었다. 한마디로 버려진 신세가 되어 정처 없이 떠돌며 살아야 하는 상황에 처한 것이다. 해방된 우리 정부 역시 외교적인 힘을 쓸 수도 없는 데다 좌우 이념 대립으로 신경을 쓰지 못했으니 그야말로 사할린 동포들은 무국적 디아스포라가 되고 말았던 것이다.

그나마 사할린까지는 강제징용 되지 않았던 금산과 금주에게 남은 것이라곤 그저 몸 하나뿐이었다. 우토로 마을의 비행장 건설이 중단되었지만 그들에게는 고향으로 돌아갈 여비도 없었다. 뭐가 어떻게 되는지 아무 것도 알 수 없었다. 그것은 금주의 사정도 마찬가지였다.

"그리운 고향은 언제 가려나."

금산은 하루아침에 일자리를 잃게 되고 먹고 살 길이 막막해지자 쓰레기 고물 장사를 해가며 하루하루를 버텼다. 금주는 공장 노동을 이어갔다. 배삯이 얼마나 하는지, 한국으로 돌아가는 방법도 몰랐지만 그래도 어느 정도 돈을 모으고 안정되면 돌아가겠다고 마음먹었다.

그렇게 한 사람은 교토에서, 한 사람은 미쓰비시에서 삶의 뿌리를 내리며 한민족 디아스포라의 삶을 살아가는 1세대가 되었다.

금주와 금산은 밤마다 기도하면서 물었다.
'하나님, 다시 고국 땅을 밟을 날이 올까요?'

외화벌이를 위해 독일로 간 광부와 간호사

29)"글뤼크 아우프(Glück Auf)!"

캄캄한 지하 광산으로 들어가는 이들은 너나 할 것 없이 눈을 마주하며 이렇게 외쳤다. 번역하면 "살아서 만납시다!"라는 말이었다.

'살아서 다시 만나자'라는 말이 일상의 인사가 될 정도로, 독일의 지하광산에서 일하던 한민족 디아스포라들은 날마다 생명을 담보한 삶이었다.

일제치하를 벗어난 지 얼마 되지 않아 남북이 나뉘어 전쟁을 한 후, 우리 한민족의 삶은 전후사회를 일으켜 세우기 위한 처절한 몸부림의 연속이었다. 전쟁으로 점철된 1950년대가 지나고 1960년대가 되었을 때, 우리 민족은 어떻게든 가난에서 벗어나 잘사는 나라가 되기 위해 모두가 한마음으로 노력했다.

또 다른 대륙을 향해 하나님이 우리 민족을 흩으신 것도 이즈음 시작되었다. 우리나라의 최고 권력자로 정권을 잡은 박정희 대통령 시절, 그는 '잘 살아보세'를 외치며 경제적으로 부강한 나라를 만들기 위해 많은 노력을 기울였다. 외국으로부터의 차관을 얻어 경제를 살려보려 갖은 애를 썼지만 역부족이었다. 대통령 전용기 하나 제대로 없이 외국 비행기를 빌려 타야 했던 시절이었지만 우리나라의 노력은 처절했다. 미국으로부터 차관을 빌리는 일이 반려되면서 정부는 우리나라와 같은 상황을 겪고 있는 독일을 향했다. 동병상련(同病相憐), 즉 똑같이 분단의 아픔을 겪고 있는 서독에게서 차관을 얻어 부흥의 길로 가고 싶었으나 독일은 만만치 않았다.

이에 박 대통령의 특명이 떨어졌고 서독으로 간 정부관계자들은 특별한 사명을 띠고 차관을 빌리는 데 성공했다. 하지만 차관을 빌려주면서 독일인들이 제시한 조건이 있었다.

"한국에는 일자리가 필요한 사람이 많다고 들었습니다. 독일에 광부 5천 명을 보낼 수 있겠습니까? 지금 독일 광산 지하에서 일할 사람들이 필요한데, 유고슬라비아 사람들이 잘 들어가려 하지 않습니다."

"우리는 5천 명이 아니라 5만 명이라도 보낼 수 있습니다."

"그렇다면 간호사 2천 명도 보내줄 수 있겠습니까? 시골에 병원을 지으려고 하는데 간호사가 부족합니다."

"그것도 전혀 문제가 없습니다. 한국은 노동력이 아주 풍부합니다."

이러한 국가적 배경 하에 독일 땅을 향한 흩어짐이 시작되었다. 물론 이 흩어짐은 이주가 아닌 계약 노동직이었다. 하지만 흩어짐을 통해 그 속에서 뿌리를 내리는 사람들이 생겨나고 한인 집단이 형성되면서 유럽 땅에 이주민 사회가 마련되는 것, 그것이 하나님의 방식이었다.

'파독 광부 모집, 간호조무사 모집' 모집 광고가 났을 때 많은 이들이 몰려들었다. 당시 심각한 실업난을 겪고 있던 한국 사회에서, 3년 계약에 매월 600마르크, 즉 160달러를 준다는 말은 거부할 수 없는 조건이었다. 한국에서 아무리 열심히 일해도 쉽게 받을 수 있는 급여가 아니었던 것이다.

1963년 파독광부 500명 모집에 몰려든 인원은 전국 각지에서 4만 6천 명이나 되었다. 광부 모집은 1977년까지 계속되었는데, 광부만 총 7,900여 명이 독일 땅을 밟았으니 대단한 인원의 이동이었다. 그 뒤를 이어 간호사 역시 많은 인원이 파견되었다.

당시 한국의 평범한 사람 중의 한 사람이었던 철수씨도 광부모집에 응했다. 그에겐 건사해야 할 가족들도 있었고, 집안의 장남인 자신이 경제적 기둥이 되어야 한다는 생각에서였다. 그래서 500명 모집하는 데 4만 6천 명이 넘는 사람이 모인 그 좁은 틈을 비집고 들어갔다. 쌀가마니를 번쩍 들어 올리는 등의 신체검사에 통과한 후였다.

대단한 경쟁률을 뚫고 독일로 떠나게 된 그들은 희망에 가득 차 있었다. 나라에서 공식적으로 허용한 이주인 만큼 마음도 한결 가벼웠다. 무엇보다 월급을 그렇게 많이 준다는 말이 가장 반가웠다.

한국 땅에서 기회를 잡는다는 것이 요원해 보였던 그는 저먼 드림(German dream)을 품고 독일 행 비행기에 몸을 실었다.

"그런데 광부라면 탄 캐는 일을 하는 거겠지요?"

"그렇죠. 일이 고될 거라고는 합디다. 그래도 가난보다 더 힘들겠습니까?"

"맞습니다. 우리 민족이 또 끈기 있는 민족이잖습니까?"

"그래요. 그런데 누가 그럽디다. 구라파에서 살려면 가스 물과 올리브는 먹을 줄 알아야 한다구요. 탄광에서 일해야 하니 가스 물은 알겠는데 올리브가 뭔지는 저도 잘 모르겠습니다. 독일에 가면 실컷 먹겠지요. 뭐. 까짓 거 못 먹을 게 어딨습니까?"

다들 자신만만했다. 받은 월급에서 한국으로 얼마나 보내는 게 좋을지 상상하는 기쁨도 있었다. 문제는 그 낯선 땅에서 언어가 통하지 않을 테니 불편할 것이란 점이다. 어디서든 손짓 발짓으로 통할 테지만 그래도 타지에서 말 안 통하는 것만큼 답답한 일도 없을 텐데, 철수씨는 가능한 독일 말을 잘 배워보겠다고 야무진 계획도 세웠다.

　한참을 날아간 비행기는 독일에 다다랐다. 태어나 한 번도 가보지 못한 낯선 땅, 독일은 전쟁에서 패배한 뒤였지만 라인강의 기적을 이루고 한참 산업화를 이뤄내고 있었다. 독일에 내리자마자 44도의 기온에 습도 90%의 찌는 듯한 더위가 그들을 맞았다. 그들은 곧바로 일터로 투입되었다. 각 광산으로 옮겨졌고 작업과의 외로운 싸움을 해야 했다.

　1582번. 철수씨의 번호였다. 이곳에선 이름 아닌 번호로 불린다고 하는 안내원의 말을 자세히는 알아듣지 못해도 대충 감으로 이해한 뒤 철수씨는 지하광산으로 향했다.
　탄광을 바라본 철수씨는 기가 막혔다. 똑바로 서서 있기도 힘들 정도로 좁고 낮은 탄광에 들어가 하루 온종일 꼬박 일해야 했다. 잘못하다가는 탄광 내 가스가 누출되어 무너져 내리는 사고가 발생할 수 있는 만큼 자신의 몸은 자신이 챙기고 보호해야 했다. 철수씨는 그제야 광부의 삶이 피부에 닿았다. 서로의 얼굴을 알아보기도 힘들 정도로 숯검둥이가 되어 사는 현실에 적응하며 살아야 했다.

　무엇보다 힘들었던 것은 언어장벽이었다. 감독관이 하는 독일어를 알아듣는 사람이 거의 없었기에 그것은 곧 위험에 대비하는 데 장애물이기도 했다. 생존과 관계되는 일이기에 하나라도 알아듣기 위해 몸부림쳐야 했다. 그렇게 삶과 죽음의 경계에 선 날을 보낸 밤에는 그리움에 눈물지어야 했다.
　철수씨 뿐만 아니었다. 한국에서 파견된 광부들은 누구라 할 것도 없이 향수병에 시달렸다. 매일 밤 부모님 생각에, 두고 온 각시

철수씨와 함께 1진으로 파견되어 간 광부 중 한씨는 광산에서 근무한 지 얼마 되지 않아 극심한 향수병에 시달렸다. 가장 자신만만하게 비행기에 올랐던 그였지만, 막장사고 때문에 크게 다칠 뻔 한 뒤로 말수가 급격히 줄어들더니 매일 밤 고향을 떠올리며 한숨을 지었다. 계약된 기간이 있었던 터라 마음대로 돌아갈 수도 없었고, 또 자신만 바라보는 가족들에게 매달 외화를 부쳐줘야 하다 보니 돌아갈 엄두조차 내지 못했다.

몸도 마음도 약해져만 가던 한씨는 어느 날 극단적인 생각을 하기도 했다. 흘러가는 라인강에 몸을 던지고 싶다며 숙소를 뛰쳐나가기도 하는 등의 돌출 행동은 동포들의 만류로 진정되었지만 그와 같이 향수병에 시달리는 이들이 하나 둘 생기기 시작했다.

그럴수록 철수씨는 더욱 마음을 잡았다. 다음날 다시 채탄 막장으로 들어갔다. 쉬램발쳐(schramwaltzer)라 부르는 육중한 기계가 1.5m 높이의 탄층을 오가며 석탄을 깎아내기 시작했다. 그렇게 깎인 석탄의 양이 워낙 많아 자칫 사람을 덮칠 수도 있었다. 처음에 철수씨도 그것을 미처 피하지 못하여 반쯤 깔린 적도 있었다. 이젠 제법 눈치가 생겨 일을 곧잘 하곤 했는데, 문제는 쇠동발이었다.

기계가 깎아내지 못하는 부분은 사람이 들어가 작업을 해야 했는데 이때 천장을 받혀주는 40~60kg 짜리 쇠로 된 기둥 동발 슈템펠(stempel)을 두 사람이 어깨에 걸쳐 메고 나르며 하루에 80개씩 세워야 했다. 어깨 뼈마디에 원통형 쇠뭉치가 짓눌리면 그 고통은 말로 표현할 수 없었다. 하지만 그것을 받혀놓지 않아서 천장 암석층이 무너지는 순간 죽음으로 이어지기 때문에 반드시 쇠동발은 필수

품이었다. 쇠동발은 광부들에게 생명을 보호해주는 지지대이자 생명의 위협이 되는 보호구였다.

철수씨도 처음엔 이 무게를 견딜 수 없어 번쩍번쩍 들고 다니는 독일인 광부들 사이에서 질질 끌고 다녔다. 그러다 요령이 생겼는지 이젠 제법 익숙해진 상황이 되었다.

석탄 캐내는 작업은 각종 열과 먼지, 또 죽음의 위협과 싸워야 했다. 지하로 갈수록 뜨거워지는 온도에 지하 기계 채탄에서 나오는 각종 분진까지 꼬박 6시간 넘게 작업하다보면 녹초가 되었다. 손가락 까딱할 힘도 없이 일을 하고 올라오면, '살았다'는 안도감에 감사의 기도가 나왔다. 또 그렇게 하루하루 노동을 채우고 매월 600마르크가 손에 쥐어질 때면 뜨거운 눈물이 흘렀다. 고국에 있는 가족들이 또 살아갈 수 있겠구나 하는 안도감이었다.

"살아서 만나자"는 말은 괜한 말이 아니었다. 당시 독일의 여러 광산에서 작업이 이어졌는데, 한국인 노동자들 중에 사고로 목숨을 잃은 이들이 많았다. 작업 미숙 때문에 팔을 잃기도 하고, 사고로 다리를 못 쓰게 된 경우도 있었지만 그나마 그들은 다행히 목숨은 건졌다.

그러나 목숨을 건지지 못하고 꽃다운 청춘으로 생을 마감한 이들도 많았다. 독일 광산에는 언제나 사고가 났는데, 가스누출 사고로 막장에 갇혀 생사를 달리한 동포도 있었다. 막장이 무너져 겨우 꺼내고 보니 형체를 알아볼 수도 없을 정도로 시신이 훼손된 동포들도 있었고, 아예 시신을 수습하지 못한 이들도 있었다. 그러니 그들이 건네는 "살아서 만납시다"라는 인사는 간절한 염원이 담겨있는 기도였던 것이다.

이들의 삶이 얼마나 힘겨웠던지 광산촌별로 한인 대회가 열릴 때에 부르는 애국가는 매번 끝까지 이어지지 못했다. "동해물과 백두산이" 첫 소절을 장엄하게 시작했다가도 "대한사람 대한으로"로 이어질 즈음에는 끝내 눈물바다가 됐다.

말을 하지 않아도 서로의 아픔과 슬픔을 알 수 있었기에 조국이라는 말만 나와도 울었는데, 이 마음은 박정희 대통령도 마찬가지였다. 한번은 대통령이 독일을 방문해서 탄광과 병원을 둘러보며 그들이야말로 조국의 명예로운 국민이며 후손을 위해 열심히 일해달라고 격려했는데, 다함께 애국가를 부를 때 대통령까지 함께 뜨거운 눈물을 흘리기도 했다.

독일 광부의 처절하고 치열한 삶의 또 다른 한편에서, 또 다른 독일의 디아스포라가 된 동포들은 파독 간호사들이다. 30)파독 간호사역시 높은 지원율을 뚫고 선발되어 독일 땅을 밟았다.

그녀들 역시 언어장벽에 부딪혔지만 곧바로 현장에 투입되는 경우가 많아 병원 내에서 허드렛일을 주로 맡아야 했다. 운이 좋은 경우 언어교육을 받기도 했지만 그렇지 못한 경우가 많았다. 파견 간호사들은 언어가 서투르다는 이유로 침대와 복도 청소, 환자들의 목욕을 시켜주는 등의 잡일을 했다. 그래도 한국에서 간호사의 일을 해오던 이들이었건만 이러한 육체적 노동은 매우 고됐다. 그녀들이 머나먼 땅에 오기까지 경위는 다양했지만 그들을 하나로 이어주는 건 한민족이라는 동질감이었다.

31)부모님이 진 빚 때문에 파독 간호사로 오게 된 영희씨는 누구보다 열심히 일했다. 현지 병원에 도착하자마자 오전, 오후, 야간반으로 나뉘어 격주 5일 근무를 이어갔다. 야간반은 수당이 있었기에

악착같이 일했다. 오후 8시부터 다음날 오전 6시까지 신생아 병동에서 아기 기저귀를 갈고 우유를 먹이고 목욕을 시키는 일을 했다.

이렇게 야근을 하면 15일을 쉴 수 있었는데, 그 쉬는 날에는 다른 병원으로 출근했다. 그곳에서 중환자들을 씻기고 때로는 시체를 닦는 일까지 마다하지 않았다. 독하게 일하다보니 독일 사람들로부터 싫은 소리를 듣기도 했다. 그들의 말을 모두 알아들을 수는 없었어도 자신을 바라보는 표정을 보면 알 수 있었다.

하지만 영희씨는 자신을 희생하여 가족의 짐을 덜 수만 있다면 육체적으로 힘든 것쯤은 참을 수 있다고 생각했다. 그녀는 40kg도 되지 않은 가녀린 여성이었다. 그런 그녀가 자신의 몸무게 두 배도 넘는 환자들을 씻기고 보살피는 일은 그야말로 중노동이었다. 매일 매일이 이런 노동의 연장이다 보니 고향을 향한 그리움을 떠올릴 새도 거의 없었다.

그렇게 영희씨가 번 돈은 한 달에 1,200마르크였다. 남들에 비해 두 배의 일을 하다 보니 수입도 그 정도가 되었는데, 그녀는 자신을 위한 200마르크만 남겨두고 1,000마르크는 고국으로 송금했다. 입금액이 쌓여갈수록 마음의 짐은 덜어졌다.

영희씨의 유일한 낙은 주일이었다. 신앙을 가지고 있던 그녀는 독일에서 생활하면서 주일을 지켰다. 교회에는 파독 광부 파독 간호사들이 모인 한민족 모임과도 같았다. 다들 교회를 중심으로 모여들어 그리움을 함께 나누곤 했다.

철수씨와 영희씨도 그곳에서 만나 교제를 나누었는데, 간혹 광부와 간호사들의 데이트도 있었다. 실제로 부부의 연을 맺은 경우도 있었는데 서로의 아픔과 상처를 잘 알기에 가능한 일이었다. 영희씨와 철수씨도 좋은 관계를 맺고 있었지만, 영희씨가 너무 바빴다. 그리고 여유가 없었다. 광부들 사이에 "피아노 치러 가자"는 말은 간호사들이 있는 기숙사로 놀러가자는 말이었는데, 간혹 철수씨도 그 틈에 끼어 갔지만 영희씨를 만날 수가 없었다. 그리고 그들은 그 뒤로 만날 수 없었다. 영희씨를 볼 수 없었기 때문이다. 가족들의 빚을 갚기 위해 그렇게 무리하며 일하던 영희씨가 급기야 쓰러진 것이었다. 과로로 인해 간이 붓고 건강이 너무 나빠져서 병원에 입원했고, 그것은 결국 그녀의 마지막이 되었다고 한다.

철수씨는 그 뒤 3년의 계약을 마치고 독일에 남았다. 많은 이들이 독일에 잔류하기를 원했는데, 그들은 이미 한국의 산업역군으로서 역할을 해주었고 가족에게도 큰 힘이 되었다. 하지만 고국으로 돌아가서 또다시 한국 사회에 새로 적응하며 살아야 한다는 것이 부담스러웠을 수도 있다.

실제 파독간호사와 광부들 중 60%가 독일 사회에 잔류하면서 독일에 한민족 공동체가 형성되었다. 그들의 엄청난 노동력과 생활력은 유럽 사회에서 한국인이 뿌리내리며 살아가는 자양분이 되었고, 또 다른 개척자로 세워지는 데 큰 역할을 했다.

수많은 철수씨와 영희씨의 희생과 사랑, 의지가 독일의 한민족 디아스포라가 되어 유럽 사회로 흩어져 개척자가 된 것이다.

오세아니아주의 개척자가 된 한인

　한창 일본의 간섭이 심해지던 1890년대 조선, 나라 안팎이 어지러운 상황에서도 하나님의 복음은 계속 전해졌다. 초기 선교사들은 각 나라의 각 교단에서 제각기 파송이 되어 들어왔는데, 좁은 땅에서 많은 선교사들이 선교활동을 하다 보니 지역적으로 겹치는 부분들이 있었다. 그러나 그들은 교단과 교파를 떠나 이 땅의 복음화를 위해 열심히 기도했고, 그런 까닭에 효율적으로 선교활동을 해 나갔다. 마포삼열과 게일 선교사 등이 평양 등을 중심으로, 언더우드와 아펜젤러, 헐버트 등이 서울 지역을 중심으로, 베어드와 데이비드 선교사가 경남 지역을 중심으로 지역 선교를 하는 식이었다. 이런 교류와 협력이 있었기에 조선에 복음이 단시간 내에 퍼져나갈 수 있었다.

　이때 호주에서 파견되어 들어온 선교사도 있었다. 1889년 부산항을 통해 조선 땅을 밟은 데이비스(Joseph Henry Davies, 1856~1890) 선교사, 뒤를 이어 들어온 아담슨(Andrew Adamson, 1860~1915. 한국명: 손안로) 선교사 등은 경남 지방의 사역을 위해 많은 애를 썼다. 이것은 한국과 호주의 인연이 벌써 120년 가까이 된다는 의미이다.

　특히 호주와 한국과의 교류를 이어준 역할을 한 사람은 아담슨 선교사였다. 그는 경남지역에 많은 교회와 학교를 세웠다. 그는 1906년, 마산에 세운 성호리교회(현 마산문창교회)를 세웠고, 그 교회 내의 독서숙은 2년 뒤 창신학교라 불렸다. 그리고 1909년 4년제 사립 창신학교로 정식 인가를 받았다.

　아담슨 선교사에 의해 세워진 학교는 나라를 잃은 상황에서도 명맥을 잘 이어갔다. 그러던 중 창신학교에 한국 선생님이 한 사람 들어왔는데, 그가 바로 김호열 선생이다. 그는 성심을 다해 학생들을 가르쳤다. 그 모습을 지켜보던 선교사들이 김호열 선생에게 호주 유학을 주선했다. 학교를 세운 아담슨 선교사는 이미 천국으로 떠난 뒤였지만 호주라는 나라와의 인연의 끈을 그렇게 복음으로 마련한 것이다.

김호열 선생은 1921년, 처음 호주 땅을 밟았다. 한인 최초로 호주 멜버른 대학교에서 학교 행정에 대한 공부를 했지만, 안타깝게도 지병으로 인해 유학 이후 하늘나라로 부름을 받았다. 하지만 하나님은 호주를 향한 한국과의 인연을 계속 이어가도록 하셨다.

그 인연 역시 호주 선교사 에이미 스키너(Amy Skinner, 미상 ~1954. 한국명: 신애미)로부터 시작되었다. 스키너 선교사가 안식년을 맞아 호주로 갈 때, 그는 그의 언어선생이었던 양한나(1893~1976)를 같이 데리고 가서 호주에서 공부를 하도록 했다. 이후 양한나는 한국으로 돌아와 중요한 일을 맡게 되었다. 그 뒤로도 종종 목회자들이 기독교 교육을 공부하러 호주로 건너가 공부를 하는 일들이 있었다. 하지만 호주 사회에 한인들은 본격적인 디아스포라로서 뿌리를 내리지 못하고 있었다.

그 뒤 호주와의 인연은 전쟁 때문에 이어졌다. 2차 세계대전 중 일본에 의해 강제징용 된 한국인 중 일부가 일본군과 함께 포로가 되어 호주에 잡혀간 것이다. 그들 162명의 전쟁포로는 시드니 서북부의 카우라 수용소에서 포로생활을 했는데, 그 후 풀려나면서 대부분은 한국으로 송환되기도 했다.

이렇게 호주와는 120년 전부터 인연이 있었지만 잠깐잠깐 머물렀을 뿐 한국인 이주민이 정착한 것은 아니었다. 그렇게 된 데에는 호주라는 사회가 이민자에 대해 보수적이었기 때문이다. 한마디로 백호주의 정책, 다시 말해 백인우월주의 사상이 진하게 깔린 사회적 특성 때문에 다른 민족의 유입을 허용하지 않았던 것이다. 그런 이유로 유학생들이 잠깐 잠깐 공부할 시간을 갖고 고국으로 들어갈 수는 있었어도 이주를 통해 정착하는 길은 쉽사리 열리지 않았다.

32)최초의 호주 시민권자인 곽묘임(묘임 가렛, 1933~)씨가 호주로 건너갈 때만 해도 주변의 눈초리는 곱지 않았다. 한국 전쟁에 참전했던 호주 군인 리처드 가렛씨와 곽묘임씨는 좋은 관계를 유지했고 마침내 그와의 결혼을 위해 호주로 이민 가게 된 것이었다. 남편이 될 가렛씨가 먼저 호주로 들어가 수속을 밟았고, 2년 뒤인 1956년 곽씨는 시드니 항을 통해 호주에 정착할 수 있었다.

외국인과 결혼해서 그 나라의 시민이 되어 산다는 것은 그 당시로서는 이해받을 수 없는 일이었다. 한국의 유교적인 전통관에서도 눈이 파란 서양인과 결혼하는 것도 이상했을 뿐만 아니라, 백호주의 정책으로 백인우월주의 사상이 강했던 남편 측 가족도 동양의 알지 못하는 나라의 여성을 며느리로 맞는 일은 더욱 용납되지 않았던 것이다.

가족들의 반대와 회유에도 단호했던 그녀에게 가족들도 결국에는 "힘들면 언제든 돌아오라"며 떠나보낼 수밖에 없었다.

"호주에 왔으니 이곳에 정착할 겁니다. 절대 돌아가지 않겠습니다."

그녀는 그렇게 호주의 첫 정착 한국 이주민으로, 1957년 호주 시민권자 1호가 되었다.

호주에 한민족의 이주가 시작된 것은 호주 내 한국대사관 즉 시드니 영사관이 1953년 개관되었을 때부터다. 1962년, 영사관은 대사관으로 승격되었고, 그 뒤로 1970년대에 이르러 보수적인 호주 사회가 개방되면서부터 호주는 백호주의 나라에서 다문화사회로 바뀌기 시작했다. 곽씨가 호주 시민권자가 되었을 때는 호주의 사회가 개방적으로 바뀌는 과도기였다.

호주의 백호주의 정책은 우월한 백인 위주의 사회를 구성하고자 했던 이기적인 마음에서 시작한 정책의 방향이었다. 그러나 하나님의 생각은 우리와 달리, 민족을 향한 흩으심을 통해 호주 사회를 다문화사회로 바꾸셨고, 그 결과 오늘날은 호주가 스스로 나서서 아시아 국가임을 어필할 정도로 세상이 변했다.

호주가 다문화사회로 변화하게 된 데에는 아시아 국가들의 영향력이 컸다. 1, 2차 세계대전과 월남전 등 세계사의 소용돌이 속에서 다문화주의가 싹텄는데, 백호주의정책이라는 말 자체가 지닌 아이러니한 현실이 정책의 실패를 가져왔다. 결국, 19세기 중엽 골드러시를 따라 시작된 중국인들의 대거 인력이동으로, 백호주의에 대한 도전은 계속되었다. 2차 대전을 통해 일본인은 무력으로 백호주의에 대항했고, 베트남은 보트피플로 호주 사회에 편입되었다.

한국도 호주 사회가 좀 더 개방적으로 바뀌는 기류에 따라 호주 사회로 들어섰다. 저개발국가의 경제협력을 돕자고 결의한 콜롬보 플랜에 호주 사회도 참여하면서 한국인들에게도 유학의 기회가 열린 것이다. 유학으로 시작된 개방의 문은 본격적인 이주로 이어졌다.

"호주에 가는 장학금 제도가 있답니다. 기술도 가르쳐주고 살 길도 마련되지 않겠습니까?"

호주에서 소설가로 활동하는 소설가 김동호씨 역시 이때 콜롬보 플랜에 참여하며 호주로 건너갔다. 한국에서 대학을 마친 그는 1961년 콜롬보 플랜 장학생으로 선발된 뒤 호주로 건너가 시드니대학 뉴사우스 웨일즈 대학에서 영문학 비교언어학을 전공했다.

호주에 정착하기로 생각한 뒤 도서관 사서로 일하면서 작가가 된 그는 영어로 작품 활동을 시작했고, 여러 나라를 방문한 체험을 바탕으로한 장편소설을 출간한 뒤 호주 내 최초의 아시아 출신 작가가 되었다. 이후에도 그만의 작품세계를 펼쳐 극찬을 받기도 했고, 그의 작품은 시드니대학 문학교재로 채택되기도 하는 등, 호주 사회 내 한인 디아스포라로서 좋은 선례가 되었다.

이렇듯 호주로의 이주는 먹고 살 길을 찾아 해외로 이주했던 기존의 사례와는 조금 다르다. 시대가 바뀌어 호주의 백호주의 정책이 공식 철폐되었던 1973년을 전후하여, 호주의 광산과 유전개발에 필요한 지질학자 및 헬리콥터 조종사, 보석 디자이너, 그리고 태권도 사범 등 소수의 전문기술자들의 이주가 시작되었다.

소위 기술이민이었기에 나라에 필요한 인력이 되어야 했다. 그래서 고등교육을 받은 이들이 호주 이주의 주류를 이루었는데, 그들이 낯선 땅을 밟았을 때 한국에서 사역을 하고 돌아간 호한희 호주 선교사가 직접 안내해 주기도 했다.

그들 중 상당수가 호주에 정착하게 되면서 본격적인 한인사회가 구성되었다. 호주의 한인 디아스포라는 호주 사회가 이민을 허용한 때로부터 50년 넘는 역사를 가지고 있다. 최초의 시민권을 인정받은 곽묘임씨를 비롯해 소설가 김동호씨 등, 각 분야의 기술인력들이 호주 사회 내에 유입되면서 이주민들이 국가 경제력에 많은 영향력을 끼칠 수 있다는 사실을 보여주고 있는 중이다.

지금으로부터 115년 전부터 한민족은 간도로, 연해주로, 일본으로…, 주변 나라를 중심으로 디아스포라가 되어 흩어졌다. 하나님은 이 땅에 복음이 전파되게 하시면서 그 복음을 들고 한민족이 세계 속으로 본격적으로 흩어지게 하셨고, 미국과 멕시코, 중앙아시아, 독일, 영국, 프랑스 등에 이르기까지 점점 여러 대륙으로 넓혀 가셨다.

한민족 디아스포라의 역사는 우리 한국의 근현대사와 함께 변화되었는데 그러다보니 한민족 이주의 목적도 점차 바뀌었다.

처음에는 그야말로 먹고 살기 위해 강을 건너게 하시고 새로운 땅을 찾아 가게 하셨다면, 그 후로는 세계정세와 맞물려 노동이란 형태와, 강제이주와 강제징용이란 가슴 아픈 형태로 강제적인 흩어짐도 이루어졌다.

먹고 살기 위해 흩어졌건, 돈을 벌기 위해 이주했건, 강제 이주를 통해 흩어졌건 다양한 이유로 세계 각지로 흩어지게 된 우리 한민족은 흩어진 그곳에서 피와 땀을 흘리며 한민족 디아스포라 공동체를 만들어 나갔다. 그렇게 세계 각지로 흩어지게 된 한민족은 이제 오세아니아주까지, 나아가 전 세계로 민들레 홀씨처럼 퍼져 디아스포라의 개척자들이 되어 다양한 스토리를 만들며 지금도 하나님의 역사를 이루어가고 있다.

제3장

먼저 보내심을 받은 자들

Story of Visionary

"오직 너희는 택하신 족속이요 왕 같은 제사장들이요
거룩한 나라요 그의 소유된 백성이니
이는 너희를 어두운 데서 불러내어
그의 기이한 빛에 들어가게 하신 자의
아름다운 덕을 선전하게 하려 하심이라"

(베드로전서 2:9)

이방의 선지자들로 세움 받은 디아스포라.
한민족 디아스포라의 삶은 아름다운 덕을 선전하는 과정이다.
그들의 선지자로서의 사명은 거룩하고 찬란하다.
그래서 한민족 디아스포라들의 삶에는 복음의 향기가 있다.

하나님의 덕을 전하는 도구, 디아스포라

구한말, 이 땅에 복음의 씨앗이 뿌려지면서 복음은 들불처럼 번져나갔다. 복음을 받아들인 사람들이 계속 늘어갔고 자연스럽게 교회가 세워졌다.

그렇게 세워진 교회 중 하나가 34)인천 내리감리교회이다. 내리감리교회는 인천 지역에 설립된 최초의 개신교회로, 1901년 한국인 최초로 개신교 목사 안수를 받은 김기범이 목회활동을 시작하다가 얼마 뒤에 존스(George H. Jones, 1867~1919) 목사가 온 뒤 4년간 존스 목사가 목회를 맡았다. 김기범 목사는 1904년부터 다시 교회를 이끌었다.

인천 내리감리교회는 세워지던 때부터 빠르게 부흥이 일어났고 그 당시 깨어있는 이들이 나타나기 시작했다. 이미 복음의 확증과 함께, 온 땅에 증인이 되라는 선교에 대한 의식도 생겼다. 국내에 아직 복음이 전파되지 않은 곳에 부흥의 불길이 번졌고 온 땅으로 나가는 선교는 이민정책과 함께 성큼 다가섰다.

1902년 고종은 최초로 합법적인 하와이 이민을 허락했고 그로써 이민의 시대가 열렸다. 그리고 하와이 이민 모객에 내리교회가 주체가 되었다. 머나먼 이국땅에 가겠다고 선뜻 나서는 사람이 없었기 때문에 교인들이 먼저 앞장을 섰다.

"교회를 통해 이주민을 모객하도록 하시오."

이때 선교사로 있던 존스 목사가 알렌 선교사와 함께 하와이 이주를 홍보했다. 성경에 있는 예수님의 명령을 전하고 유교적 전통이 꽉 들어찬 한국 사회에서 벗어나 자유로운 세상을 꿈꾸도록 한 것이다.

그렇게 하와이 이민단 121명 중 50명이 내리교회 교인으로 조성되었다. 내리교회 교인인 홍승하는 이민단 선교사로 파견되었다. 복음으로 무장한 이들이 절반을 차지한 이주단이 된 것이다.

1902년 12월, 엄동설한의 추위 속에 낯선 땅으로의 첫걸음을 디디는 이들이 제물포 항에 섰다. 가만히 있기만 해도 추위가 살을 뚫고 들어오는 그날, 그들은 그렇게 두려움과 기대감을 품은 채 태평양을 바라보며 예배를 드렸다.

이민단 모두가 복음을 받아들인 사람은 아니었지만 상관없었다. 존스 목사를 비롯한 선교사들과 교인들은 항구에 차일을 치고 환송 예배를 시작했다. 아마 동양 최초이자 마지막이 될 공식적인 디아스포라들의 예배였다.

"하나님, 이들은 모든 것이 낯선 외국으로 향합니다. 이들의 두려움을 아시고 또 이들이 갈 길을 예비해주실 것을 믿습니다."

그들의 마음을 안심시키는 축도가 이어졌고, 존스 목사는 이민단원에게 필요할 만한 책자를 주며 마음을 달랬다.

121명(이중 19명 신체검사에 탈락하여 102명이 최종 선발됨)이 오른 상선 갤릭호. 1902년 12월 12일에 인천에서 출발하여 1903

년 1월 호놀룰루에 도착할 때까지 이민단이 한 일은 예배였다. 도착할 때까지 그들은 오로지 그들이 갈 길을 하나님이 인도하실 것이란 믿음으로 예배를 드렸고, 이 과정을 통해 자발적인 8명의 신자가 생겼다. 하나님은 그들을 이방인으로 새로운 땅에 세우시기 전에 더 많은 영혼을 변화시키셨다. 그리고 난 뒤 낯선 땅에서의 생활이 시작되었다.

어디 미국으로의 이주뿐이랴. 구한말 연해주로, 간도로, 일본으로, 멕시코 등으로 한민족 디아스포라로 나가게 되는 배경 속에는 하나님의 복음이 있었다. 여기에는 하나님의 뜻과 섭리가 있었다. 복음을 들고 먼저 그 땅으로 가게 하신 이유에는, 하나님이 이스라엘 민족에게 원하셨던, 구약을 관통하는 하나님의 계획인 열방을 향한 복음 전파가 맞닿아 있었으리라.

한민족 디아스포라는 한마디로 '먼저 보내심을 받은 자들'이다. 하나님은 그들을 특별히 선별해서 보내셨다. 편안한 곳이 아닌 불편한 곳, 새로운 곳으로 가야 했는데 그것은 먼저 가서 해야 할 일이 있었기 때문이다. 그들을 보내신 때는 이 땅에 복음이 전파되는 그 때와 거의 일치하고 있다. 이것은 하나님이 민족을 흩으실 때 복음과 함께 하신다는 것을 의미한다. 그리하여 이방인이지만 하나님을 먼저 아는 선지자로서의 사명을 그 땅에서 감당하게 하시려는 것이다.

물론 우리 민족이 흩으심을 당할 때 별다른 선택의 여지가 없었고 특별한 사명감을 가질만한 지식도 없었다. 하지만 하나님은 한낱 그런 기준에 연연하지 않으신다. 하나님의 일을 이루시는 분은 하나님 자신이시기 때문이다. 우리는 그저 하나님의 사랑을 전하는 통로요, 하나님의 역사를 이루는 도구이다. 하나님은 하나님의 통로이자 도구인 우리를 통해 당신의 뜻을 전하실 뿐이다.

그렇다면 하나님은 디아스포라를 통해 선지자로서의 어떤 사명을 이루도록 하셨을까.

"오직 너희는 택하신 족속이요 왕 같은 제사장들이요, 거룩한 나라요 그의 소유된 백성이니 이는 너희를 어두운 데서 불러내어 그의 기이한 빛에 들어가게 하신 자의 아름다운 덕을 선전하게 하려 하심이라" (베드로전서 2:9)

하나님은 하늘의 왕 노릇 할 사람, 하나님의 제사장이며 하나님의 아름다운 덕을 선전해야 할 선지자가 필요하셨던 것이다. 디아스포라는 그 아름다운 덕을 선전할 도구였다. 선택받은 디아스포라들은 그들이 보내심을 받은 곳에서, 그렇지 않은 이들은 그들이 머문 땅에서 선지자로서의 일을 감당하는 것이다.

실제로 한민족 디아스포라들의 이주와 정착, 대를 이은 과정 속에는 수많은 아름다운 덕이 세워졌다. 아무것도 없는 황량한 땅을 일구며 성실한 민족성을 보였고, 조국을 잊지 않고 사랑하는 마음을 독립운동과 월급 송금 등의 행동으로 나타냈으며, 무엇보다 복음의 즐거운 소식을 전하며 교회를 세우는 등 믿음의 사람으로서 해야 할 일들을 해냈다.

디아스포라들의 삶은 성경의 아벨과 같은 삶이었다. 아벨은 자신의 가장 귀한 것을 드려 제사를 드렸다. 가인이 잘못된 제사를 드림으로 하나님께서 받으시지 않으시자 질투로 동생인 아벨을 죽였지만 그는 저항 없이 받아들였다. 그는 가인의 공격을 막아낼 수도 있었다. 하지만 그렇게 하지 않고 받아들임으로 하나님께로 올려졌다. 이 땅에서의 삶이 전부가 아니란 사실을 알았던 것이다. 그러니 죽음과 타협할 필요도 없었고 하나님을 배신하지도 않았다. 특히나 십자가의 삶을 자신의 삶으로 선지했던 사람이었다.

한민족 디아스포라들의 삶은 아벨과 같이 십자가의 삶을 자신의 삶으로 선지한 것이었다. 자신을 죽여 하나님의 영광을 구하고, 다른 이들의 유익을 구하는 삶이었다. 그들에게 선지자로서의 정체성을 회복하게 하는 동시에 구체적인 삶의 방향도 말씀하셨다.

'너희가 전에는 백성이 아니더니 이제는 하나님의 백성이요 전에는 긍휼을 얻지 못하였더니 이제는 긍휼을 얻은 자니라. 사랑하는 자들아 거류민과 나그네 같은 너희를 권하노니 영혼을 거슬러 싸우는 육체의 정욕을 제어하라. 너희가 이방인 중에서 행실을 선하게 가져 너희를 악행한다고 비방하는 자들로 하여금 너희 선한 일을 보고 오시는 날에 하나님께 영광을 올리게 하려 함이라.' (베드로전서 2:10-12)

한민족 디아스포라들은 아름다운 덕을 선전하는 선지자로서 다양한 스토리를 남겼다. 때로는 억울한 일을 당함으로써, 때로는 육신의 정욕을 제어하며, 때로는 선한 행실을 통해서 말이다.

그래서 그들이 세운 덕스러운 역사는 더욱 값지다.

사진신부 이야기

하와이 사탕수수 농장, 한낮의 내리쬐는 태양이 이제 좀 가실 즈음 하루 종일 노동에 시달린 사람들이 일을 마무리하고 있었다. 40도를 오르내리는 살인적인 더위에 다들 녹초가 될 지경이었다. 구슬땀을 흘리기를 수십 차례, 온 몸은 땀범벅에 시큼한 냄새는 기본이었다. 그래도 얼마 전 이곳에 도착했을 때까지는 얼굴 빛깔이 괜찮았는데, 타는 듯한 뙤약볕 아래에서는 속수무책인지 원래 얼굴빛이 어땠는지 기억도 나지 않을 정도였다.

"어이 김씨! 오늘 일 많이 했어?"
"그냥 할 만큼 했습니다. 오늘 일할 양은 채웠어요. 아저씨는요?"
일과를 마칠 즈음, 아저씨가 던지는 질문에 김씨가 대답했다.
"뭐 그렇지. 그나저나 주일날 뭐해?"
"뭐하긴요. 예배드리고 뭐….'
일주일 중 하루 주어지는 휴일, 주일이면 다들 노동에서 해방된 기쁨을 만끽하곤 했다. 하와이 이주 노동자들에게 휴식은 교회에 모여 예배드리는 정도가 전부였다. 그리고 난 뒤에는 각자 시간을 보냈다.

김씨가 가장 부러운 이들은 가정이 있는 이들이었다. 고국에서부터 가족이 아예 전부 이주해왔기 때문에 그들의 이주생활은 대체로 안정적이었다. 처음 이곳에 올 때는 한국에서 일하면서 받는 일당보다 더 많은 것에 혹했지만, 미국의 물가와 여러 가지 상황을 고려할 때 꼭 많은 것만은 아니었다는 것을 알게 되었지만, 그때는 이미 고국으로 돌아갈 수 없었다. 그럴 때 그나마 위안이 되는 게 가족이었다. 가족은 어려울 때 힘이 되었고 외로울 때 곁에 있어주었기 때문이다.

그런데 김씨는 달랐다. 그는 혈혈단신, 혼자 몸이었다. 처음에는 농장 일이 고된 것에 대한 불만이 있었다. 하와이 사탕수수 농장이 워낙 많아서 농장마다 일의 강도와 처우가 달랐다. 그래도 김씨가 있는 곳의 농장 주인은 노동자들에게 가혹행위를 하는 일은 없었으니 그것으로 위안을 삼았는데, 가족만은 그렇지 않았다.

"어이 김씨! 조국 땅에 누구 기다리는 색시 없어?"

"네, 혼자 왔습니다."

"아이구, 그렇구만. 그럼 여기서라도 색시 하나 만나야 할 텐데…."

주변에서 이런 걱정을 듣는 것도 한두 번이지 자신에게 처한 현실이 갈수록 한심하게 느껴졌다.

이런 문제는 김씨에게만 있는 것이 아니었다. 당시 하와이로 건너온 이주민들 사이에 김씨와 같은 총각들이 상당수 있었다. 그들 중에 복음을 받아들여 새로운 의식이 자리 잡고 있는 이들이 많았는데, 그들의 생각 속에는 여러 가지가 있었다. 돈을 벌어서 금의환향을 하겠다는 마음도 있었고, 새로운 문명에 눈뜨고 싶은 마음도 있었다. 물론 대부분은 고국에 다시 돌아갈 생각을 했다.

그런데 현실은 달랐다. 허리 한 번 제대로 펼 수 없을 정도로 고된 노동을 해야 했고, 날이 갈수록 고국으로 돌아갈 희망은 없는 것처럼 보였다. 무엇보다 곁에 아무도 없다는 사실이 견딜 수 없이 외로웠다.

'아. 한국에 가고 싶다. 지금쯤 한국엔 복사꽃이 필 텐데.'

김씨도 자꾸만 고국 생각이 났다. 고향에서 만났던 옆집 아가씨 모습도 그립고, 교회에서 만났던 자매의 웃음도 떠올랐다. 향수병은 사그라질 줄 몰랐고, 매일 매일 외로운 생활이 계속되다보니 방탕한 생활로 이어졌다.

"어차피 지금 상황을 보니 돌아갈 조국도 없어졌는데 열심히 살면 뭐하나? 먹여 살릴 가족도 없는 불쌍한 처지에."

시간이 갈수록 미혼자들은 모든 일에 의욕을 상실해갔다. 이주사회 내에서도 이런 풍토가 퍼짐으로 사태가 심각하다는 것을 인식하기 시작했다.

이러한 소식은 한국에도 알려졌다. 이에 정부가 추진한 것이 미혼자들을 위한 결혼이었다. 하지만 멀리 떨어져 있으니 선을 볼 수도 없고 그즈음 생각해낸 묘책이 [35]'사진신부'였다. 말하자면, 한국의 신붓감에게 하와이에 있는 신랑감의 사진을 보여주며 사진으로 대신 선을 보는 것이었다. 반대로 하와이의 신랑감들은 태평양을 건너갈 신부들의 사진으로 선을 보고 결혼을 결정했다.

"금자야, 이 사진 좀 한번 봐라. 미국 하와이에서 일하고 있단다. 거무스름한 게 건강해 보이지 않니?"

하와이에서 건너온 사진은 한국의 처녀들에게 전달되었다. 물론 처녀들의 사진도 하와이에 있는 총각들에게 전달됐다. 총각들이야 고국의 처녀들과 결혼을 할 수 있게 된 것만으로도 대환영이었다.

문제는 한국의 여성이었다. 당시만 해도 신여성이 드문 시기였지 않은가.

그래도 여성들 중에는 의식이 깨어있는 이들이 있었다. 게다가 그들 중 상당수가 가정환경이 좋았고 교육을 받았기에 사진신부에도 용감히 도전했다. 남편 될 사람을 사진으로만 보고 판단하는 것이 위험한 일이었지만 새로운 세상에 대한 도전에 용기를 내었다.

　"어머니, 저 이 사람에게 가기로 정했어요."
　"아니 너 정말 괜찮겠니? 나는 정말 사진만 보고 사위를 정하는
게 영 맘에 걸린다."
　"그건 그렇지만 그래도 한번 믿어볼래요. 저도 새로운 세상으로
가보고 싶어요."
　"그래도 난…. 어디 사진 좀 다시 보자."
　낙점된 사진을 보고 또 보고 닳도록 보고 난 뒤, 사진신부들은 하
와이로 향했다. 이미 한국은 일본의 식민지하에 들어갔기에 일본정
부에서 내 준 일본여권을 쥐고 배에 오른 사진신부들은 저마다 새
로운 삶을 그렸다. 일본에 빼앗긴 나라에 사는 것보다 미국에서 이
민자로 사는 삶이 더 낫다고 여겼으리라. 어쨌든 지금까지와는 전
혀 다른 삶일 테니 가슴이 설레는 것은 당연했다.

　배는 어느새 호놀룰루 항에 도착했다. 곱게 한복을 차려 입은 사
진신부들이 하나 둘 배에서 내렸다. 그들의 모습을 보러 나온 동포
들은 열렬히 그들을 환영했다.
　김씨 역시 가슴이 두근 반 세근 반 뛰었다. 사진으로 신부 될 여
성을 보긴 봤지만 실제로 만나면 어떨지 전혀 가늠할 수가 없었기
때문이다. 금자씨도 그랬다. 사진이 뚫어질 지경이 되도록 봤건만
모습이 잘 생각나지 않았다.
　사진신부들의 손에는 각각 신랑들의 사진이 들려 있었다. 자신을
마중 나온 신랑과 만나기 위해서였다. 한참 북적거리는 시간이 이
어졌다. 그런데 이게 웬일, 기대했던 역사적 만남은 쉽게 이루어지
않았다. 금자씨 역시 사진 속 주인공을 찾았지만 아무리 찾아도 보

이지 않았다.

바로 그때 한 목소리가 들렸다.

"저, 한국에서 온 금자씨 맞습니까?"

"네. 네?"

드디어 만났다 싶어 얼굴을 돌려보니 낯선 사람이 앞에 서 있었다. 아무리 봐도 사진 속 그 남자가 아니었던 것이다. 그녀는 용기를 내어 물었다.

"정말 이 사진이 맞습니까?"

"네. 사진이랑 많이 달라서 놀라셨지요? 장가가고 싶은 생각에 조금이라도 젊게 나온 사진으로 드리느라고…."

더 이상 말이 나오지 않았다. 사진 속 사람과 실제로 만난 사람은 한 20년도 더 나이 차이가 나보였다. 사진은 총각 사진인데 실제 마중 나온 신랑은 중늙은이로 보이는 사람이었다. 보아하니 다른 사진신부들의 사정도 다르지 않았다. 다들 사진에 속았다는 표정이었다.

하지만 어쩌랴. 그들은 이미 건널 수 없는 강을 건넜고, 사진신랑과 함께 살아야 한다는 것을 받아들여야만 했다.

미국 정부에서는 사진신부를 허락해 주었기에 영주권이 허락되었다. 그렇게 사탕수수농장은 다시 활기를 찾았다. 사진신부는 1910년부터 1924년까지 14년간 계속 되며 1,300여 명이 미국에 입국했고, 한인사회를 뿌리내리게 만드는 데 중요한 역할을 했다.

실제로 사진만 보고 결혼한 이주민 가정은 부부간의 나이 차이가 많았다. 그로 인해 겪게 되는 세대차이도 있었고 서로에게 적응하는 기간도 필요했다. 그렇지만 한민족 디아스포라들의 적응력과 생활력은 빛을 발했다.

한국에서 건너간 사진신부들은 자신들이 생각했던 신세계와는 다른 하와이 노동자 생활에 좌절하지 않았다. 오히려 이민사회의 강력한 뿌리를 내리기 위해 교회를 세우고 복음을 지키며 학교를 세우는 등 선지자적인 삶을 실천해 나갔다. 그러한 삶의 모습은 전 세계로 흩어진 한민족 디아스포라들에게 알려졌고 그들의 들풀 같은 삶은 위안이자 도전이 되었다.

미국사회의 일원이 되기까지 노력한 남다른 그들의 선지자적 삶 가운데, 사진 한 장에 희망을 걸고 하와이로 떠난 사진신부들의 도전이 있었다.

정의를 꿈꾸는 디아스포라들

"나라가 망했다고? 아이고. 우리는 어쩌나? 이제 갈 데도 없단 말 아닌가?"

한일합병 소식은 전 세계로 퍼져 나갔다. 결국 일본의 강압에 의해 나라를 뺏겼다는 소식 앞에 한민족 중 통곡하지 않은 사람들이 없었다.

고국에선 지식인들을 비롯한 많은 이들이 이 조약의 무효함을 밝히고 국제사회에서도 여론을 일으키려고 했다. 하지만 이미 망해버린 나라에 손을 들어줄 이들은 없었다. 한반도는 암울한 역사의 수레바퀴 속으로 굴러 들어가고 있었다.

이러한 사실 앞에 더욱 망연자실한 사람들은 외국에 나가있는 우리 동포들이었다. 한민족 동포들이 디아스포라가 되어 흩어졌을 때 대다수는 일시적인 이주를 선택했다. 3년, 5년 나갔다가 돈을 벌어 고향으로 돌아오겠다는 계획이 있었기에 그들에게 고국 땅은 다시 돌아올 땅이었다. 돌아가지 못할 땅이 아니었다.

그런데 조국이 일본의 식민지로 전락했다는 소식 앞에 그들은 속수무책이었다. 자신들의 힘으로 어찌할 도리가 없는 상황, 한계에 부딪친 그들은 절망했다. 더 이상 자신이 서 있는 곳에서 뭔가를 하고 싶다는 마음조차 일어나지 않았다. 열심히 일해 봤자 돈을 벌 수 있는 상황도 아닌데, 열심히 돈을 모아봤자 한국으로 돌아가는 배에 오를 수도 없었다. 그렇다보니 일부는 방탕한 생활에 빠지기도 하고 걷잡을 수 없는 사태에 이르기도 했다.

그러나 하나님은 우리 민족을 어려운 가운데 부르셨다. 정의를 빛같이, 공의를 물같이 흐르게 하시는 하나님께서 우리 민족에게 지혜를 모으게 하신 것이다. 그 지혜는 가깝게는 북간도에서, 멀리는 미국에서 동시다발적으로 심어졌다. 특히 복음이 강하게 심겨진 미국의 한인들은 정의를 꿈꾼 이들로 분연히 일어섰다.

▶미국 덴버, 항일 독립투쟁의 거점이 되다

36)박희병 선생은 강원도 철원 출생으로, 고종의 다섯째 아들 의친왕 이강과 함께 1899년 미국 덴버로 유학을 떠났다. 덴버에서 유학을 마치고 돌아온 박희병은 운산금광에서 통역관과 경영관을 겸해 일하면서 평북 선천에 장로교 학교인 신성학교를 설립해 조카인 박용만을 교사로 채용했다. 나중에 이 학교는 독립운동의 중요한 거점이 되었다.

박희병은 그곳 운산금광에서 애국청년들을 모아 기초훈련을 시킨 후 이들을 미국 덴버의 철도 건설자와 광부로 노동이민을 보냈다. 그는 1905년 미국 유니언 신학교에서 선교사 안수를 받고 미국 덴버에 정착하면서 인재들을 미국으로 데려왔다. 이미 하와이를 비롯한 여러 곳에 우리 동포들이 있었고, 나라의 독립을 간절히 희망하고 있는 가운데 애국청년들이 미국에 모인 것이다.

박희병에 의해 덴버로 이민을 떠난 이들은 덴버를 항일운동의 거점으로 삼았다.

"지금부터 이곳 덴버를 항일운동의 거점으로 삼겠소."

박희병은 조카인 박용만을 비롯한 애국 청년들과 합류했다. 덴버를 거점으로 이들은 '주경야독' 하면서 주말에는 요즈음의 ROTC와 비슷한 형태의 군사훈련도 실시했다.

1908년 7월에는 박희병을 중심으로 박용만과 유일한(유한양행 설립자), 이승만(대한민국 초대 대통령), 이상설(헤이그밀사 3인 중

1인) 등은 '대한인 애국동지자대회'를 열고 일종의 '세금'이라고도 볼 수 있는 가족 당 3달러의 독립금을 징수해 독립자금을 조달키로 했다. 바야흐로 새로운 조국 건설의 씨앗이 덴버에서 심어지고 있었던 것이다.

"박 선생님, 우리 조국 독립을 위해 애쓰시는데 우리라고 가만히 있을 수 있습니까? 우리도 같은 한민족이잖습니까. 우리도 돕겠습니다."

이민자들 사이에서 독립의 불길이 전달되면서 한인사회가 들썩였다. 모두가 한마음으로 염원하는 일에 팔을 걷어붙이고 나선 것이다.

"무슨 일이든 자금이 필요합니다. 하물며 조국을 위해 하는 일인데 당연히 우리 이민자들이 도와야지요. 우리도 가족 당 3달러의 독립금을 냅시다."

하루하루 먹고 살아가는 가난한 이주민들에게 한 가족 당 3달러라는 돈은 4일치 꼬박 일한 품삯을 내놓는 일이었다. 그 어떤 기반도 잡혀있지 않던 이민자들에게는 돈이 곧 신용이고 얼굴이었다. 그러나 그들은 그것마저 포기하고 정의를 선택했던 것이다.

누가 강요한 것도 아니요 오직 조국의 부활을 위한 마음의 등불을 켠 것이다. 그렇게 한인사회의 독립자금 모으기는 힘을 더했다.

특히 이민자 사회에서 팔을 걷어붙인 이들은 여성이었다. 그들은 한 가정의 어머니요 조국 부활을 꿈꾸는 수많은 국민이었다.

1910년 한일합병으로 조국이 망하자 덴버의 독립투사들은 샌프란시스코로 거점을 옮기고 '대한인국민회 중앙총회'를 결성해 해외 망명정부의 역할을 하게 된다. 독립투쟁의 거점을 샌프란시스코로 옮겼을 때도 하얀 치마폭에 독립자금을 모으는 일은 계속 이어졌다. 비록 자신은 한 끼 굶는 한이 있더라도 독립을 향한 기도는 끊이지 않았던 그들은 그렇게 복음으로 단단해졌다. 그러나 덴버에서의 이 같은 항일활동은 독립운동의 주축이었던 박희병 등이 미국에서 연달아 의문의 피살을 당한 이후 명맥이 끊긴 까닭에 지금까지도 국내에는 제대로 알려지지 않고 있다.

▶"우리가 아니면 누가 에네켄 농장의 동포들을 도우랴!"

그런 가운데 미국 땅의 한민족 디아스포라는 또 한 번 큰일을 해냈다. 미국으로 이주하던 비슷한 시기에 한편에서는 멕시코 이민자를 모집하고 있었다. 멕시코에 가면 돈을 많이 벌 수 있다는 허황된 정보에 지도 어디에 붙어있는지도 모르는 멕시코행 배에 오른 우리 동포들이 있었다.

그러나 이들의 상황도 하와이로 이주한 동포들의 사정과 그리 다르지 않았다. 아니, 사실은 미국 이주민에 비해 멕시코 이주민들의 실상은 더욱 처참했다. 거대한 사기 사건에 휘말려 멕시코 이주민들은 대부분 에네켄 농장에 노예처럼 팔려갔기 때문이다.

그들은 배에서 내리자마자 뜨거운 땡볕 아래에서 자신의 키보다 더 큰 에네켄 선인장을 잘라내며 고된 노동에 시달려야 했다. 노동에 시달리다 죽고, 도망가다 죽기도 하는 에네켄 농장의 피눈물 나는 우리 동포들의 이야기를 미국 동포들이 듣게 되었다.

그들의 삶이 얼마나 처참하고 고통스러웠는지 그곳을 다녀온 이들의 소식은 흩어진 동포들의 가슴을 아프게 만들었다.

"에네켄 농장 사람들 얘기 들었나? 사탕수수밭보다 더 고생을 한다는구만."

“그러게. 못 견디다가 죽고, 도망가다고 죽고 그런대요. 그 정도면 사기 이민 아닙니까?”

“그렇지 사기지.”

모두가 멕시코를 떠올리며 가슴 아파 했다. 그때 또 다시 미국에 있는 이주민들이 나섰다. 자신들보다 더 못한 삶을 살고 있는 동포들을 돕겠다는 마음이었다. 고종 황제도 멕시코 노동자들의 소식을 듣고 가슴이 아파 돌아오도록 하고 싶었지만 그럴 힘이 없어 포기한 일이었다. 그러나 미국 사회의 우리 동포들은 조금이라도 도움을 주자는 생각을 했다.

“우리가 우리 동포들을 구합시다. 우리가 아니면 누가 에네켄 농장의 동포들을 구하겠습니까?”

멕시코 이민자들의 생활이 고국에 알려지면서 한국 교회에서는 멕시코 이민자들을 구출하기 위한 작전을 짜기도 했다. 교회 차원에서 편지를 보내고, 돈을 모아 사람을 보내는 등 일을 벌이기도 했다. 하지만 역부족이었다. 교민들 역시 비슷한 처지였기에 방법을 몰라 발만 동동거리며 눈물로 기도 드렸다.

그러나 그들은 그들이 할 수 있는 일을 했다. 가만히 있는 것보다는 무엇이라도 하는 것이 낫다고 생각했고, 에네켄 농장의 동포들에게 누군가 그들을 기억하며 도와주려 애쓴다는 사실을 전하고자 했다.

그래서 그들은 멕시코의 동포들이 좀 더 나은 생활을 할 수 있도록, 조금이라도 더 배곯지 않고 일할 수 있도록 돕기 위해 십시일반 돈을 모아 전달했다. 한민족 디아스포라는 그렇게 멀리서도 단합된 힘을 보였다.

넓은 땅 미국의 입장에서 볼 때 한인사회는 작디작은 조직이었다. 하지만 미국의 한민족 디아스포라들은 어려운 환경 속에서도 조국의 독립을 위해 무장 투쟁을 준비했고, 멕시코의 동포들이 처한 비참한 상황을 듣고는 가난한 주머니를 털어서라도 그들을 돕기 위해 움직였다.

그들을 움직인 힘은 하나님의 사랑, 그리고 하나님의 공의였다. 우리 한민족 디아스포라들이 머나먼 이국 땅에서 하나님의 정의를 꿈꾸며 살아온 과정은 그 자체만으로도 충분히 아름다운, 하나님의 덕을 드러내는 일이었다.

디아스포라들, 대한독립을 선언하다

"우리 딸, 밥 먹기 전에 할 거 있지?"

"대한독립만세! 대한독립만세! 대한독립만세!"

"그래, 잘했다. 잘했어."

한민족 동포들은 두 살짜리 아이에게도 밥상머리에서 독립운동을 가르쳤다. 그만큼 간절함으로 조국의 독립을 염원하였다. 해외에 흩어져 있던 우리 동포들은 독립에 대한 염원으로 하나가 되어 있었다.

조국의 독립을 위한 움직임은 한민족 디아스포라를 중심으로 시작되었다. 이민 1세대로 나가 있는 이들을 중심으로 조직이 생기기도 했고, 고국에 있던 사람들이 더 이상 머무를 수 없어 한인들이 있는 곳으로 떠나며 디아스포라가 되어 활동하기도 했다.

독립을 염원하는 불길은 한일합병이 이루어지는 시기와 맞물렸다. 그 이전의 이주가 가난과 새로운 땅을 찾아가고자 하는 흩어짐이었다면, 이때부터는 조국의 독립을 위한 또 다른 의미의 디아스포라들이 생겨나기 시작했다. 그들 중에는 과거 의병활동을 했거나, 민족운동가, 재외유학생들이 대거 포진해 있었다. 그래서 의식적인 면에서 깨어 있었다.

중국으로 이주한 디아스포라들은 주로 망명 형태가 많았다. 북간도와 서간도를 중심으로 이미 한민족 공동체가 대규모로 형성되어 있었고, 여기에 잇따른 독립운동가들의 망명은 한민족을 하나로 모으고 독립을 위한 행동을 하는 구심점이 되었다.

37)1906년을 전후로 대거 만주로 들어온 민족운동가들은 간도의

용정촌을 독립기지로 삼고 독립운동의 기초를 다졌다.

"여러분, 민족이 바로 서기 위해서는 교육이 바로 서야 합니다."

교육이 중요하다는 사실을 공감한 한인들은 민족주의 교육의 요람이 된 '서전서숙'을 여는 것을 시작으로 교육기관을 확장시켰다. 간도지방에 흩어져 살던 이들이 교육을 통해 새로운 세계관을 갖게 되고 훈련을 받았다.

그들은 북만주의 밀산 일대에도 독립운동 기지를 추진하여 학교를 세우는 등 활약을 했다. 서간도 지역에서도 마찬가지로 독립운동 기지가 마련되었다. 이곳을 택한 이들은 항일의병들이 중심이었다. 의병계열의 인물들이 이곳에 들어와 정착하게 되면서 항일운동 기지로 부상한 것인데, 이곳 역시 한일합병 이후 망명자가 늘어나면서 독립군 기지 건설이 추진되었다. 특히 이곳으로의 망명을 원한 이들 중에는 50여 명이나 되는 일가족을 모두 거느리고 온 운동가들도 있었다.

이렇듯 중국 만주 일대에 독립에 대한 불길이 서서히 번졌다. 용정에 세운 민족주의 교육의 요람 서전서숙에는 뛰어난 민족운동가들이 교육을 맡아 후대를 양성했다. 서전서숙은 이주민이 세운 학교라는 점, 철저한 민족주의 교육이 이뤄진 신학문 학교였다는 점에서 많은 의미를 지녔다.

서전서숙을 설립한 이상설(1870~1917)은 민족운동가로서, 자발적으로 디아스포라가 되어 독립운동에 앞장섰다. 학교에 대한 모든 운영비용을 일체 자신의 개인 사재로 부담하여 무상교육을 실시했고, 인근 지역을 방문할 때마다 동포들을 설득했다.

"지금 우리 민족에게는 교육이 가장 필요합니다. 민족교육이 필요합니다. 그래야 주권이 왜 중요한지 알 수 있습니다. 자제들을 서전서숙으로 보내십시오.”

하지만 안타깝게도 그가 이듬해 헤이그 밀사로 떠난 뒤 돌아오지 못하게 되자, 학교는 일제의 감시와 방해, 재정난으로 고통을 겪다가, 결국 학교는 1년 만에 폐교되고 말았다. 하지만 서전서숙의 시작은 만주 일대에 또 다른 교육의 불을 붙였다.

이후 용정 명동촌에 ‘명동학교’가 그 명맥을 이어받았다. 그들은 서전서숙의 교육을 이어받아 학교를 세우게 되었기에 민족교육과 민족운동의 거점지가 되었다. 이곳의 책임자 김약연은 명동촌의 지도자이기도 했다. 그가 당시 명동학교의 교사로 초빙된 민족지도자를 통해 복음을 받아들이게 되면서 명동학교는 기독교육과 민족교육을 결합한 학교가 되었다.

윤동주 시인도 명동학교 출신의 디아스포라였다. 윤동주는 글로써 일제에 항거하는 모습을 보였는데, 명동학교는 그만큼 많은 항일독립운동가를 배출하였다. 그들은 철저한 민족교육을 받았고 구국을 위한 독립이 얼마나 필요한 것인지 사무치게 깨달았다.

이렇게 만주 일대에 항일운동의 바람과 민족교육이 한창 불 일듯 일어날 때 연해주 역시 디아스포라들을 중심으로 독립을 향한 불길이 타오르고 있었다. 연해주는 일본인의 감시를 피해 망명할 수 있는 좋은 장소였다. 이미 그곳에 정착해 있는 한민족은 상상을 초월한 숫자로 늘어나 있었기에 한인들의 결집을 이뤄내기도 좋았다.

“이곳에서 의병을 조직했으면 합니다. 도와주실 수 있겠습니까?”

“민족을 위한 일인데 당연히 해야지요.”

의병을 조직하고자 건너온 사람은 이범윤(1856~1940)이었고, 그가 도움의 손길을 뻗은 사람은 이미 연해주에 정착하며 안정된 삶을 누리던 최재형(1860~1920)이었다. 최재형은 연추에 있으면서 러시아 기병대에 소고기를 공급하며 부를 쌓았고, 그 재력으로 한인학교와 교회, 대동공보라는 신문을 발행한 인물이었다. 그 둘의 만남은 연해주에서의 본격적인 독립운동의 시작을 알렸다.

연해주에서의 독립운동은 주로 의병활동이었다. 만주에서의 활동이 교육을 통한 지식운동이었다면, 연해주는 무장독립운동이었다. 그들은 연해주에서 조직을 정비한 뒤 국내로 침투해 일본군과 전투를 벌였다. 그러나 국내침공 작전은 실패로 돌아갔고 전투의 패배는 살아남은 이들을 뿔뿔이 흩어놓았지만 그들은 다시 간도 연해주로 모였다.

연해주에서 의병부대를 이끈 사람이 안중근(1879~1910)이었다. 안중근은 연해주에서 계몽운동과 함께 대한독립선언을 하는 등 민족운동지도자로서 본을 보였다. 그리고 이후 안중근은 우리 모두가 잘 알다시피, 하얼빈역에서 일본 총독 이토 히로부미를 저격하고 당당하게 순국함으로써 대한 남아의 기개와 조선 독립의 의지를 전 세계에 알리는 계기를 만들었다.

이렇듯 해외에서도 한민족들을 중심으로 독립을 향한 열정은 계속적으로 끓어올랐다.

서전서숙을 설립한 이상설은 블라디보스토크로 오게 되면서 성명회를 조직해 "대한의 국민된 사람은 대한의 광복을 죽기로 맹세하고 성취한다"고 결의했다. 이상설은 일본 정부를 향해 병합무효를 선언하는 전문과 선언서를 보냈고, 이로 인해 성명회가 해산되는 어려움도 겪었지만 독립의 불씨는 꺼지지 않고 계속 타올랐다.

이러한 움직임에 러시아 한인들도 움직였다.
"일본 정부의 감시에서 조금이라도 벗어나려면 독립운동단체를 만들기보다 한인 사회의 자치단체를 만드는 게 좋겠습니다. 그렇게 역량을 집중시켜 봅시다."
연해주의 한민족 동포들의 지혜로 탄생한 것이 '권업회'였다. 권업회는 블라디보스토크 신한촌에서 시작되었고 민족독립운동가들이 리더가 되어 활동을 벌여 나갔다. 외적으로는 연해주 한인사회의 실업을 권장한다는 목표를 내세웠지만, 내적으로는 한국의 독립을 도모한다는 목표를 갖고 있던 한인사회의 공동체였다. 그들은 한민족 동포들을 중심으로 학교를 만들어 교육을 시켰고, 실제적인 군사조직도 만드는 등 끊임없는 활동을 이어갔다

이렇게 만주 일대와 연해주 일대, 저 멀리 하와이에서 이민자들의 독립자금 모금 등으로 우리 민족이 간절히 독립을 염원하고 있을 때, 1918년 1차 세계대전이 끝나고 미국 윌슨 대통령의 '민족자결의 원칙'이 발표되었다. 전 세계적으로 각 민족 집단의 독립성을 인정하는 분위기가 조성된 것이다. 민족 집단 스스로 의지에 따라 운명을 결정하고 타민족 타국의 간섭을 인정하지 않겠다는 이 민족자결의 원칙으로, 각 나라에 흩어져 있던 우리 동포들은 큰 힘을 얻게 되었다.

이때 일본에서 놀랄만한 38) 사건이 일어났다. 일본의 심장부 한복판에서 대한독립선언이 일어난 것이다. 당시 일본에는 많은 한인유학생들이 들어가 있었다. 그들 대부분 신교육을 통해 민족을 구하

고자 하는 뜻이 있던 이들이었다. 이미 이들 중에는 일본에서의 항일운동을 추진하고 있는 이들이 상당수 있었기에 단시간에 모여 대한독립을 위한 강력한 의지를 표현할 수 있었다.

"무릇 국가 또는 민족이 멸망한다 해도 반드시 영구히 망하는 것은 아니다. 또 국가, 민족이 융성한다 해도 또한 영구히 융성되는 것은 아니다. 보라! 멸망의 길을 걷던 폴란드는 지금 독립이 되고, 이에 반해서 천하에 위엄을 자랑하던 러시아 제국은 지금 망하지 않았는가?"

모국에서 3.1 만세운동이 일어나기 한 달 앞선 2월 8일, 최팔용(1891~1922) 선생은 자주독립을 열망하는 동지들을 규합하여 도쿄 한복판으로 향했다.

도쿄에 눈이 많이 내린 2월 8일, 오후 2시 재일 유학생들을 비롯한 한민족들이 광장에 모였다. 운동을 주도한 최팔용 선생은 독립운동 관련 문서를 이미 각국 대사와 조선총독부, 각 신문 잡지사, 학자 등에게 우송한 상태였다. 아침부터 모여든 600여 명의 학생들과, 이미 이상한 낌새를 눈치 챈 사복과 정복의 일본경찰들 사이에 엄청난 긴장 속에 2.8 독립선언문이 낭독되었다.

조국의 독립을 선언한다는 선언문이 낭독되는 동시에 일경들이 들이닥쳤다. 결국 일경들과 몸싸움을 벌여 이 모임은 강제 해산되었지만, 일본의 심장부인 동경에서 일어난 대한독립선언은 모국과 해외 곳곳의 동포들에게 대한독립이라는 염원의 불길을 당기는 뜨거운 발화점이 되었다.

동경에서의 2.8 독립선언은 바로 다음 달, 고국에서 일어난 3.1 독립만세운동의 기폭제 역할을 했다. 이 3.1 만세운동을 통해 우리 민족은 조국의 민족자주독립에 대한 염원을 전 세계에 알렸다. 그리고 얼마 뒤, 만주의 용정에서의 3.13 대한독립선언대회까지 이끌어냈다.

이때의 대한독립선언대회는 중국 내 항일운동의 거점이 된 명동학교 학생들과 정동학교 학생들이 중심이 되었다. 이들은 만주 한복판에서 대한독립을 선언했고, 대한독립선언의 불길은 북간도와 연해주를 이어 미국까지 퍼졌다. 4월 14일 미주 필라델피아에서는 제1차 한인회의를 개최하여 항일운동의 불을 지피며 대한독립의 염원을 선언했다. 이 모두가 핍박과 억압을 각오한 한민족 동포들의 자유와 독립을 향한 의지였다.

한민족 디아스포라들의 이러한 독립선언운동은 우리 민족이 가장 어려운 어둠의 터널을 걸어야 했던 순간, 조국을 향해 보내는 뜨거운 애정과 신뢰의 모습이었다. 이러한 한민족 디아스포라들의 대한독립선언운동을 통해 '우리는 역시 하나의 한민족'이라는 뜨거운 민족애를 공유하면서 우리 민족은 대한독립을 향한 꿈을 키워갈 수 있었다.

쿠바에서 울려 퍼진 대한독립만세

고국의 독립은 한인 디아스포라들의 염원이었다. 그들의 마음속에 고국은 언제나 그대로 남아 있어야 하고 언젠가는 돌아가야 할 곳이었기 때문이다. 이런 까닭에 흩어진 동포들은 조국의 독립을 간절히 원하고 또 원했다.

이러한 바람은 저 멀리 멕시코의 에네켄 농장에서도 이어졌다. 멕시코 유카탄행 배에 오른 1,033명 중 한 사람인[39] 임천택씨. 멕시코에 도착했을 때 그의 나이는 겨우 2살이었다. 에네켄 농장이 그의 성장 배경이었다. 그가 어린 시절을 기억할 때는 기억 속에 늘 거칠고 뾰족뾰족한 무서운 가시의 에네켄이 함께 있었다.

농장에서의 삶은 노예생활이었다. 먹을 것도 입맛에 맞지 않아 제대로 먹지도 못했고, 게다가 언어는 통하지 않으니 그나마 곁에 있는 동포들이 큰 위안이었다. 그러나 잔뜩 돈을 벌 요량으로 온 곳에서는 노동 착취와 임금 착취에 인격모독까지 일어났다. 돈을 벌기는커녕 고국으로 돌아갈 비용도 없는 그들에게는 하루하루가 희망 없는 절망이었다.

그런데 얼마 뒤 들려온 소식은 더욱 절망이었다. 일본에 나라를 빼앗겼다는 소식이었다. 고국이 일본의 식민지가 되었다는 소식은 또 한 번의 절망이었다. 에네켄 농장에서 죽도록 노동에 임하는 동포들은 나라를 빼앗겼다는 소식을 듣고 그 자리에 주저앉아 펑펑 울었다.

"우린 이제 어디로 가나? 나라를 빼앗겼으니 돌아갈 곳도 없고 이 나라에서는 노예처럼 살고 있고⋯."

어린 임씨는 나라를 뺏겼다는 것이 뭘 뜻하는지 정확히 알 수는 없었지만 절망적인 상황이라는 것은 알 수 있었다. 그렇게 세월이 지나 1921년이 되었다. 이제 성년의 시기에 접어든 18세의 임씨 앞에 아주 중요한 순간이 찾아왔다.

4년마다 갱신하는 노동계약이 끝나서 어떻게 해야 할지 선택할 시간이 왔다. 이대로 남을 것인가, 고국으로 돌아갈 것인가? 그것도 아니면 또 다른 어딘가를 향해 떠날 것인가를 선택해야 하는 시간이었다. 그러나 선택을 하고 싶어도 그동안의 임금착취로 인해 손에 쥐어진 돈은 하나도 없었다. 말하자면 돈 한 푼 쥐어주지 않고 '어디로 갈래?' 묻는 꼴이었으니 대부분은 어쩔 수 없이 잔류하는 것으로 방향을 정하기 마련이었다.

그러나 그렇게 10여 년을 버티다가 어느새 2살 어린아이였던 임천택이 18세가 된 해, 그의 가족은 결단을 내리게 되었다. 멕시코 농장을 떠나 다른 곳으로 가기로 한 것이었다. 더 이상 멕시코의 에네켄 산업이 성장하지 못하고 침체기에 접어들었기 때문에 다른 곳에서 새로운 희망을 찾아보기로 한 것이었다.

그의 가족이 희망을 건 곳은 쿠바였다.

"들자하니 쿠바에는 설탕 한 근이 20전이나 나간다는구만. 백색 황금의 땅이라고 불린다네."

새롭게 떠오른 나라가 쿠바였다. 임씨의 가족도 더 이상 멕시코에 희망을 느끼지 못하고 쿠바행 배에 올랐다. 이제 제법 일꾼 티가 난 임씨와 일행 300명은 배에 올라 쿠바로 2차 이민을 떠났다.

하지만 또 한 번 희망을 품은 2차 이민은 또 다른 절망이었다. 백색 황금(사탕수수)의 땅일 줄만 알았던 쿠바는 그들이 도착할 무렵 어려워지기 시작했다. 20전이던 설탕 값이 2전으로 폭락하면서 백색 황금을 꿈꾸던 땅은 절망의 땅으로 변했던 것이다.

아바나 동쪽 마탄사스주 엘볼로 지역에 정착하며 사탕수수밭에서 일하게 된 우리 동포들은 더 이상 황인종이라고 알아보기 힘들 정도로 구리빛 피부가 되어 있었다. 매일 노동을 하며 받는 일당은 일주일에 2달러, 한 사람이 입에 풀칠하기에도 부족했다. 그 돈으로 가족이 먹고 살려니 생각만 해도 몸서리쳐지는 빈곤한 삶이었다.

그러나 쿠바로 간 그들은 좌절하기보다 한민족 동포로서 정체성을 지키려고 노력했다. 다른 곳의 소식을 통해 조국의 독립과 한민족의 정체성을 굳건히 하려 한 것이다.

"비록 조국은 잃었어도 우리말과 글, 정신은 잊지 맙시다. 들자하니 멀리서 우리나라의 독립을 위해 여기저기서 독립운동이 일어나고 있답니다. 우리도 함께 해야 하지 않겠습니까?"

그 길로 쿠바한인회, 청년회, 한글학교 등이 세워졌다. 한인 동포는 300명에 불과했지만 마기 기드온의 300 용사처럼 기도로 무장했다. 그들에게도 신앙은 자라고 있었다.

그 머나먼 땅 쿠바 사탕수수 농장에도 고국의 3.1 운동 소식이 들렸다. 또한 각지의 한민족 동포들이 고국의 독립을 위해 많은 희생을 치르며 일어나고 있었다. 태평양을 건너온 소식에 쿠바의 한인들, 애니깽의 가슴이 뜨겁게 타올랐다.

1923년, 3월 1일. 임씨를 비롯한 한민족은 한 가지 결단을 내렸다. 누구 하나 알아주지 않지만 그들만의 의식을 치르며 결속을 다지기로 한 것이다. 40)엘볼로 지역 사탕수수 농장엔 100여 명의 우리 동포들이 모였다. 검게 탄 이들의 손에는 뭔가 들려 있었다. 그것은 바로 태극기였다. 손수 그려온 태극기를 들고 모인 100여명의 한인들은 비장한 표정을 지었다.

"오늘은 고국에서 독립운동이 일어난 날입니다. 비록 우리는 고국에 있는 동포들과 함께 할 수 없지만 오늘 이곳에서 우리 조국의 독립을 선언합니다. 더 이상 대한민국은 일본의 침탈과 수탈을 인정하지 않으며 우리 조국은 독립된 국가로 태어났습니다. 우리 모두 결의하며 만세를 외칩시다. 대한독립만세!!"

뜨거운 태양이 내리쬐는 사탕수수 농장, 100명의 한민족 디아스포라는 그렇게 태극기를 휘날리며 대한독립만세를 목 놓아 외쳤다. 누가 먼저랄 것도 없이 만세를 외치는 눈가가 촉촉이 젖었고 끝내 울음바다가 되었다.

그날의 만세운동은 그들 애니깽들, 쿠바로 간 한인들의 의식으로만 끝났지만 그들의 결단과 의지는 바다를 건너 전달되었다. 쿠바로 간 한인들은 그날을 계기로 조국의 독립을 위해 할 수 있는 최선을 다했다. 땡볕 사탕수수밭에서 하루 종일 일해서 번 돈을 아껴 상해임시정부로 독립운동자금을 보낸 것이다. 임씨 역시 그들과 함께하며 민족의 정체성을 잊지 않기 위해 앞장섰다. 돈의 액수는 중요하지 않았다. 모두 마음으로 동참하는 것이 중요했기 때문이다.

"저, 이번엔 제가 성금으로 낼 돈이 없어서 그러는데 돈 대신 쌀로 내면 안 되겠습니까?"

"마음이 중요합니다. 동참한다는 게 중요합니다."

임천택씨를 비롯한 우리 쿠바 동포들은 광복이 될 때까지 8년간 총 1,489원 15전을 송금했다. 그 중 246원 5전은 아바나 중국인 은행을 경유해서 중경에 있는 김구 선생에게 직접 부쳐 쿠바 애니깽 한인들의 마음을 전했다. 이 송금에 동참한 이들이 30명이 되었으니 평균 50원씩 분담한 셈이다. 한 가정 당 400~500원씩 빚을 지면서 힘겹게 살던 때였다.

또한 1941년 갑작스런 파업으로 인해 전혀 돈을 벌지 못하는 어려운 상황에 처했을 때는 반대로, 4개의 미주의 한인단체들이 쿠바로 2,000원의 성금을 보내오기도 했다. 타국에서 함께 힘들게 독립 자금을 모아 조달하던 쿠바 동포들에 대한 뜨거운 동포애였다. 한민족의 이러한 끈끈한 사랑과 보살핌 덕분에 쿠바 한인들은 다시 힘을 낼 수 있었고 끝까지 독립에 대한 마음을 모을 수 있었다.

비록 머나먼 타국 땅에 있지만 한민족 디아스포라들에게는 자신들의 삶보다 민족의 독립이 더 중요했다. 그래서 그들은 먹을 것 입을 것을 아껴 독립운동자금을 모았고, 머나먼 이역만리에서 조국의 자주독립을 염원하며 힘차게 "대한독립만세"를 외쳤던 것이다. 그들이 한 톨 한 톨 모은 쌀 속에, 한 푼 두 푼 모은 독립자금 속에, 목 놓아 외쳤던 대한독립만세의 외침 속에 한민족의 동포애가 피어나고 있었다.

쿠바 한인들 대부분은 결국 살아생전에 고국의 땅을 밟지 못하고 낯선 타향에 묻혀야 했다. 그러나 그들의 뜨거운 조국애는 지금도 생생한 기록으로 남아 후손에게 전해지고 있다. 상해임시정부의 기록들을 보면 쿠바 애니깽들이 보내온 성금들이 한 자 한 자 이름과 액수가 적혀 있다.

그 숫자는 단순한 숫자 하나가 아니다. 우리 동포들이 힘든 가운데 얼마나 마음을 보태기 위해 힘썼는지, 고통과 고난 가운데에서 얼마나 조국의 독립을 염원했는지, 나도 사랑하는 내 조국의 일원임을 잊지 않기 위해 얼마나 몸부림쳤는지를 보여주는 생생한 역사의 기록이다.

흩으시고 다시 모으시는 하나님

독립운동이 활발하게 전개되면서 우리 동포들의 흩어짐은 더욱 확대되어갔다.

북간도로 간 이들의 상당수는 국내에서 조직된 비밀결사인 신민회의 영향을 받아 또 다른 항일운동 기지를 마련하기 위해 망명을 신청했다. 연해주로 들어간 이들의 상당수는 연해주를 중심으로 의병활동을 했거나 할 생각을 가졌던 사람들로, 이들은 많은 경우 가족과 함께 이주했다.

미국 하와이에는 더 이상 노동이민이 없었지만, 그동안 여러 차례의 이주를 통해 미국에 정착하게 된 한민족들이 한인사회를 조직하고 있었다. 또 신교육을 위해 유학차 도미한 이들을 중심으로 민족운동의 붐이 일었다.

일본 역시 마찬가지로, 한일합병이 되면서 국내 의식이 있는 사람들은 일본 본토에 들어가 교육을 받으며 그곳에서 항일투쟁을 준비했기에 일본 내 한민족 디아스포라의 숫자는 점점 더 늘어났다.

그렇게 흩어진 한민족의 공동체는 기하급수적으로 늘어났고, 조국애로 뭉친 민족성이 더해져 그 결집력은 대단했다.

그러나 하나님께서는 우리 민족을 흩으시는 것과 함께 다시 모으는 일도 하셨다. 열방으로 흩으셨던 이들을 다시 불러 한국이라는 땅을 척박하지 않게 만드신 것이다. 다시 모인 이들의 중심에는 하나님이 선택하신 이들이 있었다. 조만식 선생을 비롯한 김활란 박사 등과 해외 한인교회에서 활동한 다수의 목회자들이 그들이다.

1909년, 조선예수교장로회는 평양신학교 1회 졸업생인 한석진(1868~1939) 목사를 일본 동경의 선교사로 보냈다. 선교의 목적과 함께 민족해방에 앞장섰던 교계의 움직임이기도 했다. 일본으로 가게 된 한 목사는 교회를 조직하는 가운데 [41]조만식 선생을 영수로(지금의 장로), 백남훈 선생을 집사로 임명했다. 이렇게 조직된 교회는 항일운동의 근거지로서 역할을 해 나갔다.

젊은 시절 머슴으로 살던 조만식 선생은 "나라를 위해 청년들이 일어서야 한다"는 선교사의 말에 뜨겁게 감동을 받고 회심하여 일본으로 떠나와 공부를 하고 있었다. 철저한 기독교정신이 있었던 그는 일본에서 공부를 마친 뒤 다시 미국으로 유학을 꿈꾸던 디아스포라였다. 하지만 하나님의 뜻은 그를 다시 고국으로 오게 하는 것이었다.

고국으로 돌아온 조만식 선생은 평양 산정현교회 장로이자 민족주의자들을 배출해내는 오산학교의 교장으로 큰 활약을 했다. 누구보다 겸손하고 민족을 사랑했던 마음이 컸기에 일제강점기에 고통받는 민족들에게 위대한 스승이 되었고, 신사참배를 거부한 주기철 목사를 겸손하게 섬기는 모습을 보임으로 감동을 주기도 했다.

그가 꿈꾼 독립은 대한민국의 온전한 독립이었기에, 그는 해방 후에도 신탁통치를 끝까지 반대했고, 민주주의에 대한 신념을 지키다가 북한군에 의해 순교당했고 모든 이념을 뛰어넘어 존경받는 인물이 되었다.

특히나 제자인 주기철(1897~1944) 목사를 산정현교회 담임목사로 청빙할 때는 비록 스승이었지만 직접 제자를 찾아가 모셔오는 겸손함을 보였고, 독립군을 만나느라 예배시간에 늦어 주기철 목사에게 혼이 났을 때는 "성도들의 은혜를 방해하고 주의 종을 노하게 한 죄를 용서해달라"며 회개기도를 드려 참된 그리스도인의 모습을 보여주었다.

하나님은 또 한 사람의 디아스포라를 고국으로 불러 모으셨다. 나라가 한창 어수선한 가운데 미국에서 교육을 받고 들어온 사람은 바로 통일찬송가 461장의 작사가이기도 한 [42]김활란(1899~1970) 박사였다.

"캄캄한 밤 사나운 바람 불 때

만경창파 망망한 바다에

외로운 배 한척이 떠나가니

아~ 위태하구나 위태하구나."

이 찬양의 가사만 들어도 당시 우리 민족이 처한 위태위태한 상황을 짐작할 수 있다. 그녀는 미국 땅에서 지내면서 바람 앞에 촛불 같은 나라의 명운을 걱정하며 이 찬송가사를 지었다.

그 당시 김활란 박사는 공부하는 유학생이었고 뉴욕에 세워진 한인교회의 청년회장을 지냈다.

당시 미국 한인사회를 중심으로 교회가 생겼다. 하와이 농장으로 떠난 이주민들 중 상당수가 고국으로 돌아오는 대신 미국 본토로 흩어졌다. 하와이에 한정되어 있던 그들은 미국 전역으로 흩어졌고 가는 곳마다 교회를 세웠다.

뉴욕 역시 한인들이 정착하게 되면서 교회가 세워졌다. 1921년 세워진 뉴욕한인교회는 3.1독립선언문에 서명한 조선 민족대표 33인 중 한 사람이었던 김창준 목사가 담임을 맡고 있었다. 독립에 대한 강한 의지와 열정을 지닌 김창준 목사가 디아스포라로서 선교의 사명을 감당했던 까닭에, 해마다 교회에서 진행된 3.1절 기념예배에서는 애국가를 불렀고, 나라 잃은 망국의 한이 쌓인 교인들은 애국가를 부르며 흐느껴 울곤 했다.

그 속에 당연히 김활란 박사도 있었다. 그들에게 한인교회는 유학생들의 봉사센터이자 영적 쉼터였다. 교회가 디아스포라들의 위로가 되어 주었기에 그들은 궁핍한 유학생활 중에도 교회에 오는 일은 마다하지 않았다. 교회는 신앙으로 바로 서게 해줄뿐더러 나라 잃은 동족간의 슬픔을 나누고 민족의식을 고취시킬 수 있는 장이기도 했기 때문이다.

김활란 박사는 여성으로 청년회장을 지내며 망국의 한을 품고 찬송가 가사를 썼고, 누구보다 신앙적인 생활을 했다. 이화학교를 졸업하고 여성운동에 발을 딛기 시작한 후 댕기머리 위에 사각모를 쓰고 여성의 고등교육과 사회참여를 외쳤다. 1919년 독립운동이 일어났을 때는 이화학교에서도 독립선언을 하며 비밀결사대를 조직하여 독립운동단체로 자금전달책임자가 되었다. 그러나 그 일이 발각되면서 동료가 체포되고 늑막염으로 생사를 오가는 시간을 보내기도 한 그녀는 그 뒤 본격적으로 여성운동에 뛰어들었다.

그 후 미국으로 건너가 문학박사를 받고 보스턴 대학원에 진학하여 수학하던 중 모교의 교장인 스크랜턴 선교사의 부름을 받고 고국으로 돌아왔다. 김활란 박사의 고국에서의 활약은 많은 여성뿐 아니라 지도자들에게도 큰 영향을 미쳤다.

특히 그녀는 디아스포라로서 영어에 능통했던 덕분에 우리나라의 입장을 대변하는 대언자가 되어 주었는데, 그녀의 민족관과 교육관은 민족의 자산이자 자랑이 되었다. 아직도 학문의 부족함을 느꼈을 때 하나님은 그녀에게 다시 공부할 기회를 열어주셨고, 다시 돌아와 이화여전 교장으로, 나라의 중요한 일을 맡은 지도자로서의 사명을 감당하게 하셨다.

김활란 박사는 잠자고 있던 여성의 생각을 깨웠고, 늘 배우고 도

전하고 신앙으로 인내하는 삶을 본으로 보여주었다.

하나님은 우리 민족이 어두운 터널의 시간을 보내야 할 때 민족을 흩으시기도 하셨지만 흩어진 민족을 다시 모아 조국으로 불러오는 일도 하셨다. 그것은 우리 민족을 향한 하나님의 또 하나의 사랑의 표현이라고 할 수 있을 것이다.

반쪽의 조국 아래에서 날마다 죽는 삶을 사는 사람들

선지자들은 하나님을 먼저 알고 있었다. 그들 중에는 예언자의 사명을 감당한 이들도 있었지만, 무엇보다 그들은 민족 앞에서 하나님의 말씀을 전달하는 역할을 우선 했다. 그러니 선지자들의 삶은 자기 자신은 사라지고 하나님의 이름만 높이는 삶이어야만 했다. 결코 세상과 타협하지 않아야 했다.

한민족 디아스포라들의 삶은 선지자의 그러한 모습과 닮아 있다. 이방에서 독립을 외치다가 소리소문 없이 죽임을 당하기도 했고, 세상의 사상에 동화되지 않고 신념을 지닌 삶, 세상과 타협하기보다 끝까지 하나님과의 신의를 지킨 모습 등은 선지자적 모습과 비슷하다.

선지자의 삶은 타협이 아니라 죽는 삶이다. 그래서 한인 디아스포라의 삶 속에는 애환이 더욱 녹아 있다.

한민족 디아스포라들의 애환은 우리 민족의 독립을 향한 투쟁 가운데 더욱 깊어졌다. 일본은 우리 민족을 향해 더욱 고통을 가했다. 특히 1930년대를 지나면서 세계를 향한 일본의 야욕이 거세지고 세계전쟁을 일으키는 가운데 그 많은 군수물자와 인력에 대한 희생은 우리 민족의 몫이었다.

"조선은 황국시민으로 우리 천황에 복종한다."

이런 민족말살정책은 물론이거니와, 조선인도 일본의 신민이란 사실을 강조하며 결국 강제징집을 하기에 이르렀다. 조선의 꽃다운 청춘들이 군인으로 징집되어 가고, 군수물자를 만드는 일에 투입되기도 했다.

학교를 돌아다니며 "일본이 하고자 하는 일을 선전하고 필요한 인력을 충당해야 한다"며 강제적으로 학생과 청년들을 모아갔는데, 조선인 학생들은 자신이 어떤 일에 동원되는지도 모른 채 끌려가야 했다.

당시 일제에 의해 강제징용 되었던 수많은 조선인 청년들 가운데 한 청년은 자신이 어디로 끌려가는지도 모른 채 배를 타고 바다를 건너 어느 외딴 곳에 내려졌다.

"여기가 어디냐?"고 용기 내어 물었을 때 돌아온 대답은 매타작이었다. 그와 함께 들어온 이들은 얼음이 되었고, 지도관의 지시에 따라 일을 시작해야 했다. 실컷 두들겨 맞고 비척비척 일어난 그에게 주어진 것은 곡괭이 하나가 전부였다.

청년은 궁금한 게 많았다. 억울한 것도 많았다. 왜 자신이 이곳에 왔는지, 여기서 어떤 일을 하는지, 그 일이 무엇을 위한 일인지 등등 숱한 의문을 가졌지만 그 어떤 것도 물어볼 수 없었다.

"빨리 빨리!"

감독관으로 보이는 사람은 짧고 굵은 말로 작업 지시를 내렸다. 이미 작업하고 있는 사람들을 따라 일을 시작했다. 아무래도 무슨 길을 닦는 것 같은데 도무지 무슨 길인지 알 도리가 없었다. 처음에는 궁금했지만 노동의 강도가 심해지고 계속되면서 더 이상 궁금해지지 않았다. 오로지 "해야 할 일당을 채워야 한다"는 것뿐이었다.

그들이 끌려간 곳은 43)간다마치였다. 일본 기타큐슈(후쿠오카 북쪽지역) 평범한 도로치곤 꽤 길고 넓다고 생각됐는데 역시나 군사

비행장 현장이었다. 일본은 군국주의로 세계전쟁을 벌이고 있었기에 군수물자 조달노역에 한국인을 동원시켰는데, 군사비행장은 말하자면 군수물자 조달의 총체적인 장소였다.

그들은 눈만 뜨면 비행장 건설에 동원되어 길을 닦았다. 그러던 중 어느 날, 갑작스런 소식이 날아왔다. 일본이 태평양 전쟁에서 패했다는 것이다. 세계제패의 야욕을 품고 군국주의 정책을 펴 나가던 일본은 히로시마와 나카사키에 원자폭탄이 투하된 후 무조건 항복을 선언했고, 전쟁을 위해 동원된 수많은 이들은 하루아침에 할 일이 사라졌다. 비행장, 광산, 조립공장 등 전쟁과 관련된 곳들이 가동을 멈추었을 때 처음에는 환호했다. 이제 자유라는 생각에서였다.

하지만 그 자유함은 잠깐이었다. 패전국이 된 일본은 동원된 우리 동포를 위한 그 어떤 조치도 하지 않았다. 노예 같은 노동에 대한 대가로 주어지던 쥐꼬리만 한 월급마저도 끊겨서, 당장 먹고 살 길도, 고국으로 돌아갈 여비도 없었다. 게다가 그들은 일본인도 조선인도 아닌 무국적자 신세였다.

갈 곳이 없으니 떠날 수도 없었던 이들, 또 한 번 질경이처럼 삶을 살아내야 했다. 산에 가서 터진 포탄 쪼가리를 캐어 팔았고, 인근 일본인 마을로 가서 녹슨 금속을 주워다 팔았다. 그러다가 일자리가 생기면 모두 달려가 일했고, 농촌으로 들어가 품팔이를 하는 등 어떻게든 살아냈다. 우리 동포가 있는 곳에는 또 어김없이 학교가 세워졌고 교육이 이루어졌다.

1939년 아버지를 찾아 일본으로 간 44)김하일 시인은 과자공장에서 일하면서 공부하던 중 한센병이 발병했다. 국립요양소에 수용되어 고독한 삶을 살았는데, 병으로 손가락을 잃었기에 외국인 등록증에도 지문을 찍을 수 없었다. 지문이 없으니 등록증은 공신력이 없었다.

어쩔 수 없는 상황이었기에 사정을 해봐도 일본 정부는 고개를 흔들었다. 일본 정부는 재일조선인과 재일대만인은 물론, 정식으로 일본 국적을 가지고 있던 식민지 출신들도 모두 외국인으로 간주했다. 그들은 모두 외국인 등록증에 지문날인을 해야 했는데, 김하일 시인은 지문이 없어 날인을 못했으니 졸지에 불법체류자 신세가 되었다.

그는 얼마 뒤 양쪽 눈도 잃어 글도 읽을 수 없었다. 하지만 살아야 했기에 혀로 점자를 읽는 방법을 택했고, 그 과정은 처절했다. 그는 일본어 점자뿐 아니라 한글 점자도 그렇게 혀를 통해 익혔다. 날마다 피나는 노력, 실제 피를 보는 노력 끝에 점자를 배웠다. 점자역의 조선의 민족사를 혀끝이 뜨거워질 때까지 읽으며 그는 일본에 거주하는 한국인 디아스포라로 살고 있다.

이렇게 또 디아스포라가 형성되고 일본에 거주하는 한민족 디아스포라는 점점 규모가 더 커질 수밖에 없었다.

그들은 날마다 죽는 삶을 살아야 했다. 해방 전까지는 식민국가의 국민으로서 일본에 들어와 있는 재일조선인이었고, 해방이 되고 난 뒤에는 오히려 무국적 상태가 되었다. 권리를 주장하고 싶어도 그럴 수 없었고, 그렇다고 박차고 나올 수 없는 삶 가운데에서 울분을 죽이고, 분노를 죽이고, 슬픔을 죽여야 하는 처지였다.

"당신은 왜 아직까지 재일조선인 국적을 가지고 있소? 당신은 조선인이오? 일본인이오? 그것도 아니면 뭐요?"

일본에 남아 있게 된 동포들에게 늘 따라다니는 말이었다. 그들은 늘 국적에 대한 고민을 했다. 외국인으로 남아 있게 되면 정부의 복지 사각지대에 놓이게 되고, 그렇다고 일본 국적을 취득하여 귀화하면 일제 시대에 황국신민이 되는 것도 거부했던 자존심에 깊은 상처를 남기게 되는, 참을 수 없는 설움이 밀려왔다.

하지만 사랑하는 조국이 남과 북으로 나뉘고 나서는 한국의 국적을 취하는 것도 북쪽의 국적을 취하는 것도 인정하기 힘들었다. 물론 동포들 중에 많은 사람들이 한국 국적을 취득하여 나름대로 삶을 살아가고 있지만, 어떤 이들은 통일된 조국의 국적을 얻고 싶다며 반쪽짜리 나라의 국적을 거부한 채 재일조선인으로 살기를 고집하고 있다.

일본 정부는 지금까지도 재일조선인에 대한 차별정책을 펴고 있고, 한국 정부에서도 재일조선인 문제에 대해 미지근하고 애매모호한 태도를 보이고 있다. 그러니 아직까지도 재일조선인들의 정체성에 대한 고민이 이어지고 있는 것인지도 모른다.

개척자의 나라, 한민족 디아스포라

손에 쥔 건 몇 달러가 전부였다. 그나마 하와이 농장에서 쓸 것 안 쓰면서 악착같이 모은 돈이었다. 2년의 세월이 지난 미국 땅, 하와이 사탕수수밭으로 온 이들은 7,500여 명의 동포들이었다. 부푼 꿈을 가지고 왔지만 실상을 보고 실망하고 절망하는 모습은 누구나 겪는 과정이기도 했다.

하지만 우리 민족은 주저앉지 않았다. 어떻게든 일어서려고 최선을 다했다. 그들에게 있어 신앙은 살아갈 힘인 동시에, 교회라는 공동체는 한인들을 하나로 모으고 떠나온 고국을 떠올리게 하는 고향의 쉼터 같은 곳이었다. 주일이면 교회에 모인 이들이 삶을 이야기했고 앞으로 살아갈 것을 의논하며 하나님께 기도로 물었다.

계약된 기간이 끝났을 때 농장에 있던 우리 동포들은 선택의 기로에 놓였다. 일본에게 빼앗긴 고국으로 돌아갈 것인가, 미국에 남아 새로운 삶을 개척해 나갈 것인가. 이때 2,000여 명의 우리 동포들은 미국에 머무를 것을 결정했다.

"캘리포니아로 갑시다. 그곳에 우리 같은 이민족을 위한 일자리가 많답니다."

그렇게 2,000여 명이 미국 본토로 이주하기에 이르렀다. 본토와는 떨어져 있던 하와이가 아닌, 본토로 들어온 우리 동포들은 또다시 개척자의 자세로 돌아갔다. 하지만 한번 경험한 뒤여서일까, 낯선 곳에서의 적응력은 한층 나아졌다.

"식당에서 일할 웨이트리스를 구한대요. 거기서 일자리를 찾아봅시다."

한인들 사이의 정보망이 형성되면서 빠르게 일자리를 찾아갔고 억척스럽게 돈을 모았다. 언어소통이 자유롭지 못했기에 할 수 있는 일들은 한계가 있었다. 대부분 말이 별로 필요 없이 노동으로 할 수 있는 일들, 식당종업원이나 청소부, 가정부, 정원사 등 그야말로 밑바닥부터 시작해야 했다.

그렇지만 이미 노동의 삶에 익숙해져 있는 데다 우리 민족 특유의 성실 근면함은 금세 미국사회에 좋은 노동력이 되었다.

한인사회가 형성되면서 한인교회가 세워지고, 교회는 복덕방 선교를 하며 한인사회의 정보망이자 신앙의 중심지가 되어갔다. 한인사회는 이주민들뿐만 아니라 신학문을 배우기 위해 유학을 떠나온 이들도 있었다. 독립을 위해 전 세계적으로 한민족 동포들이 힘을 모으고 있을 때였기에 어렵게 모은 돈을 십시일반 모아 독립자금으로 돕기도 하는 등 열심히 살았다.

본토로 이주한 지 얼마간의 시간이 지나고 몇몇 디아스포라는 노동을 통한 하루벌이가 아닌 좀 더 효율적인 경제활동을 고민했다.

"형님, 우리도 장사를 한번 해보면 어떻겠습니까?"

"장사? 아니 장사를 하려면 밑천이 있어야 하잖아. 또 말도 안 통하는데 뭘 팔려구?"

"보니까 미국 사람들도 쌀을 먹습디다. 그래도 농사하면 우리 민족 아닙니까. 쌀도 재배해주고 교역도 해주는 그런 일을 해보면 될 것 같아요."

"뭐 노동보다야 장사가 낫긴 하지. 아, 교회 목사님이 영어가 되실 테니 다리 좀 놔달라고 하면 되겠네. 그나저나 돈은 어쩌니?"

장사 밑천으로 그들은 주당 50센트씩 모아 나갔다. 몇몇이 함께 참여하다보니 최소한의 밑천인 3,000달러가 모아졌고 그것으로 한인 최초의 주식회사인 '흥업주식회사'를 설립했다. 본토 미국인들도 소수민족이라 여기던 한민족이 장사를 시작하자 놀라워했다.

우리 동포들의 활약은 이어졌다. '한미무역', '허리상회', '북미상업' 등의 업체들이 생겨났고, 그들 업체를 통해 쌀을 비롯한 농산물이 교역되었다. 가장 밑바닥에서 노동자로 살던 이들이 제법 자리를 잡고 상업에 종사하는 당당한 상업인으로 자리 잡게 되면서 한인사회는 더욱 단단해졌다.

45)미국 본토로 이주한 이들 중에 또 다른 그룹이 정착한 곳은 미국 중가주의 리들리 시였다. 한인 400~500명이 이곳으로 들어가 살면서 이들 역시 가장 밑바닥부터 시작했다. 할 일은 많았지만 할 수 있는 일은 적었던 우리 동포들은 열심히 억척스럽게 일을 해냈다.

그러면서 한민족 이민사회를 한층 부각시키는 활약이 있었다. 그 활약의 중심에 선 두 사람은 '김 브라더스'라 불리는 한인 디아스포라였다.

김호와 김형순은 각각 서울과 통영에서 태어나 신학문을 공부한 사람들이었다. 특히 배재학당을 졸업한 김형순은 하와이 이민자들과 떼려야 뗄 수 없는 인연이 있었다. 1903년, 하와이로 향하는 첫 이민선의 통역자로 하와이에 입국했기 때문이다. 그는 하와이 이민의 실상을 두 눈으로 보았고 동포들의 고단한 삶, 그럴 수밖에 없는 열악한 고국의 상황 등을 보며 많은 생각을 했다.

그 후 그는 미국에서 공부를 계속하다가, 국내에서 교육자로 활동하다가 유학생 자격으로 들어와 있던 김호를 리들리로 초청했다. 김호는 김형순 아내의 스승이기도 했다. 마침 김호는 근무하던 대성학교가 일제에 의해 폐교되어 대한인국민회 보증으로 미국에 들어와 있었는데 리들리에서 만난 그들은 귀한 동역자가 되었다. 그들은 이미 독립운동과 인연을 맺고 있었다.

"형님, 이곳 리들리에서 정착하려면 노동일로는 역부족입니다."

"그렇지. 나는 또 미주특파원 대표자로 임명을 받은 상태라 더 책임이 무거워."

"왜 안 그렇겠습니까. 우리 한인사회가 비록 적은 인원이지만 똘똘 뭉치려면 경제적으로도 기반이 잘 잡혀야 합니다. 그래서 말입니다. 장사를 해봅시다."

경영수완이 좋은 김형순과 김호가 함께 '김형제 상회'(Kim Brothers co)를 설립했다. 김형순은 리들리 지역이 포도를 비롯한 복숭아, 오렌지 등 과일이 풍성한 지역이라는 것을 감안해서 과일작물을 교역하는 방향을 잡았다.

"이미 다른 사람이 시작한 일을 할 필요는 없어. 우리 민족이 누구야? 맨손으로 땅을 일군 사람들이잖아. 분명히 이곳도 뭔가 새로운 작물이 있을 거야."

김형제의 활약은 이때 두드러졌다. 미국에서 가장 잘 팔릴 것을 팔려면 이곳 문화와 풍토에 가장 익숙한 사람을 만나야 했다. 그렇게 찾게 된 사람은 작물 재배에 능한 미국인 원예가 앤더슨이었다. 다행히 한국인, 정확히 말하면 이주민에게 호의적인 그는 김형제가 지향하는 바를 좋게 받아들였다. 그리곤 아이디어를 냈다.

"자두와 복숭아를 접종해 털 없는 복숭아를 재배해 보는 건 어떻습니까? 그게 가능할 것 같은데…."

"그게 좋겠습니다."

이렇게 원예가의 도움으로 자두와 복숭아를 접종한 넥타린 재배에 들어갔다. 앤더슨이 성공시킨 털 없는 복숭아는 질감도 좋을뿐

더러, 복숭아털 알레르기를 가진 이들도 즐길 수 있단 점에서 일석
이조였다.

넥타린 재배를 위해 6개의 농장이 가동되었다. 규모로는 600에
이커에 해당되는 넓은 공간, 김형제는 이곳에서 일할 인력을 채워
갔다. 당연히 이 지방에 거주하여 정착하고 있는 동포들이었다. 당
시 이 지역에 500여 명이 일하고 있었는데, 그 중 300명이 김형제
상회에서 일할 정도로 성공을 거둔 것이다.

김형제 상회는 날로 번창했다. 한인최초로 백만장자가 되었고,
하나님을 알았던 그들은 한인 디아스포라들을 가족처럼 끌어안았
고, 한인커뮤니티를 형성하며 독립운동을 자연스럽게 해나갔다. 리
들리 그룹의 성공적인 활약은 독립운동가들에게도 알려졌고 국민
회 측의 안창호뿐 아니라 이승만 전 대통령도 이 지역을 방문하여
독립정신을 일깨워주었다.

김형제의 활약은 나눔으로 이어졌다. 그들 모두 하나님을 믿는
이들이었고 선교적 마인드를 가지고 있었기에 교회를 세우고 학교
를 세워 한국어 교육을 시작했다. 교회 앞에 농민숙소를 지어 가족
이 없는 한인들이 먹고 잘 수 있도록 했다. 나라를 위한 자금줄도
되었다. 벌어들인 소득으로 한인을 돕는 동시에 독립자금의 큰 제
공자가 되어 이민자들의 큰 덕을 세웠다.

30년간 매해 100만 달러 이상의 매출을 올리며 한인 디아스포라
의 성공과 축복을 보여준 이들의 삶은 이민역사의 향기가 되어 남
아 있다.

사할린에서 투쟁 같은 삶을 살아가다

사할린의 겨울은 살이 에일 듯이 추웠다. 1월 평균기온 영하 20도. 그래서 사람들은 사할린을 '검은 바다로 들어가는 입구'라고 불렀다. 이곳 사할린에서 우리 한민족 디아스포라의 삶은 춥고 시리고 서러운 삶이었다. 하루하루가 투쟁 같은 삶이었다.

일본은 해방을 앞둔 시기, 군국주의 정책으로 세계를 향해 전쟁을 선포하고 세계정복의 야욕을 품고 있었다. 어떻게든 전쟁에서 이기려는 욕심에 우리 동포들을 사할린으로 강제 이주 시켜 노동력을 확보했다. 당시 46)사할린은 일본이 지배하던 땅이었다. 어떠한 통보도, 정보도, 이유도 없이 끌려온 우리 동포들은 노동력을 착취당하고 노예 같은 삶을 살아야 했다.

그러던 어느 날, 일본이 전쟁에서 패함으로써 우리 민족은 해방을 맞이했다. 이유 없이 끌려와 눈물과 설움으로 날을 보내던 우리 동포들은 감격에 겨웠다.

"이제 드디어 고국으로 가는구나. 만세다 만세!"

안도감에 다들 얼싸안고 울음을 터뜨렸다. 무엇보다, 이유 없이 날아들던 매질이 사라졌다는 것이 정말 기뻤다.

"우리는 언제 조국으로 갈 수 있을까?"

이제나 저제나 고국으로 돌아갈 날만 손꼽아 기다렸다. 그러나 사할린 동포들에게는 어떠한 소식도 들려오지 않았다. 사할린에 상주하고 있던 일본인들은 자국으로 가는 배에 올랐다. 우리 동포들은 동요하기 시작했다.

"귀국선은 언제 온다는 거야? 아니, 오긴 오는 거야? 나라가 해방을 맞았는데 왜 우리는 여기 있어야 하는 거야?"

당시 우리나라는 남북으로 갈라져 이념이 대립 된 상황이었다. 남북이 대치하는 상황에서 사할린은 일본 땅에서 다시 소련 땅이 되어버렸고, 사할린 동포들은 남북 그 어느 쪽의 관심도 받지 못했다. 그렇게 시간이 흐르며 사할린 동포들은 잊힌 디아스포라가 된 것이었다.

한민족 디아스포라들은 순식간에 소련 땅에 거주하는 이민족이 되어 버렸다. 그들 중에는 강제징용 간 아버지가 돌아오지 않자 무작정 어머니 손에 이끌려 사할린으로 들어간 가족도 있었고, 일가족이 한꺼번에 끌려온 사람들도 있었다. 사할린에는 2년만 있다가 오겠다던 것이 영영 생이별이 된 사람도 있었다.

하지만 그들은 낙담하지 않았다. 동토의 땅 사할린에서 꽃을 피워내기 시작했다. 사할린, 그 척박하고 황폐한 땅에 남아 온갖 일을 해냈다. 이를 악물어가며 자식들을 키웠다. 탄광에 남아 모진 노동을 했고, 깨진 파편을 주워다 팔았으며, 땅을 개간해 농사를 짓고, 산나물을 캐서 파는 등 닥치는 대로 일을 했다.

그러나 언제나 가슴 한편에는 고국으로 돌아가고자 하는 마음이 사그라지지 않았다.

'혹시나 귀국선이 오지 않을까? 우리를 다시 떠올리면 데리러 올 텐데….'

마음 한편에 남아 있는 귀향에 대한 미련은 그들의 발전을 가로막기도 했다.

사할린에 남게 된 동포들은 두 가지 문제를 해결해야 했다. 하나는 러시아 땅이 된 이곳에서 언어를 배우며 살아가야 한다는 것이었다. 다른 하나는 이주민이기에 국적을 취득해야 하는 것이었다.

사할린이 소련의 영토가 된 이상 소련 국적을 취득할 것인지 아닌
지를 결정해야 했다.

"언젠간 우리 고국으로 갈 텐데 국적이 바뀌면 돌아가서도 할 말
이 없잖아."

다들 이런 생각을 가지고 있었기에 국적 취득은 차일피일 미뤄지
고 있었다. 그런 까닭에 사할린에서의 한인사회는 다른 곳에 비해
늦게 일어섰는지도 모른다.

같은 처지에 있는 또 한 그룹의 한인 디아스포라들, 연해주에 이
주했다가 스탈린에 의해 중앙아시아로 강제이주 된 한인 동포들은
좀 달랐다. 일본의 강제징용에 의해 끌려간 사할린의 동포 못지않
게 중앙아시아로 강제이주 된 동포들의 삶은 처절했다. 아무것도
없는 들판에 내던져진 그들은 토굴을 파고 생활하고, 죽지 않기 위
해 서로 보듬고 살았다. 돌밖에 나오지 않는 땅을 일궜다. 도구도
없어서 숟가락으로 땅을 파기도 하는 등 죽지 않기 위해 살아남으
려 애썼다.

강제이주 후 중앙아시아의 한인들은 주거 이전의 자유도 박탈당
하고 후방의 도로 항만 광산에 동원되어 노역을 하기도 했다. 마음
대로 이사 가는 것도 제한되었다. 그들은 47)적성민족(교전하고 있
는 나라를 이롭게 해주는 민족)이라는 차별과 설움을 당하기도 했
지만, '콜호스(Kolkhoz)'라 불리는 집단농장을 훌륭하게 운영하며
모범적인 소수민족으로 거듭났다.

한인 김병화씨(1905~1974)는 우즈베키스탄으로 이주한 뒤 누구
보다 한민족의 덕을 세워주었다. 벼농사를 비롯한 목화재배에 이르
기까지 한민족 특유의 성실함과 끈기와 실력으로 생산량을 증가시

키며 '사회주의 노력영웅'의 칭호를 받는 등, 중앙아시아에 한인의 이름, 소수민족으로서 한민족의 힘을 보여 주었다. 김병화씨는 우즈베키스탄에서 콜호스 회장을 두 번이나 지내며 모범적인 한민족의 저력을 보여주었다.

중앙아시아로 간 우리 민족은 국적을 취득하는 데도 빨랐다. 그들은 더 이상 고국으로 돌아갈 수 없다는 것을 깨달았다. 하루 빨리 사회에 동화되어 살아야 한다는 생각이 강하게 박혀 있었기에 빨리 국적을 얻고 적응에 집중했다. 밑바닥 계층에 남기보다는 자신에게 주어진 기회의 구조를 최대한 활용하여 신분을 상승하려는 생각이 있었던 것이다.

특히 러시아 지역에 일찍이 이주해있던 우리 동포들은 독립운동에 참여하면서 민족교육의 필요성을 깨닫고 실천한 이들이 아닌가. 그러니 교육만이 살 길이라는 생각이 강했고, 교육에 공을 들이며 우리 민족으로서 진출할 수 있는 분야로의 모색을 꾀했다. 군사 공직 분야로 진출하는 일보다는, 재능과 노력으로 승부할 수 있는 경제 분야에서 승부를 본 것이다. 나아가 자신의 자녀 세대는 교육을 통해 공무원, 전문직, 기술직으로 진출하여 주류사회까지 들어갈 수 있는 발판을 마련한 것이다. 그렇다보니 이들 중에는 나라의 요직을 지낸 한인도 생겨났다. 이 모두가 맨손으로 이뤄낸 투쟁 같은 결과였다.

이렇듯 중앙아시아로 이주한 한인들이 빨리 국적을 취득하고, 러시아어를 배우며 그 사회에 금방 적응하며 살아가는 동안, 사할린의 시계는 조금 느리게 움직였다. 사할린 동포들은 1970년대에 이르러서야 비로소 대부분이 소련 국적을 취득했다. 그만큼 그들에게는 조국이 중요했던 것이다.

하지만 사할린 동포들은 포기가 늦은 대신 빠른 속도로 러시아 사회로 파고들었다. 무엇보다 그들 역시 2세 교육에 힘을 쏟은 결과, 세계적인 경제학 박사, 생물학 박사, 경제법률정보대학 총장, 시의원 등 많은 한인 지식인을 배출했다. 그리고 최근 공산주의권의 경제개방 흐름에 따라 지금은 한인회사가 주도적으로 사회경제 발전을 이끌어 가고 있다.

이 모든 것은 흩어진 한민족 디아스포라들의 투쟁 같은 삶 덕분이다. 아름다운 민족의 덕을 널리 알린 디아스포라들의 걸음걸음에는 그래서 뜨거운 심장소리가 더 크게 담겨 있다.

중남미에 퍼진 선지자의 향기

작은 씨앗이 멕시코 메리다에 뿌려졌다. 멕시코 이민의 길에 올랐던 김제선씨의 헌신으로 우리 한인들이 함께 모일 장소가 마련된 것이다. 김제선씨는 처음이자 마지막으로 떠난 멕시코행 배에 오른 사람이었다. 가족과 함께 멕시코 이민자가 된 후 그는 헌신적인 삶을 살았다. 특히 그는 한인들 사이에서 신앙인으로서 덕을 세우기를 늘 기도했다.

노예와도 같은 에네켄 농장에서 노동생활을 견뎌낸 한인들 사이에서 48)김제선씨는 생각했다. '뿌리가 내리지 않은 한인사회가 하나로 뭉쳐야 한다. 뭔가 연결고리가 필요한데, 그것은 바로 조직을 결성하는 것'이라는 생각에, 자신이 가지고 있는 돈 80페소를 모두 털어서 건물을 임대했다. 그리고는 한인회를 세울 것을 제안했다.

"자, 이곳에서 우리 메리다 한인회를 세웁시다. 하나로 뭉쳐서 한인사회를 이끕시다."

그가 헌신한 건물에는 감리교회가 세워졌고, 메리다 한인회도 함께 시작되었다. 우리 동포들의 모임이 그렇게 시작되었다. 그리고 그는 당시 미국에서 활동하고 있는 우리민족의 독립기관인 대한인국민회에 연락해서 도와줄 것을 요청했다. 그렇다보니 멕시코 메리다 한인회는 샌프란시스코 대한인국민회의 메리다 지부의 역할을 했다.

메리다 한인회는 국권을 빼앗긴 조국을 아파하며 독립자금을 모아 송금하고 학교도 세웠다. 독립군 양성학교인 승무학교는 군사훈련을 실시하기도 하는 등 멕시코 내에서 적극적인 독립운동을 전개해 나갔다. 다행히 멕시코 이민자들 가운데 200명가량이 대한제국의 군인 출신이었다. 그들을 중심으로 승무학교에서 군사훈련을 시작했고, 그 후 학교를 세워 한국의 언어를 지켜갔다. 민족의식을 뚜렷하게 만드는 민족교육이 이루어진 것이다.

그러던 1918년, 도산 안창호 선생이 멕시코 메리다를 방문했다. 그는 당시 미국을 비롯한 국내외에서 독립운동에 헌신하고 있었다. 특히 그는 미국 한인사회가 미국 땅에 정착하기 위해 지도자로서 도왔고, 흩어져 있던 한민족들을 하나로 뭉치게 하는 디아스포라의 지도자이기도 했다.

안창호 선생은 멕시코에 머무는 8개월 동안 한인동포들에게 독립운동의 정신과 기독교 신앙을 가르쳤고, 그를 바탕으로 한인사회는 빠르게 하나로 뭉칠 수 있었다.

멕시코 한인사회는 우리말, 우리 얼을 지키기 위한 노력을 이어갔다. 그들의 삶은 힘들고 어려웠다. 그렇지만 그들은 계속해서 학교를 세웠다. 메리다 한인회가 그 일들을 주관해 나갔다. 아이들이 다섯 명 이상 있는 곳이면 어느 농장이든 한글학교를 세웠다. 한인사회에 일종의 의무교육제를 실시한 것이다.

"아버지, 한글은 왜 배워요? 여기서는 다 다른 말을 쓰는데….”
"아니다. 우리는 비록 여기 살지만 우리의 뿌리는 한국이지. 한국사람이 한국말을 잊으면 되겠냐? 말이 곧 정신인데….”
부모와 함께 멕시코로 건너간 아이들은 물론 그곳에서 태어난 아이들까지도 한글 교육을 받으며 자랐다. 이렇게 동포가 있는 곳이면 한글교육기관을 세우려 했던 한민족 디아스포라는 언어가 곧 정신이고, 그 정신이 곧 국가라는 사실을 잊지 않으려 했던 것이다.

멕시코의 우리 동포들은 어떻게든 해외에서 구심점을 이루고 살기 위해 노력했다. 고된 삶이었지만 십시일반 돈을 모아 1935년 멕시코 이민 30주년이 되는 날에는 메리다 지방회관을 세웠다. 5~6년에 걸쳐 126명의 동포들이 모은 2,289원 10전으로 세운 열매였다.

하지만 이런 노력에도 불구하고 멕시코의 상황은 불안했다. 멕시코 혁명이 일어나 전국적으로 전투가 일어났고 한인들이 일할 터전이 좁아지면서 또 다시 중남미 지역으로 흩어짐이 시작되었다.

"이제 더 이상 메리다에서는 살기 힘들 것 같아요. 듣자하니 쿠바에 사탕수수 농장에서 노동자들이 많이 필요하대요."

"이곳도 떠나야 할 때가 왔나봅니다."

1921년, 한인들 다수가 쿠바로 이주를 결정했다. 주축이 될 사람들이 대거 빠져 나가자 한인회도 쇠퇴하기 시작했다.

쿠바 티후아나로 가는 한민족 동포들의 발걸음은 가볍지만은 않았다. 15년간 힘든 여정을 보냈지만 민족의 긍지를 다졌고 민족이 함께 했던 곳을 떠나는 것은 즐거운 일이 아니었기 때문이다.

49)아바나에서 동쪽으로 약 700km 떨어진 마나티 항구에 도착한 한인은 모두 288명이었다. 그들은 쿠바에서 또 다른 난관과 부딪쳐야 했다.

"당신들 국적이 뭐요?"

"우리는 조선인이요."

"조선? 지금 그런 나라는 없소. 조선이 일본 식민지가 된 지가 언젠데 아직까지 조선 국적이라니. 일본인이라고 하시오."

"뭐요? 절대 그럴 수 없소."

288명의 한인 동포들은 마나티 항에 도착한 지 17일 후에나 배에서 내릴 수 있었다. 쿠바 이민관리자들이 일본인임을 인정하라는 말에 동의하지 않았기 때문이다. 결국 국적 문제는 우리 동포의 승리로 돌아갔다. “일본인으로 인정받느니 차라리 무국적자로 남겠다”면서 17일간 버티다가 ‘코레아노’임을 인정받을 수 있었던 것이다.

그렇게 쿠바로의 이민이 시작되었다. 그러나 쿠바에서의 풍요로운 삶은 쉽사리 이루어지지 않았다. 멕시코와 다를 바 없는 거친 노동의 삶, 멕시코와는 또 다른 낯선 환경에서 살아야 하는 고단함이 이어졌지만 그들은 또 들풀처럼 일어섰다.

한인들은 흩어져 한인촌을 형성했고, 또 주어진 환경에서 열심히 살아 나갔다. 매일 새벽 4시에 일어나 오후 5시에 끝나는 사탕수수 농장에서의 고된 일상을 보낸 그들은 그 농장 일을 마치면 또 다시 식당에서 음식을 만드는 일, 설거지 하는 일 등 닥치는 대로 일을 하며 살아내야 했다. 사는 집은 기본적 시설도 갖추지 못했다. 전기도 상수도도 없었다. 벌판 저쪽에 있는 우물에서 물을 길어와 생활하면서도 그들은 민족에 대한 생각을 놓지 않았다.

나라의 독립을 향한 염원과 신앙은 그들의 힘이 되었다. 메리다 한인회를 조직했을 때처럼 한인들이 모인 곳에 쿠바지방회를 설립했고, 그들을 위한 교육과 신문사업, 교회설립, 학교 등을 세우는 일을 이어갔다. 한민족의 뿌리를 잊지 않으려는 안간힘이었다.

그러나 안타깝게도 쿠바 혁명 이후 신앙생활에 제한이 가해졌고, 더 이상 교회가 세워질 수 없었다. 교회를 중심으로 하던 한인사회의 구심점도 시간이 지날수록 흔들렸다. 그 사이 조국은 해방을 맞이했고, 비록 반쪽짜리 정부가 들어섰지만, 이역만리에서 "나는 한국인이다" 외치며 바다 위에서 버틴 한인 디아스포라를 돌보는 이들은 아무도 없었기 때문이다.

멕시코를 시작으로 쿠바, 아르헨티나 등 중남미로 흩어진 우리 민족의 삶은 고통과 처절함으로 얼룩진 삶이었다. 하지만 그 뿌리의 근원에는 한민족 동포로서의 자부심과 자존심을 끝까지 지키며 살아간, 달콤하지만 쓰디쓴 향기가 있었다.

아마도 그것은 날마다 죽는 것을 연습하던 선지자와도 같은 삶을 살았던 한민족 디아스포라만이 풍길 수 있는 향기일 것이다.

제4장

디아스포라여, 100년 후를 준비하라!

Story of Missionary

한민족 디아스포라의 또 다른 이름은 선교사다.
우리 민족을 땅 끝까지 흩으신 하나님의 뜻은
100년 후 선교시대를 준비하신 하나님의 비전이다.
다시 복음을 들고 부름의 상을 위해 달려가는
한민족 디아스포라들의 사명은, 그래서 더욱 빛난다.

디아스포라 선교의 모델이 된 언더우드

언더우드(Horace Grant Underwood, 1859~1916. 한국명: 원두유) 선교사는 이 땅에 복음의 텃밭을 일군 선교사다. 미국에서 한국으로 온 뒤 이 땅에 뿌리를 내린 미국의 디아스포라인 셈이다.

언더우드에게 조선에서의 선교는 고난의 행군이었다. 조선인들의 '뵈지 않는 마음' 때문에 마음고생도 많이 했지만 그는 하나님의 사명을 끝까지 감당해 가며 조선에 복음을 전했고 학교와 병원을 세웠다. 한국으로 들어온 뒤 그는 누구보다 열심히 언어와 문화를 공부했다. 조선인들 사이에서 미국 조선인이 되어 선교한 덕분에 복음의 불꽃은 꺼지지 않을 수 있었다.

언더우드 선교사의 교육과 의료, 성서번역 등의 사역은 물론, 부인인 홀튼 여사의 의료와 복음 전파의 사역이 합하여 열매를 맺어나갔고, 그 명맥은 대대로 이어졌다. 자신의 세대에서 사역을 마친 게 아닌 2세, 3세, 4세에 이르기까지 디아스포라로서 살면서 선교의 사명을 감당했던 것이다

50)언더우드家는 이 땅에 복음을 들고 첫발을 디딘 언더우드(한국 명 원두우)가 1916년 소천하면서 그의 아들인 원환경 박사가 대를 이어 한국의 교육선교의 날개를 펼쳤다. 그는 부친이 일궈놓은 교육기관인 연희전문학교를 더욱 발전시켜서 고등기관으로 발전시키는 큰 공헌을 이루었다. 원환경 박사는 한국에서 태어나 미국에서 공부를 했고, 한국 선교사로 파송 받아 들어온 뒤 그의 한국을 향한 사랑은 이어졌다. 3.1 만세운동 당시 제암리 사건 등 일제의 만행을 전 세계에 알리며 규탄하기도 했고, 한국을 사랑하는 그의 그런 마음 때문에 일제 치하에서 옥고를 치르기도 하는 등 디아스포라의 삶을 살았다.

그 뒤를 이은 3대 원일한 박사 역시 서울에서 태어나 생애 대부분을 한국에서 보내며 교육의 발전에 평생을 바친 선교사였다. 그는 일제말기에 기독교 박해로 인해 강제추방 되기도 했지만 다시 한국의 선교사로 들어와 한국과 함께 했다. 6.25 한국전쟁 당시에 한국을 도와 국제적으로 한국의 가교 역할을 담당하며 선교사로서 활약했고, 연희대학교(연세대학교 전신) 교수와 이사를 지내며 학원 발전의 중추가 되었다.

"내 몸 속에는 한국의 피가 흐른다."

원일한 박사는 평소에 이 말을 즐겨할 정도로 한국을 사랑했고, 할아버지로부터 시작된 한국에 거주하는 미국 디아스포라의 삶을 아름답게 일구었다.

그의 뒤를 이어 또 다시 한국에 들어와 교육자로서 한국 사랑을 실천했던 4대 원한경 박사에 이르기까지 언더우드 가의 삶은, 흩어진 자들로 복음을 전하라는 하나님의 뜻을 문자 그대로 실천한 삶이다.

무엇보다 자발적인 디아스포라로 살면서 복음 사역을 감당했던 언더우드 가문의 사랑과 행동은 모두에게 귀감이 되는 선교사의 모습이다. 4대에 걸친 한국을 향한 사명감과 사랑의 실천, 복음만을 전했던 그들의 삶은 완벽한 현지의 삶에 동화된 디아스포라 선교사의 본이다.

하나님께서 언더우드 가가 4대째 한국 선교사로서의 삶을 이어가게 하셨던 것은 한민족 디아스포라가 선교사로서의 어떤 마음가짐을 가져야 하는지, 어떤 태도로 임해야 하는지 미리 보여주신 모델이라고 할 수 있을 것이다. 완벽한 그 나라 사람이 되고, 문화에 익숙한 일원이 되어 복음을 전하고 동화되는 삶, 그것이 진정한 선교사의 모습임을 알려주신 것이다.

2016년은 언더우드 선교사가 천국으로 돌아가신 지 꼭 100년 되는 해이다. 100년 전 디아스포라로서 이민지인 한국을 향한 진한 사랑을 보여주었고, 4대째 대를 이어 복음사역을 이어가는 비전을 남긴 위대한 디아스포라 언더우드.

100년간 디아스포라로서 한국 땅에서 복음 사역을 감당했던 언더우드 선교사 가문의 역사는 이 땅에서 100년간 대를 이어 복음을 전하는 가문이 있다는 사실 자체만으로도 감동이고 도전이다.

지난 100년간 그들이 보여준 감동과 도전의 선교 스토리는 100여 년 전, 전 세계로 흩어지기 시작한 우리 한민족 디아스포라들에게, 앞으로 100년간 어떻게 살아야 할지를 보여주는 횃불이요 이정표라고 할 것이다.

머문 곳마다 교회를 세운 한민족 디아스포라들

"나 같은 죄인 살리신 주 은혜 놀라워~~"

예배 중 찬송이 이어졌다. 예배당에 모인 이들은 하나 둘 찬송을 따라 불렀다. 2절이 불려지면서 회중 가운데에서 하나 둘 울먹거리는 소리가 터져 나왔다. 그러다가 결국 찬양을 끝까지 부르지 못한 채 온 회중이 울음바다가 되었다. 이렇듯 이민자들의 예배는 눈물이 가득한 예배가 되곤 했다.

찬송가를 마칠 즈음이면, 누군가 나지막이 아리랑을 부르기 시작했다. 고국을 향한 간절한 그리움과, 가족에 대한 사랑, 먼 이국땅에서 복음을 나누게 된 감격이 어우러졌다.

노래는 회중을 하나로 모으는 힘이 있었다. 그렇게 노래가 마칠 즈음이면 이제는 누가 먼저랄 것도 없이 기도를 시작했다. 조그만 소리로 시작된 기도는 어느새 부르짖는 기도로 변하곤 했다. 누가 시킨 것도 아닌데 그들은 고국을 위해 간절히 기도했다. 자신들의 삶도 편안한 것이 아니었건만 누군가를 위해 중보하며 기도하는 그들의 마음은 간절했다. 그렇게 성령의 충만함이 임했다.

마치 그것은 초대교회에 임한 성령의 임재와도 같은 것이었다.

1900년대, 우리 동포들은 세계 곳곳으로 흩어졌다. 미국, 멕시코, 일본, 연해주 등지로 흩어진 우리 민족의 삶은 신산(辛酸)한, 한마디로 매우 힘들고 고통스러운 삶이었다. 그들을 가장 힘들게 만드는 것은 결핍과 궁핍함이 아니었다. 그것은 고국에 대한 그리움과 자신의 정체성에 대한 혼란스러움이었다.

이 혼란함과 그리움으로 가득한 이민자들을 하나로 모은 것은 신앙이었다. 하와이 사탕수수 농장으로 떠난 이민자들 가운데 복음을 받아들인 사람이 절반이 넘어섰고, 하와이에 도착했을 때는 이미 새로운 회심자가 생겨났다. 그들 사이에서 자생적으로 복음의 파급력이 있게 된 것이다.

어디 하와이뿐이랴. 하와이보다 먼저 떠난 간도와, 연해주에서도 복음 전파가 시작되었다. 간도와 연해주 등으로 떠난 이들 중에도 복음을 아는 이들이 있었다. 이주민 중에 많은 숫자를 차지한 건 아니었지만 복음을 전해들은 몇몇 사람들은 마음속에 뜨거운 선교 마인드가 있었다. 이미 조선 땅에 모든 것을 버리고 들어온 외국 선교사들을 본 이후였기 때문이다.

그런 까닭에, 한민족 디아스포라들의 이주생활은 신앙생활과 밀접한 연관을 가질 수밖에 없었다. 그들에게 있어 하나님을 믿는 신앙은 어디 한 곳도 기댈 곳 없는 이주민에게 큰 위로와 안식이 되었고 타지에서 동족을 하나로 결집할 수 있는 힘이기도 했다.

이주 초기부터 디아스포라들이 한 일 중 가장 중요한 부분은 교회를 세우는 것이었다. 그들이 세운 교회는 순수한 복음을 계승하고 지키며, 변화되는 개인적인 변화 외에 공동체로서의 역할도 훌륭하게 해냈다.

두만강을 건너 간도로, 연해주로 떠난 디아스포라들 중에서 신앙을 받아들인 이들을 주축으로 학교가 세워지고 교회가 세워졌다. 그들은 민족의 해방과 독립운동, 그리고 신앙이 결합되어 하나로 뭉쳤다. 한국인의 교육열은 태생적인 유전자가 있어선지, 흩어진 우리 동포들의 마음속에는 '인재를 키워내야 한다'는 생각이 있었고, 그것은 곧 선진문명을 바탕으로 하고 있는 신앙 위에 서야 했다. 당연히 동포들이 모인 곳에 교회가 세워지고 예배가 드려졌고 그것은 교육으로 이어졌다.

　특히 태평양을 건너간 하와이에서 이런 성향이 두드러졌다. 물론 복음이 증거되기까지 하나님은 선교사를 사용하셨다. 하와이 이민선에 탄 우리 민족, 하와이 땅에 디아스포라로 살아갈 그들이 선교사로서의 사명을 감당할 수 있도록 준비시킨 사람은 영흥도에서 태어나 감리교회의 신자였던 [51)]홍승하 전도사였다. 하와이 이민에 도움을 준 내리교회의 존스 목사가 동포들의 영적인 부분과 언어적인 문제 등을 고려해서 그를 선교사로 파송한 것이다. 말하자면 최초의 해외 선교사인 셈이다.

　홍승하 전도사가 하나님을 만나게 된 과정은 특별하다. 그는 서울에서 공부하던 중 일본인 순사의 부당함에 분노해 순사에게 따귀를 날리고 도망을 쳤는데, 마침 숨어 들어간 곳이 감리교 최초의 선교사인 아펜젤러의 집이었다. 그의 집에서 기독교를 알게 된 그는 복음을 받아들여 자신의 가족은 물론 마을 사람들을 전도했다. 그러면서 존스 목사와 만나 신학을 공부했고, 1902년 전도사가 되어 자신의 고향인 영흥도 일대의 사역을 하게 되었다.

　누구보다 뜨거운 전도 열정과 성령의 인도하심을 받아 하와이 전도사로 파송되어 하와이 땅을 밟게 된 홍승하는 막상 국내에서 공고했던 것과는 너무나 달랐던 우리 동포들의 사탕수수밭 농장생활이 가슴 아팠다. 하지만 그 가운데서도 그는 자신이 할 수 있는 역할을 해 나갔다.
　"우리, 교회를 세웁시다."
　그는 고통 받는 동포들을 위로하는 길은 복음을 지키는 일 밖에 없다는 생각에, 하와이 이주민이자 교인들과 함께 한인선교회를 창설한 뒤 하와이 한인감리교회를 세우고 초대 목사가 되어 활동했다. 최초의 하와이 한인 신문 〈포와한인교보〉도 발간해서 교인들의 호응이 높았다.

뿐만 아니라 그는 미국에 머무는 4년간 동족의 단결을 위해 자치 모임인 신민회를 만들어 기독 공동체로 시작해 정치적 사회적 색채를 띤 단체로 이끌었다. 그의 지도력은 호놀룰루 섬의 유능한 젊은 이들을 하나로 모으는 힘이 있었고, 교인들의 결속을 다지게 하는 보다 강한 선교사의 사명을 이뤄갔다. 그들의 자치조직인 신민회가 안창호 선생이 조직한 국권독립운동 단체와 직접적인 연관이 있는지 밝혀진 것은 없지만 어느 정도 밑거름이 되었다고 학계에서는 추정하고 있다.

홍승하 목사가 하와이 체류를 마무리하고 고국으로 귀국한 이후에도 하와이로 떠난 우리 디아스포라는 신앙의 결속을 다지고 계속 교회를 세워나갔다. 여러 농장으로 뿔뿔이 흩어졌지만 그들은 실망하지 않았다.

"너무 슬퍼하지 맙시다. 우리는 주 안에서 한 가족 아닙니까?"

"맞습니다. 우린 하나님의 자녀입니다. 천국 백성입니다. 어디에 있든지 믿음 잃지 말고 만납시다. 조국을 위해 기도합시다."

이런 다짐을 나누며 헤어졌고 그들은 정말 그 약속과 다짐을 지켜냈다. 가는 곳마다 교회를 세우고 예배를 드렸다.

또한 하와이 이민이 금지된 1905년 이후, 미국 본토의 이주민들은 또 한 번 흩어지게 되면서 교회는 더 다양하게 세워졌다. 1904년 미국 본토에 세워진 로벗슨교회, 1906년에 세워진 샌프란시스코

연합교회 등 미국 내 한인 디아스포라가 세운 교회는 그렇게 복음의 빛을 발했다.

그들 스스로 선교사가 되어 한인사회뿐만 아니라, 본토로 흩어지면서 다른 민족에게도 신앙의 영향을 끼쳤으니 선교사로서의 사명은 이미 시작하고 있었다고 할 수 있다.

단 한 번의 노동이민으로 끝난 멕시코 이민에서도 마찬가지였다. 우리 민족의 이민사 중 가장 아픈 스토리를 가지고 있는 멕시코 에네켄 농장, 그들의 노예 같은 생활에 위안이 되었던 것은 바로 신앙이었다. 짓무른 손과 곪아터진 가슴을 위로할 수 있는 유일한 창구가 된 신앙, 멕시코의 한인 디아스포라들은 함께 모여 자신의 삶을 위로해주고 지켜주실 하나님께 기대어 예배를 올렸다.

이민자 김제선은 자신의 집을 예배처소로 내놓았다. 이민자들 사이에 하와이 경우처럼 선교사가 함께 있지 않았기에 예배를 인도할 사람이 없었지만, 그들 중 복음을 들었던 이들이 있었으므로 들고 간 성경을 읽으며 예배를 드렸다.

그러다가 멕시코 이민의 부당함과 고단함이 한국을 비롯한 이민사회에 알려지면서 미국의 대한인국민회에서 두 명의 견문위원을 보냈다. 52)황사용, 방화중 목사가 그들이다.

그들은 동포들의 어려움을 돕기 위해 가기도 했지만 선교사의 사명이 있었기에 멕시코 한인들의 신앙의 텃밭을 일구고 교회를 세우는 일에 앞장섰다. 부당한 대우를 받으며 노예처럼 생활하는 동포들을 위로하고, 하나님의 말씀을 전하며, 때론 농장주로부터 임금을 제대로 받지 못할 때는 권리를 요구하기도 하며 모든 일에 동포들과 함께 했다.

김제선의 집을 빌려서 시작한 예배처소는 교회가 되었고, 한인동포인 김제선이 전도사로 임명되면서 감리교회를 세워 한때 400명의 교인으로 늘어나기도 하였다. 교회의 부흥이 곧 이민사회의 정착이었다.

그 시기에 일본에서도 우리 민족은 이방인으로서 교회를 세웠다. 1905년 한일보호조약을 체결할 당시 일본에 살고 있던 우리 조선인은 330명이었다. 그리고 국운이 기울어져 가고 있을 때 서양문물을 배워 조국을 바로 세우겠다는 학구열에 불탄 젊은이들이 일본으로 모였고, 그들을 중심으로 유학생들과 이주해 있는 이들이 함께 하는 교회가 1908년 시작된 것이다. 이러한 배경 속에 한국에서 일본으로 선교사를 파송했고, 그렇게 한인교회가 시작되었다.

사실 일본은 우리나라에 최초로 신약성서를 번역해서 들여온 이수정이 머물며 복음을 받아들인 곳이기도 하다. 하나님은 미리 이런 인연을 만들어 놓으시면서 복음의 씨앗을 뿌리셨고 텃밭을 가꾸셨다.

이렇듯 세계 각국에 뿌려진 복음의 씨앗을 살펴보면 한민족 디아스포라들의 역할이 빠지지 않은 곳이 없다. 그들은 밤마다 빨갛게 멍든 가슴을 안고, 낮이면 한계를 가늠할 수 없는 노동 속에 시달리면서도 영혼은 하나님께로 향했다.

그들이 머물고 있는 사회에서 한민족 디아스포라들이 차지하는 비중은 지극히 적었다. 너무나 적은 숫자여서 존재의 의미도 두지 않거나, 존재여부도 몰랐을지도 모른다. 그러나 그들은 하나님의 덕을 선전하는 일에 앞장섰다. 하나님의 덕을 전할 때 그들은 작지만 결코 작지 않은 존재였다. 겨자씨 한 알에서 새들이 깃드는 나무를 키우시는 하나님의 능력이 함께 하셨기 때문이다.

한민족 디아스포라의 역사는 각 타지의 한인교회의 역사와 시간을 함께 한다고 해도 과언이 아니다. 이주와 정착, 그리고 편견에 맞선 그들이 고통스런 삶 가운데에 높이 들었던 복음의 신앙은 디아스포라 이민 사회와 그리고 떠나온 고국을 위한 또 다른 지표와 푯대가 되었다.

그 모든 것은 흩으심을 통해 복음의 역사를 이루시는 하나님의 은혜요 축복이었다.

'선교받는 교회'에서 '선교하는 교회'가 되다

평양에서도 소문난 난봉꾼 하나가 하루는 담뱃대를 들고 힘없이 걸어가다가 키가 크고 얼굴이 하얀 파란 눈의 서양 선교사를 만났다. 순간 그는 정신이 아찔해졌다. 자신이 평양에서 난봉꾼으로 살 때 돌을 던져 맞췄던 그 양코배기가 아닌가 싶었던 것이다. 그는 양코배기 선교사를 피해 몰래 숨었지만, 그때부터 양심이 꿈틀거렸다. 마음이 괴로워진 것이다.

'내가 왜 죄 없는 사람에게 돌을 던졌을까? 그 사람은 예수를 믿으라고 말한 것뿐인데…. 그런데 그 사람은 왜 아무런 반항도 안했을까? 아이, 이런 이렇게 양심에 찔려서야…. 다음에라도 그 사람 만나면 미안하다고 사과라도 해야겠다.'

그리고 잠자리에 들었다. 그리고 꿈을 꾸게 되었는데, 꿈속에서 음성이 들려왔다.

"기풍아. 기풍아 왜 나를 핍박하느냐? 너는 나의 증인될 사람이다."

너무도 생생했던 음성에 그는 땀범벅이 된 채로 일어나 마룻바닥을 뒹굴며 울며불며 회개하기 시작했다. 과거에 지은 죄가 얼마나 많은지 회개하고 또 회개해도 그칠 줄을 몰랐다. 통곡하며 가슴을 쥐어뜯었지만 후련하지 않았다.

결국 그는 그때 자신에게 예수를 믿으라고 권했던 사람에게 찾아가 자신의 심경을 고백했다. 그에게 복음을 전했던 김석필은 그의 이야기를 듣더니 그를 스왈른 선교사에게로 데려갔다. 또 다시 회개와 함께 예수를 영접하는 기도가 이어졌다. 그는 30세의 나이에 그리스도인이 되었다.

그의 이름은 53)이기풍(1865~1942). 복음으로 변화된 그는 난봉꾼에서 전도자가 되었다. 복음으로 변화된 뒤 하루 종일 바깥에 나가 전도했던 그는 청일전쟁이 끝나고 평양으로 돌아왔다. 돌아온 뒤 자신이 돌을 던졌던 마포삼열 선교사를 찾아가 극적인 만남을 가졌다. 그리고 그를 도와 1901년까지 성경책을 팔면서 전도하는 매서인으로 활동하다가, 이후에는 스왈른 선교사를 따라 다니며 선교를 돕는 조력자가 되었다. 그리고 마포삼열 선교사가 설립한 우리나라 최초 신학교인 평양장로회신학교에 입학한 뒤 최초로 목사 안수를 받은 7인 중 한 사람이 되었다.

이기풍 목사는 1907년 대부흥운동이 절정에 달했던 시기에 목사가 된 뒤, 한국 최초로 제주도에 선교사로 파송을 받았다. 당시만 해도 제주도는 한국 땅이긴 해도 선교지라 할 정도로 먼 곳이었기에 선교라 칭했다. 그는 제주도에 가서 복음의 씨를 뿌렸고, 예배당 3개와, 기도처소 5군데, 교인이 410명에 이르기까지 선교의 열매를 맺었다.

1908년 파송 받은 제주도 선교사를 시작으로 우리나라는 본격적으로 선교의 문을 열었다. 선교 받는 교회에서 선교하는 교회로 바뀐 것이다. 선교사의 사명감을 안고 선교사들은 디아스포라가 되어 흩어졌다.

한민족이 곳곳에 흩어지게 되면서 선교의 방향은 한민족이 있는 곳으로 우선적으로 지정되어 몇몇 선교사가 파송되었다. 우리나라는 이미 성령운동을 통해 뜨겁게 선교에 대한 헌신과 백만명 구령운동을 결의하고 있었기에 선교에 헌신하겠다는 이들이 많이 일어

낫다.

54)1909년에는 김영제 목사를 북간도에, 김진근 목사를 서간도에 전도 목사로 파송했다. 1909년에는 최관흘 목사를 블라디보스톡에 파송하여 선교했고, 한석진 목사는 동경에 파송되어 일본에 있는 동포들을 위한 선교를 시작했다. 뿐만 아니라 다른 곳에 있는 우리 동포들의 복음 사역을 위해 선교사들이 일어섰다.

그러던 중 1912년에는 한인들이 거주하는 곳이 아닌 현지인을 위한 선교까지 이어졌다. 제주도 선교가 한국 교회가 처음으로 파송했다는 상징적 의미가 있다면, 1912년 중국 산둥성으로 파송된 세 명의 선교사는 해외 파송 선교사로서의 의미가 있었다.

55)'(1907년) 로회(노회)를 시작할 때에 제쥬(제주도)에 선교사를 보냄으로 신령한 교회를 세워 하나님께 영광을 돌림으로 우리에 깃븜(기쁨)이 충만한 바이온즉 지금 총회를 시작할 때에도 외국 전도를 시작하되 지나(支那 중국) 등지에 선교사를 파송하기를 청원하오며.'

이 청원은 1912년 조선예수교장로회 1회 총회에서 나온 안건이었다. 당시 일제 강점기에 우리 민족은 수난의 길을 걷고 있었지만, 이미 성령을 받은 이들에게는 아무 문제가 되지 않았다. 선교를 최고의 가치로 삼았던 것이다. 특히 타문화권 현지인인 중국인을 대상으로 전도의 씨앗을 뿌리겠다는 결의는, 복음의 빚진 자로서 달려갔던 사도 바울과 같은 사명감 넘치는 모습이었다.

파송 받은 박대로, 사병순, 김영훈 세 명의 선교사는 이 파송에 기꺼이 자원하는 마음으로 나섰다. 세 명의 선교사는 디아스포라

선교사로서 자리 잡기 위해 준비 과정을 가졌다. 언더우드, 아펜젤러, 스크랜턴, 알렌 등의 선교사들이 조선 땅에 발을 디디는 순간, 한글 공부에 열중했던 것처럼, 세 명의 선교사도 현지어를 배우는 데 공을 들였다. 어떻게든 현지어를 자유자재로 구사할 수 있도록 노력했다.

1912년 총회에서 결의하고 1913년 정식으로 파송받기까지 현지에 적응하기 위한 노력과 함께 다른 준비과정도 필요했다. 당시 중국에서는 한국에서 선교사를 파송한다는 것을 탐탁지 않게 여겼던 것이다. 그들이 보기에 한국은 국권을 잃은 힘없는 나라이고, 중국은 서양 선교사들이 한국보다 먼저 들어온 곳인데 한국에서 중국으로 선교사를 파송한다고 하니 마뜩치 않았던 것이다.

"중화(中華)는 고대의 문명국이요, 역사가 심장한 대국(大國)이며, 세계 4분지 1의 인구를 가진 국가라, 교만과 자존심이 많아 자칭 대국이라 하야 소국을 멸시하는 고래적 습행이 있으니, 중화(中華)와 조선(朝鮮)은 자고로 관계가 되어 대소와 조완의 차별을 두는 관계로 조선교회가 중화에 선교는 다방으로 고난이라."

중국에서는 이렇게 말하며 우리의 자존심을 상하게 했지만, 우리 선교사들은 겸손히 하나님의 때를 기다렸다. 결국 중국 목회자들이 산둥 선교를 허락했다. 이미 평양대각성 운동의 뜨거움을 외국 선교사를 통해 전해 들었고, 한국 문화권과 유사하며 왕래가 편리한 점 등이 고려되면서 선교의 문이 열린 것이다.

현지인을 대상으로 하는 첫 선교인 만큼 쉬운 과정이 아니었다. 현지인들과 마주하며 현지인처럼 생각하고 말하고 전하는 일은 언제나 긴장이 되고 불편한 일이었다. 파송된 선교사들은 세 가정이

한 집에서 살아야 했지만 선교를 위해 헌신했고, 선교를 시작한 지 2년 밖에 되지 않았을 때 재적 교인이 40명으로 늘고, 세 명의 세례 교인이 결실을 맺는 등 디아스포라 선교의 선례가 되었다.

복음을 전해 받고 20여 년 만에 다시 복음을 전하는 이들이 된 이 선교의 세대교체를 두고, 세계의 여러 선교사들은 놀라워했다. 가까운 장래에 한국이 비기독교 국가권에서 첫 기독교 국가가 될 것이라 예상했다.

그리고 과연 그들의 예견대로 한국 교회는 선교사들이 디아스포라가 되어 흩어졌고, 한민족 디아스포라들과 함께 복음의 깃발을 곳곳에서 세워갔다. 그것은 곧 하나님의 지상명령을 따라 흩어진 초대교회 사도들의 발걸음이기도 했다.

'내가 모든 사람에게서 자유로우나 스스로 모든 사람에게 종이 된 것은 더 많은 사람을 얻고자 함이라 유대인들에게 내가 유대인과 같이 된 것은 유대인들을 얻고자 함이요 율법 아래에 있는 자들에게는 내가 율법 아래에 있지 아니하나 율법 아래에 있는 자 같이 된 것은 율법 아래에 있는 자들을 얻고자 함이요 율법 없는 자에게는 내가 하나님께는 율법 없는 자와 같이 된 것은 율법 없는 자들을 얻고자 함이라 약한 자들에게 내가 약한 자와 같이 된 것은 약한 자들을 얻고자 함이요 내가 여러 사람에게 여러 모습이 된 것은 아무쪼록 몇 사람이라도 구원하고자 함이니 내가 복음을 위하여 모든 것을 행함은 복음에 참여하고자 함이라'

(고린도전서 9:19-23)

정체성의 혼란, 성장통, 그리고 하나님의 부르심

"중국인들이 모이는 곳에는 식당이 세워지고 한국인들이 모이면 교회를 세운다"는 말이 있다. 이 말이 생긴 것은 한국인의 역사 속에서 그만큼 교회 설립의 뿌리와 전통이 깊기 때문이다. 특히 한민족 디아스포라의 발자취를 따라가다 보면 이 말이 정말 사실이라는 것을 확인할 수 있게 된다. 그만큼 하나님이 우리 민족을 사랑하셨고 복음의 증거자로 이미 택하셨기에 가능한 일이었다.

하나님이 우리 민족을 흩으신 지 115년 세월을 지내오면서 한민족 디아스포라들의 삶은 흩어짐과 모임, 그리고 다시 흩어짐의 반복이었다. 흩어짐과 모임을 반복하며 한민족은 질경이처럼 끈질긴 디아스포라의 삶을 이어갔다. 흩어진 그곳에서 가정을 일구고 자녀들을 낳았고, 그 자녀들은 이주한 땅에서 삶을 이어갔다.

처음 우리 민족을 흩으실 때 복음의 씨앗을 품은 채 흩으셨던 하나님은 우리 민족이 서 있는 땅에서 열방에 복음을 전하는 민족이 되기를 원하셨다. 실제 우리 동포들은 교회를 세웠고 믿음을 지켰다. 그렇기에 초기 이주사회에서 교회는 한인들의 공동체요 복덕방이었다. 거의 모든 정보가 교회를 통해 교류되었고 그들도 신앙 안에서 전도의 불을 붙이며 선교사로서의 사명을 잊지 않으려고 했다.

하지만 조금씩 조국과의 관계가 소원해지고, 이주한 사회에서 더 많은 영향을 받게 되면서 삶과 신앙이 바뀌어 갔다. 태어난 조국에 대한 관심은 사그라졌고 자신이 선 땅에서 어떻게 살아남을 것인가를 고민하기 시작했던 것이다. 그것은 중국이나 러시아, 미국과 유럽, 일본과 호주 할 것 없이 마찬가지였다.

 "엄마, 난 왜 나가서 영어를 쓰고 집에선 한국말을 써야 해요?"
 "저는 왜 다른 애들과 생김새가 달라요? 놀림당하고 무시당한단
말이에요."
 한인 1세대의 삶이 지속되면서 이주한 곳에서 자라난 1.5세, 이주
한 곳에서 태어난 2세. 그리고 3, 4세대까지 이어지면서 이런 고민
들이 생겨났다. 바로 한국인이라는 정체성에 대한 고민이었다.
 미국 땅에서 함께 자라고 있지만 생김새가 다르고 언어가 다르고
뭔가 다르다는 이유로 차별받고 편견 속에서 살아야했던 또 다른
한민족 디아스포라의 고민이 시작된 것이다.

 "너는 한국 사람이다. 너의 뿌리는 한국이라는 사실을 잊지 마
라."
 "그럼 한국으로 가면 되잖아요."
 "그럴 순 없어. 갈 수 있는 형편이 안 된다는 거 잘 알고 있잖니?"
 정체성에 대한 고민뿐만 아니라 사회에서 당하는 부당함은 그들
을 더욱 괴롭게 만들었다. 강제이주를 통해 중앙아시아로 흩어져
각 나라에서 소수민족으로 살아온 한민족 디아스포라들은 어떻게
든 그 사회에서 살아남아야 했다. 1세대들은 누구보다 열심히 그 사
회가 원하는 이념에 맞춰서 살아야 했다.
 특히나 2, 3세로 이어지는 세대교체의 과정에서 디아스포라들은
이민사회의 일원에 더 가까워져가고 있었다. 이주 1세대들이 그토
록 간직하고자 했던 언어도 조금씩 잊어가기 시작했다. 물론 그 중
에는 한국의 언어만은 잊지 말아야 한다며 집에서는 한국어를 꼭
쓰도록 하는 등 노력을 기울였고 그것을 위해 교육을 이어가기도

했다.

하지만 그러한 전통과 역사를 이어가는 일은 개인의 노력으로는 역부족이었다. 물론 그 일을 교회에서 하기도 했지만, 더 이상 교회가 세워지지 못하게 된 곳에 살게 된 우리 민족은 신앙의 정체기를 보낼 수밖에 없었다.

강제이주로 흩어져야 했던 이들이 중앙아시아 곳곳에서 땅을 일구고 살면서 복음은 점점 잊혀졌다. 나라에서 인정받지 못한 기독교 신앙을 이어갈 만한 민족적인 힘도 없었고 사도적인 사명감도 흐려졌다. 강제이주라는 정책이 완전히 폐지되고 지역으로의 이동이 가능해졌을 때, 러시아 연해주로 다시 돌아온 우리 동포들 역시 예전에 세워진 교회, 흔적도 없이 사라진 터 위에서 과거를 되짚을 수밖에 없었다. 안타까운 일이었다.

중국 집안에 세워졌던 한인 최초의 공동예배 공간 역시 흔적조차 찾아볼 수 없는 상황인 데다, 소수민족인 조선족으로서 중국 사회에 적응하는 것이 시급한 문제였다.

중남미의 현실은 더 암담했다. 멕시코 이민을 시작으로, 다시 쿠바로 흩어진 우리 동포들은 그 후 각자의 삶을 살아가기 위해 남미와 유럽 곳곳으로 흩어졌다. 그들은 일단 살아가는 것이 목적이었기에 어떻게든 그 나라에 정착해야 했고, 그러려면 현지인과의 결혼을 통해 거주하는 방법이 최우선이었다. 그러다보니 2대, 3대를 거치면서 현지인에 가까운 외모를 갖게 되고, 그들이 속한 사회의 문화에 익숙해졌고, 현지의 언어를 주로 사용하게 되었다. 그렇다보니 한민족 뿌리를 이어가고 계승하는 일이 사실상 불가능해졌다.

이주 초기 교회를 세우고 어떻게든 한글을 공부하고 아리랑을 불렀던 애국심도 사라졌다. 신앙에 대한 뜨거움도 사라졌던 것이다.

그렇다면 하나님이 우리 민족을 흩으신 사명이 사라진 것일까. 그래서 한때 이민교회의 위기론이 등장하기도 했다. 그도 그럴 것이 한인 3, 4세 중에 하나님을 아예 모르는 이들이 많아졌기 때문이다. 복음이 잘 계승되고 있다는 미국 내 한인 디아스포라들 중에서도 복음을 받아들이지 않은 이들이 있는 데다 2, 3세들이 교회를 떠나는 일들이 잦았다.

자신이 코리안인지 아메리칸인지, 아니면 미국 문화에 동화된 한국인인지 정체성의 문제가 생겨났다. 생김새만 한국 사람에 가까울 뿐 사고와 문화는 미국인이라는 것을 어떻게든 드러내고 싶은 이들과, 그렇지 않은 이들 사이에 갈등도 있었다. 정체성으로 인한 자기 자신과의 갈등이 겉으로 표출되면서 신앙문제로 이어져 나온 것이다.

이러한 모습은 디아스포라의 삶을 살아가는 이들이 거쳐야 하는 성장통이자 통과의례였다. 같은 민족 사이에서도 이주한 시기에 따라, 사회적 지위에 따라, 형편에 따라 눈에 보이지 않는 틈이 생기고, 사명은 점점 사라지는 일은 성장통의 대표적인 현상이기도 하다.

하지만 하나님은 이러한 순간에도 일하신다. 그 속에서도 분명히 믿음을 이어간 믿음의 사람들을 사회의 빛과 소금의 역할을 하도록 이끄셨고, 한인 디아스포라의 본이 되게 하셨다. 그들은 세계 각지에서 한국인의 긍지를 높이며 살아간다. 디아스포라가 되어 선교 사역을 담당했던 이들의 후손이 다시 한인사회 나아가 미국 사회의 기독교 지도자가 되고, 각계 전문가로서 이름을 떨치며 한국의 위상을 높였다. 전문직에 종사하고 정계 재계에 진출하여 한인 디아스포라의 아름다운 향기를 남기고 있다.

그러나 하나님은 이들로만 그치지 않으셨다. 가장 힘없고 약한 이들, 그러나 준비된 이들을 복음의 도구로 사용하셨던 하나님은 더 많은 이들을 사용하기를 원하셨다. 이민사회에서 믿음을 잃고 힘들어하는 이들, 사회적 편견과 고난에 지친 어깨를 늘어뜨린 이들, 세대를 이어가면서 복음을 전혀 듣지 못한 채로 살아갔지만 씨앗을 품고 있는 이들 모두를 부르셨다. 더 많은 이들을 통해, 땅 끝까지 민족을 흩으셨던 것과 같이, 땅 끝까지 흩어진 그들을 통해 땅 끝까지 복음이 전해지기 원하시기 때문이다.

지금, 그 하나님이 흩어진 민족들, 사명을 잠깐 잊고 있었던 이들을 폭넓게 부르고 계신다. 115년 전 한민족을 흩으시며 복음을 들고 가도록 하신 하나님이, 지금 그 다음 세대를 다시 모아 복음을 다시 들고 나가도록 하신다. 이 부르심은 100년 후 선교사역을 감당하기 위한 일꾼을 부르기 위한 전주곡이 될 것이다.

복음을 든 위대한 선교사, 한민족 디아스포라

"너는 네 민족을 위로하라."

하나님은 흩어진 민족을 다시 모아 민족을 위로하고 그들로 하여금 복음의 사명을 회복할 것을 명령하셨다. 2008년, 하나님은 우리가 그 명령에 따라 움직였을 때, 우리 민족이 디아스포라이며, 디아스포라 선교가 지금 세대에 얼마나 필요한 선교방식인지 알게 하셨다.

2011년 8월, 하나님은 횃불재단을 통해 흩어진 우리 민족을 한자리에 모이게 하셨다. 물론 한국에 모이기에 앞서 미국 전역을 비롯해 중남미, 일본, 그리고 아프리카 곳곳을 둘러보게 하시며 한민족 디아스포라를 직접 만나게 하셨고, 그들의 삶과 이야기를 듣게 하시며 대회에 대한 확신을 갖게 하셨다.

이민사회의 면면을 모두 경험한 것은 아니었지만 그들이 모인 공동체에서 그들이 가지고 있는 고민과 생각, 자신이 태어난(아니 부모와 조부모가 태어난) 고국에 대한 인식, 신앙을 가지고 있으면서도 확신이 없거나 아예 신앙을 잃어버린 채 살아온 날들을 나누었다. 분명히 그들은 결집된 민족의 힘을 필요로 하고 있었다.

그렇게 2011 제1회 횃불한민족디아스포라세계선교대회가 시작되었다. 여러 경로를 통해 세계 곳곳에 흩어져 있는 한민족이 한 자리에 모일 수 있었다. 그들이 느끼기에 한국은 모국이 아닌, 낯선 나라요 외국이었다. 생김새만 봐도 한민족임을 알 수 있을 정도로 비슷한 이들도 있었지만, 몇 세대를 지나며 전형적인 한국인의 모습이 아닌 외국인으로 변한 이들도 있었다. 언어도 달랐다. 마치 바벨

탑을 쌓은 민족이 각기 다른 언어로 흩어지듯 선교대회에 모인 우리 동포들도 각자 사용하는 언어가 달랐다.

무엇보다 그들 중에는 자신의 모국인 한국을 처음 찾은 경우가 많았다. 할아버지 세대 아니면 그 이전 세대에서 외국으로 이주한 뒤 한 번도 한국을 찾을 기회가 없었다는 것이 더 맞을 것이다.
"한국 방문은 처음이에요. 너무 떨려요."
"한국이 이렇게 발전한 나라인지 처음 알았어요."
한인 3, 4세들은 처음 방문한 한국의 발전된 모습에 크게 놀랐다. 대회 내내 그들의 입은 다물어지지 않았다. 대회의 규모나 방식, 선교대회 내내 프로그램과 대접에 놀라워했다.

하지만 무엇보다 그들을 놀랍게 만든 것은 복음의 메시지였다.
"한민족 디아스포라는 복음 든 위대한 선교사입니다. 애굽에 먼저 보낸 요셉도 디아스포라 선교사였습니다. 그를 먼저 보내셨고 애굽 민족 위에 높이셨고 복음의 증언자가 되게 하셨습니다. 이방에서 힘겨운 인생을 보냈지만 하나님이 그와 함께 하심으로 형통했고 오늘날 디아스포라 선교의 본을 보이신 것입니다."
대회 내내 성경을 관통하는 디아스포라에 관한 하나님의 계획과 사랑과 사명에 초점이 맞춰졌고, 지금까지 정체성에 대해 고민하는 한민족 디아스포라에게 도전을 주었다. 모든 나라에서 온 것은 아니지만 아시아, 오세아니아, 아프리카, 중앙아시아, 중남미, 아메리카, 유럽 등에서 모인 디아스포라들은 생긴 모습과 언어, 문화는 달라도 한민족 디아스포라라는 정체성을 명확히 했다.

자신이 먼저 보내심을 받은 사람들이며 자신에게도 한민족의 피가 흐르고 있다는 것을 대회 기간 내내 나눌 때에 조금씩 그들 가운데에 놓인 장막이 허물어졌다. 고국에 대해 무관심으로 일관했던 모습, 가능한 현지인에 동화되기 위해 살기 위해 한국을 애써 부정했던 모습, 한국인 3, 4세인 것은 알았지만 '왜 순수한 혈통을 지닌 후손으로 태어나지 않았을까' 원망했던 모습을 조금씩 내려놓기 시작했다.

그들은 한민족 디아스포라의 핍박과 수난의 역사, 그 속에 하나님이 어떻게 복음의 씨앗을 뿌렸고, 복음을 지키게 하셨고, 지금 그 복음을 전하게 하려고 하시는지를 들었다.

일제에 강제징용 되어 일본 땅에 정착하게 된 할아버지로 인해 부모님 세대가 일본에 정착해서 살았고, 그 자녀 세대에 이르러 3대째 살아가고 있는 어떤 재일교포는 한국어를 한마디도 하지 못했다. 그는 완벽한 일본 사회에 동화되기 위해 애를 썼고 한국식 이름도 버렸다. 완전한 일본인으로 살았고 냉담한 크리스천이었다.

그런데 그가 바뀌었다. 처음에는 강권에 의해 참여하긴 했지만, 나중에 말씀을 통해 디아스포라가 얼마나 성경적인지 알았고, 내가 하나님이 선택하신 민족이라는 자존감을 회복하게 된 것이다. 무엇보다, '어느 나라 사람이라는 사실보다 모두가 천국 백성'이라는 공동체 의식을 갖게 되면서 냉담했던 그 마음이 녹아내린 것이다.

한국말이라고는 인사도 제대로 나누지 못할 정도였지만, 눈물이라는 위로는 전 세계 공용어였고, 마음의 언어였던 것이다.

횃불한민족디아스포라세계선교대회를 통해 참가한 수천 명의 디아스포라들은 자신이 한민족의 후예요, 나아가 선교의 귀한 도구로 쓰임 받는 존재임을 깨달았다. 짧은 여정이지만 고국에서의 만남은 자신이 머문 곳에서 한 알의 복음의 밀알이 되어야 함을 고백했다.

그들은 위로와 동시에 사명을 받았다. 그 사명자들의 힘찬 발걸음과 도전은 지금도 이어져 디아스포라 사도행전을 써가고 있다.

다시 쓰는 디아스포라 사도행전

수원역 앞, 고려인 네 명이 모였다. 겉으로 봐서는 한국인과 다를 바 없지만 조금은 낯선 겉모습에 뭔지 모를 경계의 눈빛, 그리고 아주 서툴게 나오는 한국말과 유창한 러시아어까지…. 한눈에 봐도 다문화 민족이란 느낌이 들었다.

한국에 들어온 지 그리 오래 되지 않은 듯, 모두가 분주히 오가는 수원역 앞에서 고려인 넷은 쭈뼛거리며 누군가를 기다리고 있었다. 그때 한 여성이 인사하며 다가왔다.

"안녕하세요. 다 모이셨어요?"

기타를 매고 다가선 그녀를 본 고려인들은 안도의 한숨을 내쉬며 반가워했다. 이렇게 모인 다섯은 근처 식당으로 향했다. 뭔가 결의를 다지는 걸까. 그냥 친목을 위해 만났다고 보기에는 좀 달라보였다.

일단 식당의 방 하나를 잡고 들어간 그들은 예배를 먼저 드렸다. 기타는 훌륭한 예배 반주가 되었고, 그들 다섯은 그 방에서 뜨겁게 하나님께 예배를 올려드렸다. 고려인들이 드리는 예배라고 다르지 않았다. 오히려 그들의 언어로 찬양하고 말씀을 나누고 오히려 편안한 기분을 누렸다고 할까.

예배 후 식사를 할 때 모임의 리더격인 허 엘레나가 입을 열었다.

"지금 여러분에게 두 가지 옵션이 있습니다. 고려인 예배가 가능한 교회로 다 같이 들어가는 것이 있고, 다른 하나는 우리가 교회를 조직하는 겁니다. 교회로 들어간다면 교회를 세우는 데 필요한 준비작업이나 수고 없이 편하게 신앙생활을 할 수 있어요. 대신 교회의 규칙과 질서를 따라야 하기 때문에 자유롭지 못할 수도 있습니다. 그런데 우리가 교회를 조직한다면 아시다시피 예배드릴 처소부터 운영까지 함께 해야 합니다. 어떤 쪽으로 선택하실지 알려주세요.”

그녀가 내건 조건에 대해 듣던 고려인들은 서로의 눈을 바라보며 잠시 생각하더니 입을 모아 말했다.

“두 번째 옵션을 선택하겠습니다. 우리가 교회를 나온 건 자유로운 예배를 원했기 때문입니다. 그러니 우리 고려인에게 가장 맞는 예배를 드리고 싶어요. 우리 교회를 세워요.”

순간 허 엘레나의 마음이 무거워졌다. 과연 하나님이 원하시는 길이 이 길이었을까, 혹시 이 일을 통해 교회가 상처입지는 않을까, 과연 우리끼리 잘할 수 있을까… 등등 인간적인 염려가 안 됐다면 거짓말일 것이다.

그러나 그녀는 담대히 선포했다.

“좋습니다. 그럼 기도하면서 예배 장소를 알아봅시다.”

그녀의 수중에는 천만 원이 있었다. 당시 그녀는 의학박사 과정을 그만두고 하나님의 영광을 드러내는 일을 하게 해 달라고 기도하며 여행사를 운영하고 있었다. 그런데 예배에 대한 간절한 마음과 솔로몬의 일천번제가 생각나, 천만 원의 헌금을 드리기로 작정한 상태였다. 특별히 적을 두고 있는 교회가 없었기에 그 헌금은 일단 가지고 있었다.

그런데 갑자기 교회모임이 생기면서 그 모임의 리더가 되었고 그 재정이 필요하게 된 것이다. 그녀는 그것이 하나님이 원하시는 길이라는 것을 알아차릴 수 있었다.

특히 그녀가 청년예배를 드리던 온누리교회의 하용조 목사님이 늘 강조하시던 “교회 7년 열심히 다녔으면 선교사로 나가든지 교회

개척을 하라"는 말씀이 이렇게 열매로 맺혀지는 게 신기하기만 했
다.

　그녀가 천만 원으로 구한 방 두 개에 화장실 하나 딸린 집은 '세상
의 빛'이란 의미를 지닌 수원 '스웨트미라'라는 교회가 되었다. 고려
인 다섯 명이 모여 시작한 교회였다. 그녀는 과연 자신이 옳은 길을
가고 있는지 알 수 없었지만 그냥 하나님의 뜻을 믿고 가보기로 했
다.

　교회는 날로 날로 부흥했다. 다행히 우즈베키스탄에서 오신 목
사님이 1년간 예배 설교를 맡아주셨다. 다섯 명이 시작한 교회는
60~70명의 고려인들이 모여드는 교회가 되었다. 건물의 2, 3층을
사용해도 모자랄 지경이 되었다. 애초부터 시작했던 교회의 이념은
'하나님이 기뻐하시는 교회를 세우자'는 취지 밖에 없었다.

　사람은 많지만 참 크리스천이 없는 시대, 똑같은 교회 세우는 것
이 아니라 모든 성도가 제자가 되고 선교사가 되어 복음을 증언하
는 교회가 되고 싶었다. 그런데 하나님이 그 일을 위해 일하시며 고
려인 디아스포라들을 모으시고, 그들을 선교사로서 교육을 받게 하
시는 등 새로운 선교의 지평, 디아스포라 선교의 또 다른 지평을 열
어 주셨다. 이 사회에 다시 들어온 고려인들을 위해 고려인 디아스
포라를 통해 교회를 세우게 하신 것이다. 디아스포라 선교의 또 다
른 장이 열리는 순간이었다.

　이 일의 중심에 서게 된 허 엘레나가 그들과 만나게 된 과정은 특
별했다. 그녀는 고려인 4세다. 부모님은 조상이 어떤 경로에 의해
고려인이 되었는지 제대로 알지 못했다. 그녀의 다섯 자매 모두 고
려인이 된 이유에 대해 따져 묻지도 않았다. 오히려 자신이 태어난

곳과 자란 곳, 성장한 뒤의 나라의 상황이 복잡하게 바뀐 현실이 더 혼란스러웠다.

엘레나가 태어난 곳은 구 소련지역이었다. 그곳에서 중고등학교를 나왔고, 러시아에 대학 공부를 하러 나오게 되면서 주생활 무대는 러시아가 되었다. 그즈음 소련이 해체되면서 소련은 여러 개의 나라로 분리되었고, 자신이 태어난 곳은 우즈베키스탄이 되었다. 그러니 원래 자신의 소련 국적은 나라가 없어지면서 사라졌고, 그렇다고 자신이 소련과는 완전히 다른 우즈베키스탄에서 태어났다고 할 수도 없었다. 그렇다고 러시아에서 공부를 마치고 돌아온 연해주 블라디보스토크가 고향은 더더욱 아니었다. 혼란스러운 상황이 된 것이다.

"그게 뭐 중요하냐? 너희는 그저 이 땅 이 나라 사람이 아니기 때문에 이 땅 사람보다 열 배는 잘해야 한다. 알아들었니? 그래야 이 땅에서 그나마 인정받고 살 수 있어."

이 이야기를 부모로부터 귀가 따갑도록 들어야 했다. 그녀는 부모님의 지나친 교육열이 싫었고 부담스러웠다. 하지만 국어(러시아어) 교사였던 어머니와, 집단농장의 책임자로 일하시는 아버지는 이 사회에서의 이방인에 대한 차별과 편견을 온 몸으로 버텨내신 분이었다. 삶이 곧 경험이었을 테니 자녀에게 더욱 엄격했는지도 모른다.

덕분에 허 엘레나는 의대에 들어가 의사가 될 수 있었다. 물론 체제가 사회주의, 즉 모든 이익은 공평하게 배분하고 표준화를 만들자는 이념이 있었기에 직업의 소득에도 별반 차이가 없었다. 그러니 정말 자기가 하고 싶은 선택을 할 수 있게 되는 점은 의미가 있었다. 물론 구소련 시절에서는 말이다.

허 엘레나 집안은 학구열이 워낙 강해서 의대를 넷이나 가게 되었는데, 엘레나는 치의학을 공부한 의사였고 앞날에 대한 문제도 없이 살아갈 수 있었다. 그때까지 그녀는 하나님을 몰랐다. 아니 무신론자였다. 소련이 붕괴되고 나라가 독립하면서 교회를 세우는 일이 금지된 나라들이 생겼다. 그래서 선교사들이 추방당하기도 하고, 핍박 받으며 신앙생활을 하기도 했다. 그런 이야기를 들을 때면 그녀는 헛웃음이 나왔다. 어떻게 보이지 않는 존재를 믿는지, 그 믿음을 어떻게 확신할 수 있는지 이해가 가지 않았던 것이다.

그런데 하나님은 그런 그녀를 부르셨다. 그 시작은 대학생 시절이었다. 러시아에서 대학을 다니던 엘레나는 너무 외로웠다. 친구 하나 없이 공부만 해야 했던 그녀는 생각다 못해 사람이 모여 있는 교회를 나갔다. 순전히 사람들과 만나기 위해서였다. 자신이 고려인이라는 사실만으로 숱하게 따돌림도 당하고 이상한 눈총도 많이 받았던 터라 학교에 고려인 혼자 있는 것은 상관없었는데 그래도 대화할 사람이 없으니 외로웠다. 그래서 선택한 곳이 교회였다.
그녀는 특별한 일, 즉 어떤 문제가 있을 때나 결혼식, 장례식 같은 행사에만 가는 성당 분위기의 러시아정교회가 아니라, 한국인 선교사가 개척한 러시아 개신교회를 선택했다. 교인들 대부분 러시아 사람들이었지만 그들과 만나 이야기를 나누고 교제를 나누는 시간이 좋았다. 다만 아직까지 목회자나 선교사들에 대해서는 색안경을 끼고 보았다. 그들의 삶과 신앙이 일치하지 않는다고 생각했고, 교회에 다니면서도 모든 게 다 쇼이고 연극이라고 생각했던 것이다.

신기한 것은, 그렇게 싫다면 교회를 나가지 않으면 될 텐데 그렇진 않았다는 것이다. 학업 마치고 연해주로 돌아갔을 때도 교회를 찾았다. 그 덕분에 교회 지도자 훈련으로 한국까지 오게 됐지만 말이다.

2001년 허 엘레나는 생전 처음 한국 땅을 밟게 되었다. 제대로 열심히 다니지도 않던 교회를 통해 한국으로 오게 된 것이다. 마음 한 구석에는 한국인이란 뿌리가 있었는지, 언젠가 고향으로 간다는 소망이 있었는지, 한국 땅을 밟게 되었을 때 이상하리만큼 가슴이 뛰었다. 물론 한국에 발을 디뎠을 때 완벽한 이방인이란 사실에 기대감이 산산조각 났지만 말이다.

그녀는 자신이 한국 사람이면서 한국말과 한국문화를 모른다는 것이 충격이었다. 그래도 자신은 러시아에서 한국 사람인 것을 인정하며 무시도 참고 살았건만, 정작 한국에서도 자신을 이방인으로 생각하고 있다는 사실에 자존심이 상했다.

그때부터 정체성에 대해 혼란이 생기고 고민이 시작되었다.

'도대체 나는 누굴까? 나는 러시아 사람도, 우즈벡 사람도 아닌가?'

한국에 들어와 교회 리더 훈련에 통역과 번역을 도와주면서 정체성에 대한 고민을 이어갔는데 이상하게도 자꾸만 한국에서의 꿈이 생겼다. '제일 중요한 것은 언어이니, 한국 사람으로서 한국어를 배워야겠다'는 꿈이었다.

그 뒤 블라디보스토크 교육원에서 한국어 수업을 들으며 한국말을 익혔다. 러시아 사람과는 아예 대면도 안하고 한국 사람들만 만나며 말을 익혔다. 의사였기에 병원에서 일을 하면서 연수를 받았고, 내친김에 공부를 더 하자는 생각이 들었다. 애초에 그럴 계획도 아니었고 재정도 없는 상황이었다. 그때 하나님께 제대로 기도를 드리기 시작했다. 차갑고 무채색의 신앙인이었던 그녀가 새벽마다 자신이 품은 학업의 꿈을 위해 기도했다. 말하자면 조건부 신앙이었다.

하나님은 그 기도도 받으셨고 서울대치대 대학원 교정과에 합격하게 하셨다. 그리고 차근차근 한국에서의 길을 열어 갔다. 교육시스템이 완전히 다른 곳에서 외롭게 공부한 그녀는 더욱 하나님께 매달릴 수밖에 없었고 그렇게 신앙이 점점 깊어졌다. 재정적인 부분도 하나님이 채워주셨다.

석사에 이어 박사과정까지 들어가게 되었을 때, 그녀는 복병과 마주했다. 극심한 우울감에 빠진 것이다. 자신이 하는 공부에 대한 의미가 떨어진 것이었다. '여기까지 쫓아온 것이 과연 맞을까' 싶었고, '계속 살아야 하나' 존재의 문제까지 이어졌다.

그녀는 날마다 낮아졌고 예수님과 인격적으로 만났다. 그러면서 온누리교회에 나가 예배다운 예배를 드렸고, "예수님과 진실로 만나는 것은 십자가에서 이루어진다"는 메시지는 그녀에게 터닝 포인트가 되었다.

'그래 맞다. 예수님과 진짜로 만나려면 십자가를 인정하는 것이다. 십자가를 바라보자. 나를 위해 죽으신 예수님의 사랑으로 난 새롭게 되었다. 난 주님의 자녀, 하나님의 딸이다. 하나님 한 분이면 충분하다.'

하나님의 자녀 됨, 그 정체성이 확신으로 다가서자 그때부터 평안함이 물밀듯이 밀려왔다. 예전에 안달복달하고 돈과 명예에 눈멀었던 모습이 사라졌다. 하나님만으로 충분히 평안한 삶을 살 수 있었다.

그 길로 회개가 이어졌고 어깨에 지워진 무거운 짐이 풀어졌다. 세상의 모든 것이 아름답게 보이기 시작했다. 예전에는 자신만의 잣대로 세상을 바라보고 판단하고 정죄했던 것에서 모든 것을 사랑하고 이해하는 눈을 주신 것이다. 더 이상 학업에 연연하는 것은 의미가 없었다.

'하나님 제가 뭘 하길 원하시나요? 제가 어떻게 하나님을 기쁘게 할까요?'

진행 중인 학위를 내려놓고 하나님의 뜻을 구했다. 재정적인 면을 위해 하나님은 여행관련 사업의 길을 인도하셨고, 그로 인해 경제적인 면을 해결하게 하셨다.

그리고 2011 제1회 횃불한민족디아스포라세계선교대회에 참여하게 되면서 하나님께서 주신 사명을 깨달을 수 있었다. 지금 이 시대 선교사로 세우신 디아스포라, 허 엘레나는 한국에 나와 생활하는 고려인들에게 복음을 전하며 선교사의 비전을 품었다. 이후, 하나님은 2012년 횃불트리니티신학대학원대학교에서 신학을 공부하게 하시며 그녀를 목회자로 인도하셨고, 한국에 들어온 고려인을 섬기도록 이끌어 주셨다.

이 모두가 자신의 정체성 문제와 외로움이라는 작은 씨앗에서 비롯된 일이었다. 하나님은 그녀의 마음에 심겨진 작은 씨앗 하나에, 사랑과 관심으로 물을 주시고, 기회와 도전이라는 거름을 부으시고, 마침내 디아스포라 선교라는 꽃이 피어나게 하신 것이다.

디아스포라 선교는 그들이 현지로 들어가 현지인과 한인들에게 복음의 증언자가 되는 것이다. 동시에, 허 엘레나의 경우처럼 한국에 들어온 디아스포라들을 위한 선교이기도 하다. 수원 세상의 빛(스웨트미라) 교회는 바로 그 모델을 보여주고 있다.

허 엘레나가 세운 교회는 이주한 땅을 벗어나 고국으로 돌아온 이들의 로뎀나무가 되어줄, 디아스포라들을 위한 교회, 또 다른 디아스포라 선교의 열매가 되고 있다.

디아스포라 선교에 대한 하나님의 뜻

우리 민족을 흩으신 하나님의 계획은 원대했다. 자발적 이주를 비롯하여, 강제이주라는 방법에 이르기까지 다양한 흩으심의 방법을 택한 하나님은 우리 민족이 서 있는 땅을 기반으로 더 지경을 넓히셨다.

중국의 우리 동포들, 고려인이라 불리는 중앙아시아와 러시아의 동포들, 하와이에서 미국 본토로 간 동포들, 멕시코의 에네켄 농장을 시작으로 중남미 일대로 흩어진 동포들, 또한 재일동포와, 독일로 간 동포들, 그리고 그 동포들을 다시 온 유럽으로 흩으시기까지 하나님의 흩으심의 지경은 전 세계로 넓어져 갔다. 언어 역시 다양하게 흩으셨다.

하나님의 방법은 처음 한 지역에서 시작하여 나라 전체, 그 이후는 국경을 넘어 여러 나라로 흩어지는 것이었다.

그 방법을 제일 먼저 사용하신 이들은 고려인이었다. 연해주 일대에서 집단농장을 일구며 정착해나가던 한민족에게 강제이주라는 된서리가 내렸다. 그들은 서 있는 그 자리에서 꽤 잘 살고 있었다. 복음을 들었던 이들이었기에 신앙적으로도 뿌리를 잘 내렸건만 하나님은 나라의 환경을 바꾸시며 강제적으로 흩으셨다.

시베리아 횡단철도를 통해 강제이주가 시작된 이들은 블라디보스토크를 비롯한 해당 지역의 역을 출발하여 노보시비리스크, 좀 더 남쪽으로 내려가 중앙아시아 방면으로 진행했다. 한 달 넘는 일정을 기차 안에 갇혀 기나긴 시간 생존과 죽음과 사투를 벌였다

고려인들은 뿔뿔이 흩어졌다. 카자흐 공화국의 우쉬토베는 고려인이 첫 번째로 이주 정착한 도시였다. 새롭게 생긴 공업도시에서 고려인들은 토굴을 파서 살았고, 그마저도 곳곳에 나뉘어 내려졌다. 카자흐 공화국에 배치된 고려인 중 일부는 러시아공화국으로 재이주 되는 등 고려인들은 사회의 급변하는 사회상황 속에서 계속 흩어져야 했다. 그 결과 우즈베크 공화국을 비롯한 타지크 공화국, 키르기스 공화국 등으로 이주되었다.

강제이주는 스탈린 정권의 정책방향과 맞물려 계속 되었는데, 그의 사망과 함께 강제이주가 종료되었다. 1953년이 되어서야 고려인들의 정치적 법적 명예가 회복되며 러시아인과 동등한 대우를 받을 수 있었다. 스탈린 통치의 20여 년 동안 이주민이란 이유로 강제이주를 당해야 했던 그들에게 비로소 자유가 주어진 것이다.

당연히 주어져야 할 기본적인 권리와 자유마저 박탈당해야 했던 고려인 디아스포라, 그들은 그렇게 흩어짐 속에서 고통의 세월을 보내야 했지만 17만 명에 이르는 고려인들이 카자흐스탄과 우즈베키스탄을 비롯한 중앙아시아 지역에 집중적으로 이주하게 됨으로 유라시아 중심부가 한민족의 활동무대가 되었고, 강력한 네트워크를 세우는 데 중심역할을 할 수 있었다.

고려인이 다시 흩어지는 비슷한 시기에 멕시코 한인 사회에서도 또 한 번의 이주가 시작됐다. 에네켄 농장에서 어려울 대로 어려움

을 당한 멕시코 한인동포들은 좀 더 나은 생활을 찾아 새로운 정착지로 눈을 돌렸다. 그때 쿠바를 비롯한 아르헨티나, 브라질 등의 중남미 전역으로 나갈 기회가 마련되었고 그곳으로 거침없이 나아갔다.

안타까운 것은 중남미 지역의 디아스포라 된 한민족 디아스포라는 이민 초창기에 지니고 있던 독립의지와 신앙을 지켜줄 배경이 거의 없었다는 점이다. 함께 공동체를 이뤄 한인사회를 조성할 겨를이 없었고 뿔뿔이 나뉘어진 데다 고유한 한인가정을 이루는 경우가 드물다보니 한인사회의 조성이 실제적으로 잘 이루어지지 않았던 것이다. 하지만 하나님은 그 흩으심마저 이유 없이 만들지 않으셨다. 그들의 인자 속에 복음의 DNA, 한민족이란 DNA를 다시금 떠올리게 하고 계시기 때문이다.

하나님의 흩으심은 그 뒤 다시 국내로 향하셨다. 해방을 맞이하고 이념의 대립으로 나라가 한창 시끄러울 때 또 한 번의 이주의 바람이 불었다. 이념의 대립으로 이들이 전쟁을 벌였고 그로 인해 전쟁고아, 혼혈아 입양 문제 등이 생겼다. 또한 교육을 목적으로 한 유학 등이 이민의 이슈가 되었던 것이다.

흩어진 곳은 주로 미국과 캐나다로, 이때 입양되어 간 이민자들이 5천여 명이 되었다. 또한 나라가 재건됨에 따라 삶의 질을 위해 유학을 떠난 이들이 6천여 명이 되었고 그들 중 대다수가 정착을 선택했다.

그 뒤 하나님의 계획은 남미와 유럽으로 향했다. 농장을 개간한다는 목적으로 집단이민을 떠난 브라질을 시작으로, 광부와 간호사를 계약노동자로 받아들인 독일로의 이주가 진행되었다. 독일로 떠난 광부들과 간호사는 모두 집안을 일으켜야 하는 책임이 있었다. 돈을 더 많이 벌어볼 요량으로 갔기에 누구보다 열정을 가진 노동력이 되었다.

간호보조원으로 시체를 닦기도 하고 허드렛일을 해내는 간호사들에게 독일 언론은 '코리아니쉐 엥겔(한국의 천사들)'이라고 부르며 경이로워 했다.

광부들의 삶은 또 어떤가. 40도가 넘나드는 막장을 다니며 지열 때문에 입고 있는 팬티를 벗어 수십 번 땀을 짜내며 장화에 고인 땀을 수차례 버리며 일했다. 각종 위험한 광산의 대형기계 사이를 헤집고 다니며 죽을 고비를 넘기며 돈을 벌었다. 고국의 가정이 일어설 수 있었고 더 나은 삶으로 가는 과정이었다.

그들의 삶은 고되고 힘들었지만 독일에 머무르길 원했다. 하지만 독일의 노동조건이 나아지면서 외국인 노동자들은 감축대상이 되었고, 노동허가와 체류허가를 연장해주지 않았다. 이에 서명운동을 벌이기도 하고 파견 광부들의 결혼을 통해 영주를 보장받는 등 한인 공동체를 발전시켜나갔다.

독일에 머무르지 않은 이들은 고국으로 돌아오기보다 유럽 각지로 흩어졌다. 미국이나 캐나다 스위스 프랑스 등 전 세계로 흩어진 것이다. 독일이라는 유럽 사회를 경험하면서 한민족으로서 괴리감도 느꼈지만 확실히 선진화된 문명을 경험하면서 꿈을 찾게 된 것이다.

그들은 각지에 흩어져 나름대로의 삶을 꾸려갔다. 한국인 최초로 대형 슈퍼마켓을 연 사람도 나왔고, 사업가로 교수로 화가로 의사로 간호사 등으로 한인사회의 성공신화를 쓰기도 했다. 중요한 것은 그들이 각지로 흩어지며 유럽 사회 내 한인사회가 본격적으로 갖춰졌다는 점이다.

독일에서 전 유럽으로 한민족이 흩어지는 시기에 아시아 이민을 개방하게 된 호주로서의 흩으심 역시 빼놓을 수 없다. 마침 이 시기가 월남전이 끝나는 시기와 비슷하게 맞물려 있다 보니 월남에서 일하게 된 한인들이 호주로 발걸음을 옮겼다. 열심히 일한만큼 돈을 벌 수 있고 미국 달러보다 호주 달러가 높았던 덕분에 많은 파월 기술자들이 호주의 시드니 시내 근처에 정착했고, 한인사회도 성장해갔다.

이렇듯 하나님의 흩으심을 통한 계획은 한 곳에 머무는 것이 아니었다. 명령하신 땅에서 이루시고자 하는 일을 이루신 뒤에는 또 다른 흩으심으로 이어가셨다. 이방나라에 선지자로 세우신 한민족 디아스포라에 대한 하나님의 계획은 이방인으로서 때로는 성공적인 삶을 통해, 때로는 복음의 명맥을 유지한 겸손한 신앙을 통해, 고난과 역경을 씩씩하게 이겨내는 풀뿌리와 같은 모습을 통해, 이방과 조국을 향한 선한 행실을 통해 덕을 선전하게 하셨다. 그러한 덕을 선전하게 하심으로 지금의 시대, 새로운 선교의 패러다임의 시대를 준비하신 것이다.

그리고 지금, 그 흩어진 디아스포라를 통한 선교의 시대가 시작되고 있다. 하나님은 오랜 시간 동안 전 세계로 흩어진 우리 한민족 디아스포라를 초청해 그들을 위로하고 선교의 새로운 도구로 훈련하여 선교의 패러다임을 바꾸도록 하셨다. 횃불재단을 통해 횃불한민족디아스포라세계선교대회를 준비하는 과정 속에서 하나님은 이 선교대회를 열어야 할 이유와 필요성을 분명히 하셨는데, 그것은 선교의 패러다임이 왜 바뀌어야 하는지에 대한 대답이기도 했다.

한민족 디아스포라를 초청해서 선교사로 훈련하는 첫 번째 이유
는, 해외 동포들과 국내 연고자가 없는 동포들을 초청해 자매결연
시켜주고 위로함으로 그들이 자신이 자란 곳으로 돌아가서도 조국
을 잊지 않게 하기 위해서다. 한국인의 뿌리를 잊지 않고 복음의 정
체성을 회복해서 삶터, 일터로 돌아갔을 때 그들이 갖게 될 자부심
과 자존감은 클 것이다.

두 번째 이유는 선교지에서 태어나 그곳의 언어에 능통하고 문화
와 풍습과 습관에 이미 익숙하여 현지 선교에 아무 제약이 없는 한
인 디아스포라 후손들이야말로 현지 선교사로서 가장 필요한 인재
이기 때문이다.

사실 이 부분에 있어서 디아스포라 선교사의 필요성이 가장 크
다. 아무리 선교의 사명을 안고 가더라도 현지에서 선교를 하면
서 여러 가지 문제에 부딪치게 된다. 현지인들과 여러 가지 면에
서 맞지 않아 갈등을 일으키게도 되고, 현지의 기후나 풍습에 적
응하지 못해 그로 인해 생겨나는 문제 등이 있기 마련이다. 중국
선교의 아버지로 불리는 허드슨 테일러(James Hudson Taylor,
1832~1905)의 경우, 아내가 현지 생활에 적응하지 못하여 끝내 죽
음에 이르게 되었고 자식들도 잃었다. 그는 평생 중국 대륙의 복음
화를 위해 자신에게 명령한 사명을 다하기 위해 애썼고 현지인과
더불어 살았지만 그의 가족은 지켜내지 못했다.

근대 선교운동의 창시자로 일컬어지는 윌리엄 캐리(William
Carrey, 1761~1834) 역시 선교사로서 많은 일을 했던 보기 드문
선교사다. 하지만 영국 출신의 캐리 역시 인도로 가서 선교로 헌신

하면서 온갖 어려운 생활을 이어갔다. 현지인들과 관계를 맺고 현지인화되어 책을 보급하는 등 선교에 평생 헌신했지만 그곳에서 사랑하는 아내를 비롯한 자녀까지 잃는 고통을 겪어야 했다.

어디 이들 선교사들뿐이겠는가. 지금도 많은 이들이 땅 끝까지 복음을 전하는 사명을 안고 땅 끝을 향해 움직인다. 하지만 적지 않게 풍토병으로 고생을 하고 가족을 잃기도 하며 적응으로 인한 어려움을 겪는다.

이러한 어려움과 한계를 극복할 수 있는 것이 바로 디아스포라 선교다. 누구보다 현지의 사정과 풍토에 익숙한 디아스포라들은 가장 먼저 현지인들과의 의사소통에 문제가 없으며, 적응력이 필요 없기에 선교사역을 감당하는 데 훨씬 좋은 출발을 할 수 있다.

디아스포라를 초대해서 위로하고 훈련해야 하는 마지막 이유는 민족의 정체성을 깨워주고 한민족의 자긍심을 심어주어 민족이 튼튼해지기를 원하기 때문이다. 우리 민족을 향한 하나님의 사랑은 크고도 위대하다. 작고 약한 동방의 이름 없는 민족을 선택하시고 복음을 들고 전 세계로 향하게 하신 하나님, 이젠 다시 그들을 불러 모아 또 다른 선교의 도구로 사용하신다. 그렇기에 우리 민족은 디아스포라들과 함께 더욱 민족을 사랑하는 마음이 필요하다.

해를 거듭할수록, 세대가 지날수록 아무래도 디아스포라들은 조국에 대한 소속감이 줄어들 수밖에 없다. 하나님은 민족의 유대감이 든든해지길 원하신다. 그리하여 온 땅을 다니며 땅 끝까지 복음을 전하는 한민족이 되기를 원하신다. 그러므로 이러한 명령을 통해, 민족의 자긍심을 심어주고 무뎌진 정체성을 회복하게 하시려는 것이다.

디아스포라 선교에 대한 하나님의 뜻은 분명하다. 그 분명한 뜻을 향해 우리들의 힘찬 순종과 연합의 발걸음을 옮기는 일만 남아있다.

미주

1) 『기독교연합신문』 2014.8.22. 기사 참고.

　　이윤재, "이윤재의 '영성의 발자취'(30) 할레대학과 귀츨라프 선교사", 『국민일보』, 2012.07.29.

2) 강석진, "토마스(Thomas) 선교사의 순교가 한국교회의 부흥과 근대사에 미친 영향", 한국컴퓨터선교회, http://www.missionmagazine.com/main/php/search_view.php?idx=841, 2006.09.08.

3) 신상목, "이수정 마가복음 성경번역 130주년 일본 기독교 유적 답사", 꿈에 성경 보따리를 받다(상)", 『국민일보』, 2015.07.11.

4) 이덕주, 『한국교회 처음 이야기』, 홍성사.

5) 민경배, "한국선교 130년 최초 선교사 알렌 이야기(1~20)", 『국민일보』, 2014년.

6) 최재건, "한국 기독교 초석 놓은 언더우드(1~20)", 『국민일보』, 2014년.

7) 이용상, "크리스천 코리아 만든 언더우드·아펜젤러 선교사 발자취를 따라서](하)", 『국민일보』, 2015.09.16.

8) 김영명(총회신학교), "최초의 근대 학교 배재.경신학당, 여학교 이화.정신학당 개교", http://blog.naver.com/kjyoun24?Redirect=Log&logNo=220687514099, 2016.04.19.

9) 김동섭, "[Why] [김동섭의 X코리언] 조선 첫 서양식 병원제중원 의사 된 박서양", 『조선일보』, 2010.02.06.

10) 박경진, 『한국교회사』 "한국인보다 한국을 더 사랑한 헐버트 선교사", 〈언더우드 부인의 조선견문록〉 인용.

11) 박경진, "〈한국교회사76〉 '한국인보다 더 한국을 사랑한 사람'-헐버트 선교사", 박경진(한국기독교역사문화관관장) 블로그

http://blog.daum.net/kjpark/997, 2016.05.16

12) 민경배, "한국선교 130년 최초선교사 알렌이야기", 『국민일보』,
  2014년.

13) 류대영, "기독교와 선교사에 대한 고종의 태도와 정책 1882~1905",
  『한국기독교와역사. 13』, 한국기독교역사연구소, 2000.9.

14) 한명기, 『병자호란』, 푸른역사.

15) 옥성득, "양화진에 묻힌 첫 선교사 헤론(1~10)", 『국민일보』,
  2015년.

16) 이사야, "마포삼열의 꿈".『국민일보』, 2015.3.31.

17) 송영심, 『재미있는 탐험 이야기』, 가나출판사.

18) 허련순, 『바람꽃』, 범우사.

19) 반병률, 『신동아』, "러시아의 한인 발자취를 찾아서", 2003.6.

20) 송병구, "고려인 감사", 『당당뉴스』 오늘의 칼럼, 2015.11.15.

21) 웨인 패터슨, 정대화(역), 『아메리카로 가는 길』, 도서출판 들
  녘, 2002.07.15.
  김상열 외, 『한국이민사박물관』 "사탕수수노동자의 하루", 한국
  이민사박물관.

22) 박성흠, 『기독공보』 2002.2.23.

23) 『동아일보』, 제 3면, 1922.8.5.

24) 김상열 외, 앞의 책, 최병덕 구술 p.82.

25) 정연욱, "고국을 떠났던 선조들⑨"(1905년 11월 17일 북미한인
  공립협회에 보낸 편지 인용), 『동아일보』, 1998.3.10.

26) 김상복 외, 『한민족 디아스포라의 세계선교 비전』 p.226-227.

27) "고려인", 『연합뉴스』, 2014.6.10.
  "고려인강제이주", 네이버 지식백과 한국민족문화대백과.

28) "한민족 디아스포라 - 일본편", 『기독공보』, 2002.10.26.

"디아스포라 ―여기서 살고 여기서 죽을 것", 『영남일보』,
2015.12.4.

29) 한국파독광부총연합회, 『파독광부 백서』 (사)한국파독광부총연
합회, p.147-148.

30) 이영숙, 『누구나 가슴속에 꿈이 있다』, 북스코프, p.35.

31) 양모듬, 이기문, "파독광부 간호사50년 그 시절을 다음세대에
게 바친다" 『조선일보』 A8면, 2013.1.4.

32) 장동현, "내가 호주한인사의 시초 놀라워" 『한호일보』,
2010.05.21.

33) 양명득, "호주와 뉴질랜드 한인사회 성장과 이주물결", 한
국과호주다문화연구원사이트, http://koreansinaustralia.
blogspot.kr/2012/08/blog-post_8.html, 2012.8.8

34) 한민족평화나눔재단 공동특별기획 "분단 70년을 넘어 평화통
일을 향해", 『국민일보』, 2016 연재.

35) 이선주 외, 『북미주한인이민역사총서 태평양을 가로지른 무지
개』, 크리스천해럴드, p.87.

36) 김병철, "한말 독립운동 박희병권사 애국지사 추서", 『국민일
보』2001.7.10.
박성흠 "한민족디아스포라(8)" 『기독공보』, 2002.4.6.

37) "독립운동가 김약연" 네이버지식백과 한국민족문화대백과.

38) 이광수 초안, "2.8 독립선언서", 조선청년독립당, 1919.2.8.

39) 임천택, 『쿠바 이민사』, 1954.

40) 정구현, "92년 전 선인장 밭에서 "대한독립만세'", 『LA중앙일
보』미주판 1면, 2015.08.14.

41) "독립운동가 조만식" 네이버캐스트.

42) 박경진, "〈한국교회사10〉대한민국의 여성 1호박사 우월(又月)

김활란”, 박경진(한국기독교역사문화관관장) 블로그, 2016.1.5.

43) 평상필름, “간다미치의 오래된 기억”, 빛과은막, 2010.

44) “망향가를 부르는 재일조선인” http://blog.ohmynews.com/rufdml/130853, 2006.12.16.

45) 이재상 “리들리의 김형제 상회”『샌프란시스코 중앙일보』, 2006.05.12.

46) 이은경, “디아스포라”,『영남일보』, 2015.9.18.

47) 김현재, “〈고려인〉 ① 대륙 진출의 개척자들”,『연합뉴스』, 2014.06.10.

48) 이선주 외,『북미주한인이민역사총서 태평양을 가로지른 무지개』, 크리스천해럴드, p.43.
   김상열 외,『한국이민사박물관』, p.84.

49) 김상목, “제5편 쿠바 한인이민사의 현장 上”『한국일보』 2015.9.8.

50) “KBS 명견만리”, 네이버지식연구소.

51) 노종해, “한국교회 최초 파송 선교사 홍승하“, http://blog.naver.com/kjyoun24/60187918871, 2013.3.23

52) 손수락, “황사용 목사의 106년전 멕시코 유까딴 선교 현장 확인”,『한국일보』, 2015.7.29.

53) 윤덕기,『한국교회 최초의 선교사 제주 개신교 개척자 이기풍 목사』, 제주역사이야기.

54) 김아모스,“중국선교사파송100년”,『선교타임즈』, 2012년 11월호.

55) “한국 교회의 중국 산둥선교결의 100주년을 맞아”, http://danielham.tistory.com/5

참고문헌

〈단행본〉

국사편찬위원회, 『중남미 한인의 역사』, 국사편찬위원회.

김상복 외 16인, 『한민족 디아스포라의 세계선교비전』, 기독교선교햇불재단.

김상열 외, 『한국이민사박물관』, 인천광역시.

김상열 외, 『한인 해외 Diaspora의 역사와 특징』, 한국이민사박물관

박민영 외, 『기록으로 보는 재외한인의 역사』, 국가기록원.

백영훈, 『아우토반에 뿌린 눈물』, 한국산업개발연구원.

송영심, 『재미있는 탐험 이야기』, 가나출판사.

윤인진, 『세계의 한인 이주사』, 나남출판사.

이덕주, 『한국교회 처음 이야기』, 홍성사.

이선주 외, 『태평양을 가로지른 무지개』, 크리스천해럴드.

이진명 외, 『유럽한인의 역사 (상)(하)』, 국사편찬위원회.

이항준 외, 『러시아 중앙아시아 한인의 역사』, 국사편찬위원회.

주양중, 『호주의 다문화주의 : 한국인 PD의 호주사회 꿰뚫기』, 박문각.

최순호, 『조선족이야기』, 민음사.

한국파독광부총연합회, 『파독광부 백서』, (사)한국파독광부총연합회.

한명기, 『병자호란』, 푸른역사.

한일수 외, 『뉴질랜드 한인사』, 뉴질랜드 한인사 편찬위원회.

호주한인50년사 편찬위원회, 『호주 한인 50년사』, 진흥.

〈참고논문〉

류대영, "기독교와 선교사에 대한 고종의 태도와 정책 1882~1905", 『한국기독교와역사. 13』, 한국기독교역사연구소, 2000.9.

〈참고사이트〉

고려인마을

http://www.koreancoop.com/sub.php?PID=0406

국가기록원

http://www.archives.go.kr/next/viewMain.do

기독교선교햇불재단 디아스포라

http://www.diaspora.co.kr/index.html

독일문화원

https://www.goethe.de/ins/kr/ko/index.html

동북아 디아스포라 디지털 아카이브

http://archive.hansang.or.kr

디아스포라영화제

http://diaff.org/xe/Worldwide

세계선교연구원

http://pctscwm.tistory.com/

시사경제 2014-09-25 〈98호〉 고려인 디아스포라

http://no10.nayana.kr/~jlme0515/bbs/board.php?bo_

table=B04&wr_id=358

월드디아스포라포럼

http://wdfforum.org/home/

재외한인역사

http://theme.archives.go.kr/next/immigration/viewMain.do

코리안 디아스포라

http://diaff.org/xe/Korean_Diaspora

(사)한국파독광부간호사간호조무사연합회

http://www.kdg.or.kr

한민족 디아스포라
사진집

미국장로교 초대의료선교사 알렌 부부 01

아펜젤러 가족 02

03 1890년대 평양지역 전도활동을 시작한 뒤 평양장로교신학교를 세운 새뮤얼 모펫(Samuel Austin Moffet)선교사. 모펫 또는 마펫으로 불리던 한국명 마포삼열(馬布三悅)

04 조선으로 들어와 활동하던 미국 초기 선교사들(1890년대)

전도자들 – 선교사와 초기 기독교인들 05

서울 정동감리교회 초대교인들 06

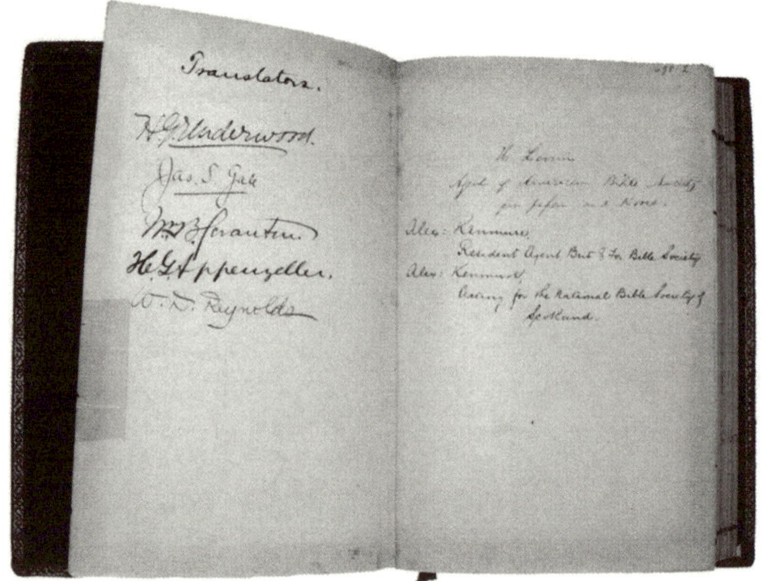

07 한글로 번역된 신약전서의 뒷표면(번역자 언더우드, 게일, 스크랜턴, 아펜젤러, 레이놀드 5인의 서명)

08 초기교인들이 보고 읽었던 성경책(1910년대)

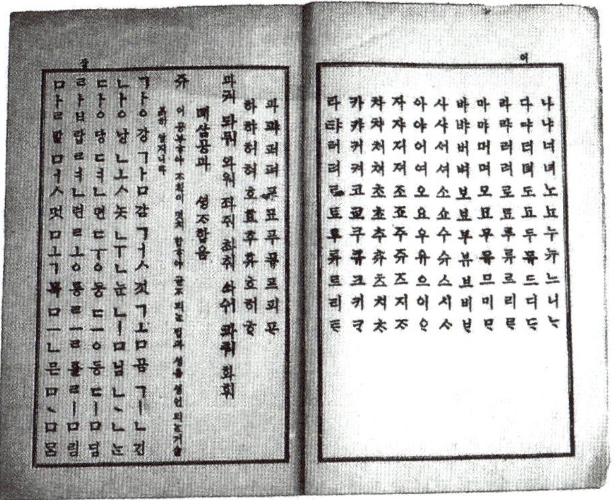

배재학당에서 사용하던 한글 교과서 09

초기 노블선교사가 한글로 쓴 첫 설교문 10

11 초기 성서번역위원들(앞줄 가운데 언더우드, 뒷줄 왼쪽부터 이창식, 김명준, 김정심)

12 우리나라 최초의 서양식 병원, 재동 제중원(1885년)

제중의학교 첫 졸업생 졸업사진 13

아펜젤러가 세운 배재학당(1916년) 14

15 알렌의 치료로 생명을 구한 민영익

16 서양식 복장을 한 고종

하와이 이주민을 실어나른 이민선 갤릭호 17

고시

대미국 하와이 정부의 명령을밧다 여 좌히공포함

一 하와이 군도로누구든지 일신이나 혹권속을다리고와셔 쥬졉하고

一 자하야 간졀히 원하는자의게 편리케쥬선함을 공급ᄒᆞ노라

긔후는 온화하야 퇴신한뎌위와 치움이엄삼으로 각인의 긔질에 합당홈

一 학교설립법이 광대ᄒᆞ야 모든셤에 다학교가잇셔 영문을갈아치며 학비을밧지아이홈

一 둥부들을위하야는 미년어나졀긔든지 직업엇기가 용이한퇴 신체가강건ᄒᆞ고 품힝이단졍ᄒᆞ소톱은 여일ᄒᆞ며 장구ᄒᆞ직업을 엇기덕 욱무란ᄒᆞ고 법률의 졔반보호을 밧게홈

월급은 미국금전으로 미삭신오원 (일본금화삼십원 (퇴한돈으로 오십칠원가량) 식이요 일ᄒᆞᄂᆞᆫ서간는 미일십시동안이요 일요일에ᄂᆞ휴식홈

一 둥부의 유슉ᄒᆞᄂᆞᆫ집과 나무와 식슈와 병을힐요ᄒᆞᄂᆞᆫ경비ᄂᆞᆫ 고용ᄒᆞᄂᆞᆫ 쥬인이지급ᄒᆞ고 둥부의게ᄂᆞᆫ 밧지아니홈

一 대한졔국에 이고서를공포ᄒᆞᄂᆞᆫ 권을쥬ᄂᆞᆫ소   호노눌누

일천구빅삼년 八月 六日

대미국 영지 하와이 리만감독겸 광고디리사무관 랜승 고백

(Published by Authority of the Immigration Commissioner of the Territory of Hawaii, U. S. A.)

NOTICE

HONOLULU, August 6th, 1903.

The Hawaiian Islands offer favorable inducements to all those who may desire to come here and locate with their families.

With a mild and equable climate, a continuous summer, no severe cold weather, the conditions are favorable to the health of all classes.

The public school system is extensive and well established throughout the entire group, and schooling in the English language is free.

Employment is available at all times of the year for agricultural laborers. All able bodied laborers in good health and of good character will have no difficulty in obtaining regular and constant employment, and will receive the full protection of the laws.

The rate of wages prevailing is $15.00 U. S. Gold per month of twenty-six days each of ten hours labor.

Employers furnish lodgings, fuel, water and medical attendance without charge to the laborer.

Publication of this notice is hereby authorized to be made in the Empire of Korea.

THEO F. LANSING,
Commissioner of Immigration
and Advertising Agent for the
Territory of Hawaii, U. S. A.

하와이 이민고시 광고(1903년) 18

19 이민자 철도역, 하와이 철도역사(1900년대 초)

20 하와이 사탕수수농장 한인 노동자

이민선 갤릭호를 타고 도착한 김이제 목사 가족(1903년) 21

하와이 초기 이민자들의 생활도구와 신분증(방고) 22

23 한인의 멕시코 이민에 사용된 영국 상선 일포드호(S.S.Ilford)(1905년)

24 멕시코 한인 노동자들이 떠나던 시절의 제물포(1905년)

멕시코 초기 한인 노동자들의 모습(1907년) 25

에네켄 농장 초기 한인 노동자들 26

27 쿠바로 간 한인들의 터전

28 멕시코 국민회 북미총회 제1회 이사들(1909년)

동포들의 피와 땀이 서린 독립특별의연금 증서 29

3.1절 기념을 맞아 다뉴바 한인장로교회앞에 모인 이들 30

31 과일농사로 백만장자가 된 김형제상회의 김형순, 한덕세 부부

32 멕시코 메리다 인근의 에네켄 농장 풍경

안창호 방문을 맞은 멕시코 메리다 농장 한인들 33

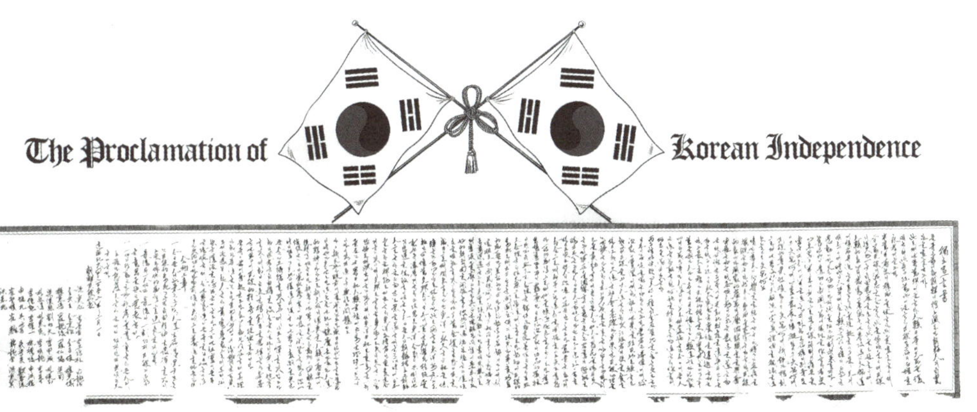

한인 후예가 보관한 3.1운동 선서 34

35 자녀교육에 앞장선 멕시코 내 한국학교 끼딴깝첸 국어학교

36 캘리포니아 다뉴바장로교회에 모여 3.1 운동 지원 결의(1905년)

방화중 전도사 37
나성한인연합장로교 초대 교역자.
1909년 멕시코 메리다 국민회 지회
설립을 위해 황사용과 함께 다녀왔다

황사용 목사 38

하와이 최초교회 에와감리교회(1905) 39

40 1903년 설립된 하와이 감리교회. 감리교 하와이 선교구 연례회 모임 기념사진(1909년)

41 하와이 카우아이 리후교회 예배당 앞에 모인 교인들

파독광부 결단식(1963년) 42

독일로 출국 준비중인 파독간호사 128명(1966년) 43

44 2011 제1회 횃불한민족디아스포라세계선교대회 – 찬양하고 기도하는 참석자

45 2011 제1회 횃불한민족디아스포라세계선교대회 – 참가국 국기입장

2011 제1회 횃불한민족디아스포라세계선교대회 – 폐회사하는 이형자 이사장 46

2014 제2회 횃불한민족디아스포라세계선교대회 – 부르심 앞에 헌신하는 이들 47

48 2014 제2회 횃불한민족디아스포라세계선교대회 – 선교헌신자 파송식

49 2014 제2회 횃불한민족디아스포라세계선교대회 – 청중석을 가득 메운 참석자들

40
하와이감리교회
1909

크리스천해럴드

41
리후교회 교인들
1930년대

크리스천해럴드

42
파독광부 결단식
1963

국가기록원

43
파독간호사 출국
1966

국가기록원

44
2011디아스포라선교대회
-찬양하고 기도하는 참석자

기독교선교횃불재단

45
2011디아스포라선교대회
-참가국 국기입장

기독교선교횃불재단

46
2011디아스포라선교대회
-폐회사하는 이형자 이사장

기독교선교횃불재단

47
2014디아스포라선교대회
-부르심 앞에 헌신하는 이들

기독교선교횃불재단

48
2014디아스포라선교대회
-선교헌신자 파송식

기독교선교횃불재단

49
2014디아스포라선교대회
-청중석을 가득 메운 참석자들

기독교선교횃불재단